未來想像教育叢書2

想像力教育

跟你想像的教育不一樣！

The Imagination in Education:
Extending the Boundaries of Theory and Practice

Sean Blenkinsop 主編　　林心茹 譯

遠流出版公司

目錄

未來想像教育叢書2

想像力教育：跟你想像的教育不一樣！

為臺灣教育留下希望的種籽

詹志禹
教育部未來想像與創意人才培育計畫總計畫主持人

　　臺灣已經累積不少有關創造力教育的研究與書籍，但是坊間仍然比較缺乏有關「想像力」和「未來思考能力」的教育類書籍。因此，教育部推動「未來想像與創意人才培育計畫」的時候，就希望能引介一些國際觀點，翻譯一些代表性書籍，並希望將來本計畫結束之後，這些書籍仍然可以留存在臺灣的書籍市場，作為教育資源叢書繼續傳播想像力的種籽。

　　本計畫從近百本相關書籍中挑選十二本，經教育部送外審和顧問室挑選之後，留下這三本：《想像力教育》、《跳脫框架的教與學》和《未來教育》。談到想像力教育，加拿大的西蒙菲莎（Simon Fraser）大學有一個國際聞名的想像力研究中心，他們累積多年的心得與洞察就蒐錄在《想像力教育》這本書當中，這是一本幫助讀者深化理論基礎與拓展實務視野的好書。此外，《跳脫框架的教與學》也針對想像力提出許多具體的教學實踐策略，它讓讀者明白看出：想像力的培育可以融入數學、文學、科學和藝術等各種領域的教學，也可以提供不同族群的學生更有深度和吸引力的教育。至於《未來教育》則是一本佳評如潮的國際著名書籍，它串起教育的過去、現在與未來，掌握當前世界浮現的新趨勢，重新思考教育專業的新內涵，並提出政策變革的新方向。

　　人在工作或職場當中，難免碰到失望與挫折，那該如何治療呢？我個人認為最佳方式就是：見好人、讀好書。

　　有位國中老師，請長假到研究所進修當學生；假期快結束了，他長長嘆了一口氣說：「我真不想回到學校去工作，每次一想到要回去那個環境工作，我就心情低落，很想逃避。」我問為什麼。

　　他說：「那個學校的學生其實很可愛，但是學校行政有許多僵化的管制、權術的運作和瑣碎的要求，教師們則對自己的工作很冷漠，很少討論教育問題或學生，總是抗拒任何改變與創新，沒有什麼希望與熱情。」

我看他那麼憂鬱無望，沉思一會兒，就問他說：「你有沒有聽過『未來想像』或『創造力』相關的教育計畫？你有沒有參加過他們的活動？尤其是，你有沒有參與過他們相關的團隊或社群？」他說沒有。

　　我說：「當你和功利、無趣或得過且過的人相處，你就會變得鬱悶消極；當你和追求意義、有創意、有熱情的老師互動，你就會變得樂觀積極。特別是，你如果參與他們的行動研究團隊或共學社群，就能互相激盪專業創意，獲取認知資源，並能互相提供情感支持，獲取動機能量。此外，讀一些令人鼓舞的好書，也是回復動能的絕佳策略，因為你會發現，在這世界不同的角落，有很多人和你一樣充滿創意與想像力，對教育抱有熱情與希望，你並不孤單。」

　　感謝教育部資訊及科技教育司對本計畫的支持，也感謝遠流出版公司願意用做公益的心態與價格出版這套書，讓臺灣社會更具想像力、創造力與未來力。

＊本文作者為國立政治大學教育學系教授兼教務長

審訂序
未來發展來自無盡的想像力

邱發忠
國防大學心理及社會工作學系副教授
陳學志
國立臺灣師範大學教育心理與輔導學系教授暨進修推廣學院院長
林耀南
輔仁大學企業管理系副教授

想像力為創造思考的催化劑，也是文化和科學進化的原動力。

——Gunilla Lindqvist

想像力比知識更重要，因為知識是有限的，而想像力概括著世界的一切。

——愛因斯坦

「想像力」（imagination）為心理模擬能力，即心理可以表徵外在現有事物，或者表徵根本不存於現實的東西。想像力可以區分為「再製想像」與「創造想像」。再製想像僅為個體過去經驗的重現（例如回想今天中午看到的汽車），並無創造力內涵在內。然而，創造想像源自於個體腦中能夠利用工作記憶的運作、想像技巧的應用等方式，思考出超越現實的事物（如想像出三十年後的世界）。因此，在這裡所論述的想像力比較傾向於創造想像，即想像出未來或非現存的事物，對知識進行擴展。

想像力在未來思考中具有舉足輕重的地位。因為未來世界的變化，往往出乎意料之外，就連在各個專屬領域的成功人士，也很難對於未來做出精確之預測與想像。例如，前IBM總裁Thomas Watson曾在1943年時發表「我認為全球市場大概只需要五台電腦就足夠了」之說法。又如1981年時，微軟總裁Bill Gates也曾提出「640K的記憶體已經可以滿足所有人」之言論。但上述種種說法在今日已完全被徹底推翻。我們從上述例子中不難發現，過往覺得不可能或是難以想像的

科技與社會發展，在今日的社會中往往已經實現或已被超越，在在證明了未來世界之多變與難以預測，換一個角度來說，面對越不可預測的未來，越突顯出未來思考與想像力的重要性。

因教育部與國科會的計畫支持，我們團隊進行想像力的研究，並且協助高中職推動未來想像教育，已近四年的時光。在輔導各學校推動未來想像的歷程中，我們經常被要求對想像力或未來想像進行明確定義。面對這樣的詢問，因我們長期研究創造力的背景緣故，對於想像力定義的掌握還算充分。雖然，在創造力的知識背景下，對於理解或定義想像力上或許具有基本的完整與精緻性，然而，也有可能存在著某種限制。即是往往以有限的視角來看待想像力，如此一來，就有掛一漏萬的疑慮。因此，若盡可能的研讀想像力研究或專書，對想像力的認識就愈趨於完整，由此也能促發如何將想像力或未來想像的內容落實於教育實務中。

從研究經驗中發現，想像力研究文獻的可得性和可觸接性都不算是頂好，為了使國內想像力或未來想像教育的推展順利，如何讓實務工作者快速理解什麼是想像力，以及想像力如何在教育中應用，將國外優良的想像力專書翻譯出版就是一個有效的途徑。因此，教育部資訊及科技教育司之未來想像與創意人才培育總計畫辦公室就發起了一系列的譯書工作。我們有幸參與未來想像與創意人才培育計畫，也擔負起想像力專書之一：《想像力教育——跟你想像的教育不一樣！》（*The Imagination in Education: Extending the Boundaries of Theory and Practice*）的校閱工作。這本書區分為三大部分，計有十三章，都是由研究論文組成，從介紹想像力理論到想像力於教育場域的實踐研究都有深入的論述。此外，本書也探究了想像力於教育場域發展的重要挑戰議題。在看完全文後，我們對於想像力理論、想像力在教育的實務推展有了更深一層的認識。也因為如此，我們到全國各地學校進行未來想像計畫訪視時，就常將這本書提及的想像力理論、研究例子等內容，與未來想像與創意人才培育計畫的受補助夥伴學校分享。以下就針對本書做個簡單的介紹。

本書的第一部分主要介紹想像力的定義與理論，共由四個章節組成。第1章的作者為伊利諾大學的Chris Higgins，他提出想像力就是去思考它的可能性，而且，想像力是創新、原創力以及創造力的源頭，也是創造力的前端。Higgins拒絕現實主義與理想主義之間的二分法，因為現實主義與理想主義都需要想像力，只是程度的不同。假若死守著現實主義與理想主義的二分法，那也只是限制了自

己的思考而已，對於知識的實質性創造將產生傷害。撰寫第2章論文的作者為本古里昂大學的Gadi Alexander，他提出日常生活當中的想像力經驗，應可做為教育計畫與研究的有效來源。一些地方性「非學校教育」的想像力例子，有助於建構跨文化的案例資料庫，而且，這些資料庫裡的策略範例，可以提供教育實務者參考，使教師與學生一起創造想像的世界，豐富教育內涵。

　　西蒙菲莎大學的吳淑華是在國內臺灣師範大學獲得學位後出國留學，她撰寫本書的第3章。她以認知心理學的角度出發，在論文中提出兩個想像力模式。第一個模式為三角雙錐體的想像力系統循環模式（cyclic model of the imagination system），這個模式假設外顯情境（explicit contexts）、內隱情境（implicit contexts）、意圖（intention）、想像力（imagination）、感知（perception）及覺察（awareness）成分的互動，會影響想像力的運作。第二個模式是三角的感知系統循環模式（cyclic model of the perception system），這個模式假設想像力會受到外顯情境、內隱情境、意圖及感知的影響。這兩個模式可以讓我們對於想像力的運作機制有更深入的瞭解，而能充分的掌握想像力變數。第4章由夏威夷大學的Victor Kobayashi撰寫，文中提到若要對科學與數學的基礎有紮實的理解，想像力教學就具有必要性。此外，他也提到需要對限制想像力的傳統思考方式有清楚的認識，例如，像經驗主義（empiricism）與實證主義（positivism）只強調在經驗中可觀察到的事物，此種思考模式就可能低估了想像力在科學中的價值。

　　本書第二部分不只是對想像力的內涵進行論述，亦擴展到想像力的教育場域研究，即想像力的實際應用。這個部分同樣由四個章節組成，於其中所提出的想像力教育實務研究相當具有參考價值。第5章的作者為芬蘭的Pentti Hakkarainen，他以敘事性方法將想像力應用於不同的混齡扮演遊戲小組中，並以發生學理論為基礎的實驗建構出各類的想像力情境，從口頭說故事，發展至改編的批判性扮演遊戲，以孩子感興趣的成分為出發點，拉進他們與戲劇世界的距離，相當具有可看性。第6章則是四位巴西研究者的創新研究，他們為孩子保存、製作且傳播他們所創作或和他們相關的科學與藝術文化作品，以擴大開展孩子及成人藝術文化的所有面向，並形成教學法行動計畫。第7章為英國研究者Anna Craft與Kerry Chappell的研究，其研究目的為發展創造性活動如何改變我們的教學方式。論文中應用了扎根理論（grounded theory）分析民族誌（ethnographic）資料探討「可能性思考法」（possibility thinking），及在幼童及小學環境中「可

能性思考法」的實證研究。第8章為蘇格蘭藝術家研究者Maureen Kelly Michael的研究，此研究的專業知能專案計畫（Project KNOWHOW）目的在於刺激或再引發想像力的教學。此文從田野文本進入研究文本的歷程中，突顯出研究者與參與者之間，因文化差異而浮現的獨特議題。

本書第三部分的焦點在想像力的實踐議題，共有五個章節。第9章為丹麥／澳洲研究者Thomas Nielsen的研究，他利用六個月的時間在加拿大進行研究。本文檢驗「為理解而學習：文化融合想像力發展」研究計畫（Learning for Understanding through Culturally-Inclusive Imaginative Development, LUCID）的效果。LUCID是由加拿大社會科學暨人文研究委員會（Social Science and Humanities Research Council of Canada, SSHRC）所資助的五年期（2004-2008年）研究，計畫目標在協助學校，針對加拿大原住民特區（First Nation）的學童提供更多文化融合與想像力的教育。本文應用現場訪視與訪談的資料，審視影響計畫目標的相關因素。第10章的作者為夏威夷肯納卡毛利原住民後代的Herman Pi'ikea Clark，他同時扮演藝術家、教育家及研究員的角色。作者於文中敘述他如何透過自身文化的觀點，以及肯納卡毛利原住民對教育渴望的圖像創作，發想與發展出「海市蜃樓理論」，且最終建構出有利於肯納卡毛利原住民學習情境的過程。

第11章的作者為阿根廷研究者與科學教育工作者Patricia Monzón和María Vinuela，他們在此論文中點出科學與藝術間可能的關係。他們認為，對自然科學課程而言，要讓學習更有意義，思考一個不同的藝術世界就有其必要性；並提出藝術的學習也可提升科學的理解與學習動機的觀點，由此整合了藝術與科學的學習。第12章的作者為加拿大數學教授兼教育家Leo Jonker，他提出了建構主義觀點的關鍵議題：抽象的概念要建立在熟稔且具體的概念上，而技能形成之前，必要先通過經驗與發現的歷程。他對於學習歷程的觀點，可以給予教育工作者不少教育觀念上的啟發。第13章由數學教育工作者與研究者Pamela Hagen與Irene Percival撰寫，他們探究應用想像力的課程內容，以提升學生數學學習的參與。本研究運用「情感參與—學習投入」（Participatory-Affective Engagement, PAE）的新式架構，探究Kieran Egan的「想像力投入」（Imaginative Engagement）所設計的活動，強調如何在由作者所辦理的工作坊中吸引學生投入學習。

雖然閱讀這本都是研究論文的書需要花費一些時間，然而，閱讀與探究本書正是一項認識與應用想像力的旅程。在此旅程中我們可以找到想像力的城堡，也可以順著想像力的應用路線，找到城堡內的迷人小徑與花園。在滿滿收穫之餘，我們極力向大家推薦這本值得一看的書。

＊邱發忠為高中職校未來想像與創意行動計畫（啟航計畫）協同主持人
　陳學志為高中職校未來想像與創意行動計畫（啟航計畫）主持人
　林耀南為高中職校未來想像與創意行動計畫（啟航計畫）協同主持人

編者序

Sean Blenkinsop

由於身為教育工作者、研究者及學者的身分，我總覺得獲益良多，而過去幾年因為迫切性的目標，我又獲得了兩個重要的領悟。第一個領悟是，處理任何事物都應保持謙遜的態度；不論是面對學生、提出見解、對研究者抑或是面對肉食性的巨獸。不要假設你著實明白他人的想法，或是全然理解任何複雜概念的獨特立場，還是以為自己通盤認識任何概念，無論具有史實根據與否，要知道其中可能涵蓋了如同想像力般豐富的東西在內。第二個領悟是，要假設任何與教學以及想像力有關的所有事物，都比你（或其他人也一樣）所能解釋的還要複雜。那些訴求簡單化所做的歸納，其實往往都欠缺了某些東西，而那些被遺漏的每每都是多采多姿、各形各色的觀點。因此，對於一位重點在於必須將想像力與教育兩者兼容並蓄的論文彙編者而言，我除了將這些謹記在心，接下來的挑戰就是要適當的擺放彼此相互聯繫且能促進更廣泛討論的論文，這些論文如實的尊重想像力與教育兩者獨一無二的角色，不過度簡化也不過度頌揚某方的貢獻。然而，要將這些看似大相逕庭的論文進行編選，並不是一件簡單的任務，我完全投入其中的討論後，某些有助於緊密結合計畫的脈絡才逐漸浮現，並進一步促成更寬宏的對話，其主體是對「可能性」（possibility）的覺察。本論文集與可能性相關，我們如何想像它、理解它並且展現對它的想法，我們如何擴大它的界限，如何積極的邀請其他人也來運用它。我相信就是這種充滿希望、驚奇與創造力的感覺，激勵著教師、思考者以及學習者，使得我們所有人持續不輟的展開每日的行動。

第一部分：以理論為焦點

千百年來，人類與未來的問題以及可能性搏鬥，寫出了過去的故事，並且在當下揣測現實。總是要在渾沌不明時，想像力的概念在無限可能中才能彰顯，並再由此追溯至偉大思想家其想法的軌跡。理解想像力的挑戰一直就好比試圖空手捕風捉影，吃力又不討好。要如何定義想像力，它才不至於飄忽變動，叫人捉摸

不定，或者又要如何才不過度嚴苛僵化，以至於過分簡單化到沒有多少價值。本論文集中起頭的前四篇報告提醒我們關於這樣的挑戰，但它們並非望風捕影，反之，它們穿越空間描繪出優美的弧線，使我們更能覺察到討論本身的邊緣或界限，讓我們在某種程度上認識了所討論的領域。透過這些報告，我們也看到了聚焦與擴散，兩者看似矛盾的結合。前三篇報告要我們將想像力視為官能（faculty）或德行（virtue），或想像力是由感知（perception）、覺察（awareness）與情境（context）相互連結而出現的三角空間。但同時，Kobayashi卻提醒我們（第四章）以另一個角度思考想像力，將其視為是人類之所以存在的關鍵，因為無時無刻運作的想像力，具有策劃我們生活領域範圍的潛力。以這樣的觀點，那麼所有事物只要是由不斷縮小的「是」（is）與「現在」（now）的光點所發散出來，都與想像力有了連結。

本論文集的起頭是伊利諾大學（University of Illinois）Chris Higgins（第一章）有趣的哲學報告。他的研究計畫先朝著他提出修改想像力的基本概念踏出第一步。為了達到這個目標，他一開始先提供了有關於想像力的歷史概述，這些論及想像力的就算不是反對它，卻也都占據了不同於現實主義，但又與現實相關的領域。將此銘記在心，該論文的第二個計畫是提出一個更實際的想像力概念，透過將「想像力」構想為聚集在更精確的語彙家族「想像性」（imaginative）的概括性術語之下，如同一個逐漸養成的德行所表現出來的：想像力離不開教育。如此一來，想像力的理論夠寬宏，能避免現實主義與理想主義之間二分法的出現，但又夠具體，為教育工作者提供思考並運用作為提升教學的手段。

緊接在本章之後的是本古里昂大學（Ben Gurion University）Gadi Alexander（第二章）的巧妙研究成果，他一開始就提醒我們，孩子們積極運用自己的想像力，創造出結果往往是豐富的、具有說服力的「真實」世界，而這看上去似乎與長時間的學校教育沒有關聯。Alexander的核心議題是，我們是否能夠透過實際聆聽那些運用想像力的人，以便了解想像力的本質、潛力並且用之以支持課程呢？他的研究總結，提供教育工作者許多說明性範例的具體方法，將課程內容與發想者的想像內容連結在一起。Alexander藉由將孩子的想像變成是教育過程中重要的一部分，他開啟了一個有趣的，卻也較少有研究探詢開發的方向，而在第二部分，其他幾位作者不約而同也做了相同的檢視。

最後兩篇報告為這部分的討論增添了複雜性，卻也可以和其他篇章做一對

照、比較。西蒙菲莎大學（Simon Fraser University）的吳淑華（第三章）分享了一些從認知與心理角度切入的研究成果，她在覺察、感知以及意圖（intention）的基本歷程中，展示想像力的歷程作用。她謹記著這些過程的動力論（dynamism），以及這三者在不斷變化的背景中的顯露，她得出想像力是豐富學習之必要組成成分的結論。同時，夏威夷大學（University of Hawaii）的Victor Kobayashi為我們從一個非常不同的邊陲地帶勾畫出連結線。Kobayashi在研究中援引William Blake的著作，道出掌握現實的不易，並提出了三個層次的想像力，協助我們既能拉近自我現實經驗，也可與之保持一定的距離。以這樣的方式，學生有機會跨越多少受限於「可觀察到的」（observable）制約，得以有所開展，得以橫跨課程，超越自我。吳淑華透過縝密的結合Vygotsky的理論，增進我們對全文複雜度的理解，而Kobayashi則讓我們看到想像力不僅止於在藝術中發揮效用，也能進入學習本身，成為有助於學習的有利條件。這兩篇報告，都促成了更寬宏的對話。

第二部分：從總體上來看，由理論到實踐

要處理介於理論與實踐間明顯卻無法掌握的邊緣地帶，是教育哲學家生活與工作的樂趣，但同時也是挫折。對我而言，我也沒把握能成功處理這個地帶。不過，對我們的理論性工作合理且真正的挑戰，卻可能因為下面這句質疑，就把我們打入無休無止的牢籠：「理論都很美好，但在現實世界裡有用嗎？可用嗎？說說看可以用在什麼地方，還有要怎麼運用呢？」暫且先將這質疑中的暗示——理論家不就是象牙塔裡的知識分子，又不是現場的實務工作者——放在一旁不看的話，這個問題的立意其實是好的。它不僅是在詢問，更是在要求和這個問題相關的理論家、應用理論家，要對自己的主張與論點付諸實行，自己也要處理真實活現的複雜事物，而教育就是這樣的東西。總的說來，對於放入一般教育，尤其是有關特定教育的主張，我們肩負重任。同樣的，除了只在學術研究報告中寫到對教育有所啟示的那部分外，我們更肩負推動的力量，要與第一線教育環境裡的實務工作者一起努力，並且給予支持，而最重要的是，我們要真正的實踐、體驗這些理論，以自己的作法落實。本部分便是朝著這樣的方向往前邁開一大步。

本部分從教育研究者的觀點來看，也頗耐人尋味，這個部分的四篇報告，嘗

試使用的方法各異其趣，卻也都得到與他們研究問題相關的完備資料。我認為其研究範圍就如同想像力融入課程設計及被應用於教學時一樣的有趣。這四篇報告不約而同的決定要認真地看待孩子。在這裡，孩子成為文化和語言的擁有者、世界的創造者、共同的研究者以及關鍵的反思者。對這些研究人員而言，孩子不是成人教育研究計畫裡的附屬品，而是一個獨立萌發的，屬於不同群組的成員，這個群組就叫做「兒童」，假使教育要成功的話，我們就必須先了解兒童，並且尊重他們。這些報告也都認真思考，採取不同程度的行動，為研究與教學帶來很多有趣且多元的結果。依照想像力本身來思考這一點，這些報告確實開啟了深具價值的討論。

本部分以芬蘭的Pentti Hakkarainen（第五章）近距離仔細探索兒童戲劇世界的研究作為開始。教育工作者經過縝密思考，以顛覆性的角色介入孩子的想像戲劇扮演中，讓我們看到了評估、重新評估以及回應的發生歷程，使得研究人員更能了解兒童是如何理解並定義自己的世界。Hakkarainen是位接受俄國Vygotsky教育傳統思想的心理學家，他以Vygotsky著名的「發生學實驗」（genetic experiment）的方法，帶我們接近孩子。這密切觀察的過程，加上先進視頻的使用，讓研究人員得以觀察特定的孩子對這些教育介入之所有細節的反應，並對於兒童的心理發展以及兒童想像力活動的進行，產出更豐富的圖像。這個研究不僅是個耐人尋味的計畫，它的成果更延伸至想像力與教育的對話，讓我們仔細思考兒童戲劇以及教育工作者可以如何使教學與之結合。

接著的第二篇報告（第六章）是四位巴西研究者創新的研究工作。他們的立場與假設為，即使位於廣大的文化背景中，兒童還是擁有獨特的文化和語言，他們建議收集多種類型的樣品，包含兒童的手工藝品及兒童想像力的產出作品，以這些作為兒童文化的代表，用以協助教師和研究人員對兒童原本的面貌有更深入的理解。因此，這個研究計畫逐漸發展成為建立一個不是給兒童的，而是有關於兒童的兒童博物館。如此，當這個研究與由博物館支持的獨立文化為前提的研究相結合時，將會改變教育工作者，或者更明確的說，改變教育家兼人類學家的工作。這個研究工作帶來的其他影響也是非常令人興奮的，因為從事教育工作的大人們開始考慮跨越文化的界線，要讓課程與教學和學生的文化更緊密的結合。

緊接著巴西的研究報告之後（第七章）是英國研究者Anna Craft與Kerry Chappell的報告，他們的研究始自於與孩子相關但卻跳脫傳統的假設。在這項研

究中，質性探究的重點集中在一組的舞蹈學生身上，學生自己擔負研究人員的工作。研究的結果是兩個截然不同的對話產出——孩子的和教師的，結合兩者後，我們能更了解全面性的研究問題。研究成果包含紋理豐富的民族誌，提供讀者有關結合想像力以及舞蹈學習的可能方式，以及這個方式所帶來的生動有趣的教學法。最終的研究成果是具有新意的探究本位之想像力教學法。

這部分的最後一篇報告（第八章）與前三篇具有相同的組成要素，但又開展出一個獨具巧思的局面。蘇格蘭藝術家研究者Maureen Kelly Michael先提出「專業知能」（KNOWHOW）專案計畫的概要作為報告的開始，Michael所督導的研究計畫試圖要了解並且表現藝術教師的實際作法。他期望透過這個研究，讓其他教師更能了解自己的實務工作，也看到這種作法的擴展、重生和再發想的可能性窗口。本研究使用藝術本位的敘事研究法（art-based narrative inquiry method），透過將藝術作品放在研究的主要位置，來檢視並且促進教師批判性地反思他們個人的想像力教學實踐。

第三部分：從理論到實踐，關鍵挑戰

當我們第一次開始思考想像力和教育的問題時，經常出現的都是藝術的圖像。畫家、演員與舞者負責創造，而藝術教師要支援發想、挑戰它並將其實現。這樣好是好，但如果可能的話，想像力會在像是數學和科學學科裡，扮演什麼樣的角色呢？從藝術和科學之間的分歧，反映了一個在西方哲學傳統中存在已久的鴻溝。想像力已經被視同為幻想，被認定與理性相對，或是空轉的腦袋在虛擲光陰。那麼這個看似漫無目的的幻想，能如何扣緊嚴謹實證科學的理性研究呢？還有，另一個可能也會被質疑的問題是，其實想像力的內涵是西方傳統所詮釋出來的，那麼教育工作者要如何並且以何種形式來思索想像力，以及跨文化的特有教學行為呢？當我們遇到其他的認識論、其他的世界觀時，這些討論會有什麼樣的變化？在某些方面，本書作者群的多樣化，提供了想像力可以穿透並跨越文化障礙的希望，但即便如此，仍然有非常實際的問題等待回答，那就是怎樣才能算是融入式的以及引發想像力的教育作法呢？

本部分呈現的第一個研究（第九章）是由丹麥／澳洲研究者Thomas Nielsen利用六個月的時間在加拿大進行研究的成果。Nielsen選擇將公休假的時間投

注、聚焦在想像力融入教育計畫的研究工作中，他觀察教與學，進行訪談與傾聽。這個計畫建構在Kieran Egan以及想像力教育研究團隊（Imaginative Education Research Group, IERG）的成果上，試圖將理論、文化以及加拿大北部兩個第一民族（First Nation）社區的教育需求整合為一體。這是個大規模的全面性研究中的子計畫，Nielsen的真知灼見，告訴我們進行如此實質性、誘導性的教育工作變革會遇到的挑戰以及成功的方法。他研究成果的關鍵發現是，研究的時間應充足，以利達成以下目標：關係的建立、知識的分享、協議內容的理解、支持教育工作者且推動轉化教育實踐的方式。這個研究工作除了想像力與教育的跨文化對話外，更是一個重要的轉變過程。

緊接著Nielsen的第二篇研究報告，採取的則是一個截然不同的觀點。那是在文化情境中以教育途徑促成的研究（第十章）。Herman Pi'ikea Clark是藝術家、教育家、研究員，也是夏威夷肯納卡毛利原住民（Kanaka Maoli）的後代，他的研究重點為自身文化固有的視覺本位研究法（visual based research）。Clark建議，如果一個研究要免除殖民主義干預的話，研究本身就應該來自於被討論的文化。接著，他透過研究工作告訴我們，在探究教育工作者如何想像並發展教學時，同時也是在探究我們是如何理解和評價文化，以及要如何表達及評估多樣情境中的知識。隱含在這個對話裡的結果之一是，想像力必須有發揮的舞台，才能充分展現其價值。

本論文集最後三篇的研究報告，重點轉移到上述提及的其他挑戰。想像力出現在科學和數學教育的情境之中，是否能發揮作用呢？那要如何做？阿根廷研究者與科學教育工作者Patricia Monzón和María Vinuela，一開始先提出藝術與科學之間的明確橋樑（第十一章）。在中學物理課裡頭，透過藝術創作，他們發現學生更能夠理解學科本身。藝術作品似乎有助於促成知識的學習，學生能靈活的調動知識並且調整自我的學習。透過詳盡討論各個範例，這項研究表現出藝術與想像力對擴大科學理解結果的直接影響。這個藝術與科學之間的重要連結，給了研究者與教育工作者提供了同樣有趣的可能性。

加拿大數學教授以及教育家Leo Jonker盡力理解有著複雜生命的教育（第十二章）。他的研究工作建立在他於加拿大公立學校教授數學的經驗基礎上，導引他形成兩個關於建構主義（constructivism）觀點的關鍵問題：抽象（abstract）的概念要建立在熟稔且具體（concrete）的概念上，而技能（competencies）形成之前，必要先通過經驗與發現（discovery）的歷程。Jonker概述研究的挑戰，與建構主義不同，他舉出的實例是記憶及運算技巧先於發現的歷程，他的研究也以重要理論家的研究成果為基礎。緊接著更棒的是，他以更複雜的模型回應這個挑戰，並提出若能更理解想像力的作用、概念化的理解以及記憶，將能給數學教育帶來與眾不同的結果。身為教育工作者，Jonker搜尋與自己教學經驗更趨於一致的模式，為這個領域做出重要的貢獻，而如果再加以擴展他的研究成果的話，將對整體的教育造成有趣的反響。

最後卻也同樣重要的研究，數學教育工作者與研究者Pamela Hagen和Irene Percival兩人提供新穎的研究架構（第十三章），討論要如何引發越來越多在數學領域中困惑掙扎的學生們的學習興趣。他們透過讓教師將焦點集中於學生的情感反應，同時融入以Egan的想像力架構為基礎的課程，最後證實利用這兩個部分的連結，學生投入與參與數學學習的程度大幅提升了。研究者在計畫中採用的「情感參與—學習投入」（Participatory-Affective Engagement, PAE）架構，確實是挑戰持續學習參與相關研究的一大福音。對教育工作者而言，這是個挑戰「讓數學變得有趣」的創新談話。

在結束這個序言之前，我要鄭重表明這個研究計畫不是單獨出現的，而是因為所有人共襄盛舉，努力以赴，才讓這個計畫得以實現。因此，首先我要感謝所有的作者，謝謝你們的研究工作，你們的思想以及為孩子所做的付出與關心，還有你們總是及時回覆我的電子郵件。如果沒有你們，本書不可能如此豐富。我也要表達對Catherine Broom博士的感激，她在先前特別的研討會中與許多作者合作，那次是多數研究成果的第一次發表。還有要對想像力教育中心（Centre for Imaginative Education）的Kieran Egan博士與Mark Fettes博士，我對兩位共同負責人致上我的謝意，謝謝您們的支持與智慧，並且讓我們在想像力領域中有玩樂的機會。對於Teresa Martin，我心中有著無限感激，如果沒有你，當初就不會有這個會議。還有對劍橋學者出版社（Cambridge Scholar's Publishing）的感激，與Amanda Millar的大力支持讓我由衷的感謝。末了，我要謝謝Paddy Blenkinsop博士聰慧的雙眼與敏銳的頭腦。

最終，我希望你在閱讀的過程中，發現本書的趣味，如同我在編輯過程中所享受的，它發人深省，具有挑戰性而且令人振奮，再者，它確實有助於擴展你我的想像力。

第一部分

第1章
修改想像力基本概念的審慎開端

Chris Higgins
伊利諾大學香檳分校（University of Illinois, Urbana-Champaign）

摘要

在本論文中，我將說明並且逐漸提出想像力的實際構想。我在第一節指出比較想像力（imagination）與真實（reality）所遺留的問題仍在，即便現在是以更為微妙的形式存在。在第二節中，我會扼要的敘述想像力的替代模式結構，是相互關聯的一組配置，讓我們可與複雜的世界有更廣泛的接觸。

為什麼我們仍然沒有所需的想像力理論呢？

根據風行於汽車保險桿上的貼紙所說的：「現實是留給缺乏想像力的人」。在本報告中，我要提出理由證實這個對於想像力可說是完全錯誤的看法，它的目的在讓我們美化或背離現實。當我們對想像力有適當的理解時，它可以被視為是知識的德行（virtue）。假使你是唯實論者（realist）的話，那麼正好為了這個理由，你應該要關注想像力；而如果你本來就關注想像力的話，那就正好說明了其實你是個唯實論者。但假如你只關注其中一個，而不在乎另一個的話，那麼你就會感到困惑。而這也就是我的論點。

精明的讀者可能已經準備好自己的反對理由：我相信那是比揭穿汽車保險桿上的貼紙更崇高的哲學任務。事實上，我會回答，汽車保險桿上的貼紙是橡膠與道路的哲學照面；從貼紙，我們能夠清楚看到人們實際上存有什麼樣的信念，即便他們要付出代價也在所不惜。William James說，每個人的帽子底下都有自己的一套哲學，這句話一點也沒錯，只是在過去人們較為謹言慎行。汽車保險桿貼紙、T恤以及諸如此類的東西，常常用粗糙的形式讓我們直截了當看到了重要的假設，而類似的假定也常常戴著假面具，或以偽裝的方式出現在複雜的理論之

中。

　　無論如何，這個特別的汽車保險桿貼紙有著重要且明確的哲學出處。柏拉圖（Plato）著名的《理想國》（*Republic*），描繪想像力是對理想國的威脅。柏拉圖認為，生為具有想像能力的實體，我們特別容易受騙，無論真實性如何，我們易於相信所接觸過的故事。對柏拉圖而言，即使是真實的故事和圖像也是可疑的，因為當我們只看到事情的表面時，它卻讓我們覺得真相已經得到了理解[1]。還有David Hume[2]，他認為因為我們每天使用想像力，所以都是業餘的說謊者或是「職業是騙子」的詩人，近來如Jean-Paul Sartre[3]。我們發覺想像力可定義成一種「神奇思考」（magical thinking）的形式，是「創造充滿虛幻事物世界的意識功能」。貫穿整個哲學史，想像力基本上已被理解為可將虛幻或不存在的東西化為圖像的能力，是創造的力量，而且常常被混合成為虛構事物的能力[4]。

　　現在任何具有反思能力的小說讀者都能告訴你，對於文學的主要分支——虛構文學（fiction）是個不適切的名字。因為最無趣的事，就是議論小說的認識論狀態，在事實方面準確無誤[5]。不過這個問題依然存在，原因在於大家認為因想像力而產出的作品是「虛構」（imaginary）的。當我們在談論小說的唯實論（realism）時，我們通常指的是一個具有說服力的幻覺論（illusionism）形式，以獨特的修辭模仿現實。儘管我對汽車保險桿貼紙的尊重，特別是那些二千四百年的智性歷史所擁護的，我還是要提議一個更合適小說（虛構文學）的詞彙是

1　見G. M. A. Grube與C. D. C. Reeve所譯柏拉圖《理想國》（Indianapolis: Hackett, 1992, 63）。本書對詩的批判從376e-398b開始；詩人最後被放逐了在595a-608b。想像力（Imagina-tion/eikasia）在著名的「分隔線」（divided line）圖中出現（509d-511e），是四個理解現實模式中層級最低的，只憑藉相似性就足以認識隱約可見的世界。要複雜化這個《理想國》的標準解釋當然是有可能的，藉由專注在柏拉圖自己對印象的使用，從僅僅建立「說話的城市」的計畫至分隔線的圖像所傳遞的幻想是無足輕重的事實。更確切的說，分隔線的說法被提出不久之後，蘇格拉底（Socrates）的對話者被邀請來「想像」洞穴的寓意畫514a。有關柏拉圖反幻想的神話閱讀，詳見由The Blackwell出版的柏拉圖《理想國》一書之導讀（Jonathan Lear, "Allegory and Myth in Plato's *Republic*"），編者為Gerasimos Santas (Malden, MA: Blackwell, 2006).

2　休姆（Hume），英國哲學家及歷史學家，著有*A Treatise of Human Nature* (B1.3.10).

3　沙特（Jean-Paul Sartre），著有《想像力的心理學》（*The Psychology of the Imagination*, Secaucus, NJ: Citadel Press），出版年代及譯者不詳。

4　習慣上會指出古代的想像力版本往往是較被動的，而現代版本的想像力則較積極。我們所討論的究竟是被動重現靈魂樣貌的鏡射功能，或是主動潤飾現實或發明自己形式的功能，對本文所要達成的目的並無任何差異。無論任何一個論據，按照定義來說，想像力的產出都位於現實之外某個顯著的地方。

5　參見Hans-Georg Gadamer所著*Truth and Method*, 譯者與修訂者為Joel Weinsheimer and Donald Marshall, 持續更新，2004年出版第二版（NY: Continuum, 2004），73.

「幻想作品」（fantasy）。在充滿想像的作品中我們所仰慕的不是帶領我們遠離這個世界朝向「如果」世界（as-if world）的能力，而是增進我們與這個世界的錯綜複雜性接觸的能力。C. S. Lewis不比Ford更具有想像力，只因Lewis一路帶領我們來到了那尼亞王國（Narnia），而Ford最遠只帶我們到紐澤西公路的8A出口。事實上，任何一位拜讀過這兩個作品的讀者，都可以證實《運動報》（*Sportswriter*）最後帶我們所到達的境地比《獅子、女巫、魔衣櫥》（*The Lion, the Witch, and the Wardrobe*；中譯本大田出版）[6]要遠得多了。

　　對於這個提議有兩個主要的異議，但以我的看法，一個反對的太少，另一個則太多。過度審慎的回應是把想像力從虛構的能力提升成為做出假設的能力。對Alan White而言，以及繼他之後的Kieran Egan，想像力成為了對事物「可能性」（Possibly being so）[7]的思索。這將想像力提升至思考的模式，而非「無思考」（non-thinking）的類型，想像力在注重事實的思考類型中發揮作用。White與Egan至少在這著眼點上都建立在Ryle的研究基礎上，Ryle先於其他人批評我們，將想像力與憑空構想（make-believe）等同看待，以及把思想（thought）與想像力拿來互相比較的惡習[8]。Ryle舉歷史學家為例，因為歷史學家們必須兼顧「假定要豐富且證據要謹慎」這兩者[9]。他認為證據與假定皆是思考的形式，而且兩者都是達成理解歷史的關鍵。但是人總是給自己的認知放半天假。如此一來，當想像力元素被遺棄的時候，結果就會是枯燥無味、不具啟發性的歷史。而掂量證據以及測定假說的元素又被拋在腦後時，就換成思考放半天假了，這時就是Ryle所稱的「完全憑空構想」（pure make-believe）。他稱它為「**完全**」憑空構想，就如同White與Egan，因為他視想像力為一種能與嚴謹追求真相探究成為合作夥伴的憑空構想。他寫道，想像是「創新的、創造的、探索的、大膽開拓的、冒險的──假使你喜歡的話，它是創造性的──思想的先鋒或斥候」[10]。這第一

6　參見Robin Barrow所著 "Some Observations on the Concept of Imagination," 收錄於Kieran Egan 與Dan Nadaner主編的 *Imagination and Education* (New York: Teachers College Press, 1988), 82-85.

7　Alan White, *The Language of Imagination* (Oxford: Basil Blackwell, 1990), 184. 參見Kieran Egan, "A Very Short History of Imagination," 本部為未出版文稿, (Vancouver, British Columbia: Imaginative Education Research Group, Faculty of Education, Simon Fraser University, http://ierg.net/about/imagi.html), 使用路徑：Sept. 2007, 13ff.

8　詳見由Gilbert Ryle所著之 "Thought and Imagination," 收錄於 *On Thinking* (Oxford: Basil Blackwell, 1979).

9　出處同上，51。

10　出處同上。

個異議，於是開拓出一個位置讓想像力輔助探究，即使仍然還未能相當的建構出想像力本身具有的認知形式。就如同White所言，「想像力與我們是否具有知識或任何信念對於想像成為的樣子，其實是同等的模糊」[11]。不過光是反對想像力等同幻想仍是不足的，我們需要以堅定健全的方式，發展出唯實論與想像力之間的連結。

如果說Ryle與White反對想像力等同幻想仍顯不足的話，Coleridge這群則就太過了。他們的觀點源自於日耳曼的懷疑觀念論（speculative idealism），然後延伸至英國浪漫主義（romanticism）的理論，結合康德派（Kantian）思想的兩個特徵：第一個特徵是康德（Kant）第一「批判」（Critique）第一版中的產出型想像力（productive imagination, Einbildungskraft）的概念；而第二個特徵是出現在第三批判中（即判斷力批判〔Critique of Judgment〕）的非凡能力（genius）概念，這樣的結合變成了一個康德想都沒想過的綜合體。的確，如Richard Kearney及其他人所指出的，康德似乎意識到他所解放的觀點，削弱了他在《純粹理性批判》（*Critique of Pure Reason*）[12]第二版中對想像力凌駕一切的解釋。而如同Hans-Georg Gadamer所指出的，後來康德的讀者主要採用「非凡能力」的概念，但是這個概念遠不及他在《判斷力批判》[13]中一致的謙遜角色。無論想像力由康德派詮釋來源的準確性與否，都如Kearney所說的，「十足是理性與想像力的合併」[14]。更確切的說，他們的想像力概念為：

> 是所有知識基本的且必不可少的先決條件。世上所有事情除非先由想像力的綜合力量所預先形成，並且由其轉化才得以被認識。[15]

對想像力的認識論性質的重估，必須要付出雙重的代價。首先，假若想像力變成了描述真實，我們並不清楚可以得到多少好處，因為有可能或已經被用來指涉的真實其實並不見得是真的。假如僅有的世界是被創造出來的話，那麼與別具

11　White, *The Language of Imagination*, 188.

12　Richard Kearney, *The Wake of Imagination: Toward a Postmodern Culture* (Minneapolis: University of Minnesota Press, 1988), 157, 亦可參見本書各處。

13　Gadamer, *Truth and Method*, 47-52.

14　Kearney, *Wake of Imagination*, 177.

15　出處同上，157。

匠心的創造相比，認識這個世界似乎就顯得遜色了。我們無須斷定想像力是一種認知的形式，反之也許可以用Schelling的話：「客觀存在的世界完全是原始的，如同自然流露的靈魂詩作」作為結論[16]。（或者換個方式說，康德派革命所引發的其中一個反響就是認識論的懷疑主義〔epistemological skepticism〕新浪潮。）創造的行為究竟有多特出呢？那就是，我們要為想像力的浪漫膨脹付出的第二個代價，因為它成了人類腦中萬能的且先驗的（transcendental）運作。理想主義者的產出型想像力是無形的、無所不在的。我們每個人表現出綜合的統覺能力（apperception），讓感知（perception）形成整體，但卻由先驗自我（transcendental ego）勝任這個工作。假使想像力概念是如此的話，那麼要談論誰比較缺乏或具有較豐富的想像力，或是談論如何培養想像力，就不具有任何的意義了。

Coleridge解決這個問題的方式，就是試著再把這個先驗的想像力區別分類，一是他所稱的「初始想像力」（the primary imagination），二是「與前者共鳴並且與我們有意識的意志共存」的「次生想像力」（secondary imagination）[17]。Coleridge的次生想像力具體表現在詩人的感受力上，它「綜合了神奇的力量」並調整「相互衝突的特性」[18]。它「消除、散布並驅散」，「努力理想化並且使其成為一體」，用盡全力「重新創造」；它是人類發現事物生命力的力量，「因為物體……本質固定且不具生命」[19]。這個概念解決上述列舉的問題：它使我們得以論及具有想像力的行動，而非說它是我們背後無所不在的運作能力；它讓我們了解有些人是更富有想像力的事實（或那個人在生命中的某個領域或某時刻，比他在其他領域或其他時刻更具有想像力）；而且它保留了想像力是可被教育、養成的可能性。除了這些優勢，基本上這個概念不再視想像力為另一個認知能力，而是讓我們得以發明的「神奇力量」，讓我們能與現實有更真實、更完整的接觸[20]。

---

16 Friedrich Joseph Schelling, "System of Transcendental Philosophy," 譯者為Peter Heath，收錄於 *System of Transcendental Idealism* (Charlottesville: University Press of Virginia, 1978)，被引用於Kearney, *Wake of Imagination*, 179.

17 Samuel Taylor Coleridge, "The Portable Coleridge," 編者為I. A. Richards (New York: Viking, 1950), 516.

18 出處同上，524。

19 出處同上，516。

20 Coleridge將想像力（imagination）、fantasy與fancy分門別類。他的fantasy指的是腦中的印象

藉由將我的觀點與Egan的折衷且合用的想像力理論進行比較，為這個必須敘說的部分做個概述。和Egan一樣，我對於將理性與想像力視為「有些互無關聯，而且相互格格不入的範疇」的趨勢深感憂慮，Egan精確指出這個趨向「仍然保持舉足輕重的影響力」[21]。為了反擊這個趨勢，我們的汽車保險桿貼紙可能就會寫上Wordsworth的「想像力是理性最尊貴的情緒」。我主張，想像力不僅可與尋求真理以及追尋現實共存，而且是在這些追尋之中一種成就的名字。因為這個理由，我也和Egan有相同的看法，將想像力理解為某個「與所有感知以及所有意義建構都是有連帶關係的」是不正確的[22]。因為以這個觀點看來，說某個人的思想富有想像力就成了多餘的了。

藉由注意我們可能會稱之為想像力的能力，我再提出一個與Egan觀點相同之處，並表現我們逐漸出現的相異之處。如同Egan與其他人，我認同維根斯坦學派（Wittgensteinian）的看法，認為人的壞習慣，就是相信每個用來與世間事物相對應的名詞，這個惡習導致我們一遇到個人特質的名詞時，就會變本加厲為名詞虛構相應的心智能力。Ryle以他一貫的中心思想表達這個見解，他寫道：

> 要說《匹克威克》（*Pickwick Papers*）是個有著豐富想像力的作品再貼切不過。但不是因為它是狄更斯（Charles Dickens）所創作我們才這樣說。[23]

我和那些否定將想像力具體化的人，例如Egan，逐漸開始有所不同之處就在這裡。一般要改正我們偏好將想像力視為名詞性實詞（substantive noun）的策略，就是強調動詞「想像」（to imagine）。然而，我想要提議想像力最好能被理解為是一種「德行」的詞彙。當我們說某個人或某件作品是具有智慧、勇氣或想像力時，我們指的是這個人或這個著作是具有見識、充滿勇氣的或有著豐富的想像力。換言之，想像力基本上是一個述語（predicate），同時具有形容詞及

是世界中客體的單純鏡射（詳見 Kearney, *Wake of Imagination*, 182），至於fancy，他指的是任何只是「固定性與限定物」的重組，相對於以重要的方式分解與再現的真實綜合體（詳見 Coleridge, "The Portable Coleridge," 516）。儘管如此，這仍然使得次生想像力更接近世界的創作，不只是搜尋世界的真實。

21　出處同上，20。
22　出處同上，21。
23　Ryle, "Thought and Imagination," 62.

名詞的詞性（例如，小明是富有想像力的；小強展現出想像力）。回到Wittgenstein及Ryle，我們可以說只是因為我們容易把最重要的位置讓給了這個述語的名詞形式，並且具體化它，才會落入對想像力是個什麼樣心理學機制的陳腐爭辯給纏得脫不開身：它到底是較接近理性呢，抑或是感知？還是情緒呢？它是一個能力？是次能力？抑或是協調能力等等。

我不想要誇大並繞著動詞「想像」以及形容詞「富有想像力」之間說法的差異性打轉。假使想像力不是個人特質，而是德行的話，那麼從個人的作品與行動中就能夠表現出來。例如，當我們說某人是英勇的，我們指的是他們具有勇敢的行動特質。假使某人從未展露出一丁點的勇氣，我們就有足夠的理由質疑他們是否為勇者。如此，動詞本位以及述語本位說法間的歧異之處，主要就在於究竟焦點為何。

然而，發現一個人實際存在行為想法的特性，或者認為想像力是以特殊形式實際存在行為的不同立場，的確會造成差異。後者的立場導致分析想像力陷入困境。當我們開始把想像力與想像的行動等同看待以來，結果是普遍認為「想像」的字面意義是，以心智之眼圖像化事物。這接著造成了更多的難題，因為我們必須再費心將想像與夢想（dreaming）以及幻覺（hallucinating）區隔開來。而這似乎是驅使Egan以及其他人做出想像力必須是「有意圖的心智行動」（an intentional act of mind）的結論，然而這個解決方法本身也是有問題的[24]。如此以意志力促成想像的行動，好像不合常理。

當我們表現出想像力時，幾乎不是因為我們正試著去充滿想像力；更可能是我們試著書寫論文、演奏奏鳴曲、開開玩笑、產出課程表等等。可能有個時刻是我有意識的試著想像論文的規劃策略，或是班級的新活動，但只將想像力限定在這些活動是不對的。最後，有多少動詞的途徑可將我們自官能心理學（faculty psychology）解救出來，我們不甚清楚。因為行動必須來自某處，我們發現自己冒著能力的風險，結果卻是戴著能力的假面具。那麼以我的觀點，想像力最佳的理解不是名詞或動詞，而是一個述語，一個與人格特質、行動以及創作相關的述語。

我與Egan的不同，超越了他將想像力解釋為活動的事實，延伸到他理解那

24　Egan, "Short History," 21.

個活動的方式。如同先前所論及的，Egan追隨White「想像某事就是去**思考**它可能的樣子」[25]的說法，我的看法不同於這個定義中最主要的兩個組成部分。首先，我要說明在人類與世界互動的所有主要方式裡，想像力都會出現。我感興趣的特質當然是在思考中發現的，不過並不僅於此。第二，如同我所提出的論點，我認為我們不應該把想像力放在周圍繞著可能的、假設的，或如Brian Sutton-Smith所說的「心智的假設語法」（the subjunctive mood of mind）[26]等觀點的中心位置。在某個面向，Egan指出White定義的包容性，他認為這樣的定義：

> 包括我們可以想像世界不是其本來樣貌，是有著飛馬以及我們自己是主宰者的意義，同時也傳達了歷史學家、物理學家或任何人努力想像的世界如同其確實面貌的意義。[27]

在我看來，假使我們真的承認第二個部分——想像力被忽略面向價值的話，我們必須經過種種努力把這些飛馬關進圍欄。

當Egan敘述想像力「是創造、創新以及發明的**源頭**」，不是說我持有與他不同的觀點，但我確實憂慮這會被用來指涉想像力本身等同於虛構、捏造以及虛構化[28]。想像力很有可能帶來發明，但是想像力本身不是在於能為世界增添什麼東西，而是與世界產生連結。如同John Dewey所說，一個具有完全的感知或想像的感知力，能夠「遠矚展望」[29]而不只是談論新意，那麼，我們把想像力認為是有點兒新穎的遠見才是上策。的確，這是Egan自己評註White第二半部的定義，指出它：

> 包含Coleridge所認為想像力的涵義，是未被習性所削弱或慣例所束縛的思考，而且讓我們得以超越那些擋在我們面前制式的、不適當的詮釋及表現的

---

25 White, *The Language of Imagination*, 184.
26 Brian Sutton-Smith, "In Search of the Imagination," 收錄於 Kieran Egan 與 Dan Nadaner 主編的 *Imagination and Education*, (New York: Teachers College Press, 1988), 19.
27 Egan, "Short History," 17.
28 出處同上，17，21。
29 John Dewey, *Art as Experience* (NY: Perigree/Putnam, 1980), 52.

阻礙，以看見世界現在的樣子。[30]

Egan的評註似乎是參照Coleridge《文學傳記》（*Biographia Literaria*）裡描述Wordsworth是個注重真實且有著豐富想像力詩人的一段文字，Wordsworth有能力「從毫無生氣的習性中喚醒心智的注意力，並將之導向為對世界的美好與奇妙的關注」[31]，這個想法對我所提出的想像力模式來說相當重要，不會僅在現實與想像力之間為反對而反對，而是從圍繞在真實與想像攜手相連的見解之基礎上建造起來的。我現在要轉向進行這個任務。

想像力與複雜的現實主義：理論概要

在我回顧檢視文獻的過程中，我已經指出我的想像力理論的一些特點。現在我想要更完整且有系統的，以一系列數字標示相關的簡潔明瞭的論點，提出我的說明。我的目的不在於以數字佯作精準或用格言短句表現深奧性，我單純是希望能簡潔、清楚的描繪想像力替代模式的粗略輪廓。每個論點之後緊接著的是討論的部分。

論點1：想像力是德行

1.1 界定這個語彙家族的形式就是「想像性」（imaginative）。想像力單純是這個述語的名詞形式。

1.2 想像力是規範性述語（normative predicate），讚美的措詞。

1.3 我們所頌揚的是人的能力，就如他們的文字、行為以及作品的具體表現。

1.4 德行詞彙幫助我們回答這些問題：人類在誇耀什麼？令人仰慕的個人特質為何？以及要成為什麼才算是卓越？亞里斯多德（Aristotle）寫道，「值得稱頌的狀態是我們所說的德行」[32]。

---

30 Egan, "Short History," 17.
31 Coleridge, "The Portable Coleridge," 518.
32 亞里斯多德著有《尼高馬各倫理學》（*Nicomachean Ethics*），譯者為 Terence Irwin (Indianapolis: Hackett, 1985)。我沒有足夠的時間在本文繼續探討的問題是，根據亞里斯多德著名的區分法，

1.5 德行並沒有最完整且可靠的清單。德行語彙本質上是有爭議的,因為人類茁壯成長的憧憬是不可知的、有著多種樣貌,並且源自於生活難以預料的方式(相對於能見度高且易於歸納的)[33]。不過,在許多的體制中,卓著的想像力仍然占有上席。

討論

接下來在討論第二個德行的論點,並且說明更多有關我對於想像力的看法之前,我想要停下來思考一下想像力理論的德行架構的一些優點。藉由將想像力看做是一個德行的語彙,我們得以補償因直覺所帶來的麻煩的兩個能力(以及類能力)理論(faculty theory; quasi-faculty)的損失:亦即,想像力是變化不定且反覆無常的。

我將想像力的變化不定,視為一個可觀察到的事實:有些人比起其他人更具有想像力,而且同一個個體可能在某些面向比起其他面向的表現更具有想像力。這個事實與我的想像力是「褒讚的詞彙」的論點相當一致。過度拓寬想像力的理論,例如使其等同於心智本身,會使得對想像力的多變性或是值得稱頌的想法難以做出解釋。因為在這樣的理論中,要稱揚某人是具有高度想像力的,就如同要讚頌他在時間、空間中能察覺到物體一樣,變得一點道理也沒有。

將想像力視為更接近感覺官能,更能說明某個人碰巧有較敏銳的想像力,如同有些人有較敏銳的嗅覺或視覺一樣。然而,這些支持想像力是變化無常概念的理論同樣也會遇到困難,因為如此一來想像力就可以被教育或被不當教育。視力無疑的可能會隨著時間退化,但這與有力的浪漫想法[34]所認為的,許多人失去了

是否想像力應被視為德行或是智行。我的基本立場是,這樣的區分會讓想像力更複雜化,況且想像力也不符合任何一個分類的範疇。

33 長久以來德行的概念不斷變化,伴隨著無法得出結論的辯護,有關發掘德行以及養成德行有多元的,也有狹隘的作法,見 Alasdair MacIntyre 所著 *After Virtue: A Study in Moral Theory*,1984 年出版第二版(South Bend, IN: University of Notre Dame Press, 1984),第 10-14 章,MacIntyre 對德行的解釋也有助於說明德行是深度的且人類普遍共有的,同時也會因人而異。想像力的德行如同我所理解的,就如同紀律一般,也是要透過共同實踐而被習得。我要感謝 Mark Fettes 博士指出我的方法應更清楚表現為何我要堅守立場,而不同於個人主義論述想像力特徵的必要性,例如創意天賦的概念。如同他精確指出的,任何涵蓋複雜事物的現實主義,必須把影響我們與世界主流的社會以及文化力量作為因素納入考量。

34 詳見 William Wordsworth 所著 "Ode: Intimations of Immortality from Recollections of Early Childhood," 見於 *Selected Poems and Prefaces*,編者為 Jack Stillinger, Riverside Editions (Boston: Houghton Mifflin, 1965)。參見 Maxine Greene 所著 "The Shapes of Childhood Recalled," 刊於 *Re-*

孩童時期原具有的想像能力又完全不同。同時,想像力是隨著時間,由我們與教師以及文化產物的互動所形成的,這和被理解為想像力是認知的素養,好像又完全格格不入。

相較之下,德行理論(virtue theory)認為德行是可以習得的人格優點。德行不是天賦,而是要透過實踐,並和那些具有並且展現出德行的人接觸,經過一段時間才能養成。德行理論也與教育不當的觀念相容。一個人也很有可能會隨著時間而變得較不具有美德。然而,值得注意的是,想像力的德行取向只與浪漫主義的疲軟形式相容。浪漫主義最強硬的形式認為,想像力與純真是成對的,因為我們進入語言及文化的生活後才開始出現缺陷。假使一個特質在最初期是最完整的,而且只因時間一久就退化的話,那個特質就不是德行。而符合德行取向的概念是,特定文化經過特定時間最有可能發展出喪失想像力這樣的缺陷,而非具有想像力的優點。

論點2:想像力是因接觸真實世界的複雜性所習得的技巧

2.1 這裡我所理解的真實,和移除人類的思想以及感知力後所剩下來的真實不同,也與有著赤裸裸的事實或原始特質的世界不一樣。我不是在爭論世界僅是我們投射出的產物這樣的理想主義概念;反之,我要為複雜的現實主義提供論據。雖然我們能夠接觸世界,但世界卻是包容了無窮盡的面向。

2.2 換言之,假定詮釋必定失真是錯誤的。不好的詮釋可能失真,而且一定有夠多的失真詮釋讓我們疲於奔命。但扭曲的不是他們的詮釋,而是他們的馬虎、含糊、狹隘、唯我論、觀光主義(tourism)、傾向於自我應驗(fulfillment)等等。重點在於好的詮釋會表露。他們會揭示世界本身嗎?不,他們在某個程度上只揭示出世界的一個面向。

2.3 人類具有充分且豐富的能力與世界進行接觸,不過也易於窄化並且竄改我們與錯綜複雜事物的交流。我們認為世界就只有我們所認識的熟悉面向而已,要不然就遁入「如果」世界。

---

leasing the Imagination: Essays on the Arts, Imagination, and Social Change (San Francisco: Jossey-Bass, 1995).

2.4 當有人想方設法要從單調平凡及天馬行空的幻想中解放自己，而常常讓跟隨其後傚仿的我們也得到解放時，我們會認為他或他們的作品或行動是富有想像力的。我們體驗到想像力是一個美好的、對自己有價值的回報，如同放開謊言時的如釋重負，是遠景的擴展。

2.5 每個人感知的束縛，都需要有把為自己特別訂作的鐵橇，來為我們解開這束縛，因此大致上對於想像力是如何運作沒有什麼可說的。沒有想像力的方法或訣竅。在想像力的研究中，一定會出現詭辯的論點。

2.6 然而在轉向論點之前，我們可以再向前一步，指出人類透過各式各樣的方式連結自我與世界，在他們之間的核心是思考、感覺以及察覺。這樣說，我並非有意提出這些是與世界連結的最佳方式，也不是要提議他們完全與彼此截然分割開來。一個方法的盲點，在一個或更多其他的方式中通常也有類似的情況；而一個方法的洞察，在另外的方式中常常也會有所回響。

2.7 那麼原始的論點可以精練如下：在一個或更多連結自我與世界的主要方式中，想像力是習得的技巧；具有豐富想像力就是以更智性的、更具情感的或更具感知力的方式，與真實產生聯繫。

討論

在此刻，讓我思索兩個可能因我聯繫想像力與現實主義（realism）會引致的兩個問題。第一個問題：這與傳統上聯繫想像力與理想主義（idealism）有怎樣的關聯？想像力，常常被認為是在想像可能的，而較無關探索真實的事物。例如，談論社會想像力的作家們，在他們腦中就是會有這樣的想法。人類的希望以及社會的改變兩者，都是基於觀看事實並且維持事實的能力，然而，我卻可以想像這並不是那麼回事。

我的回應是拒絕採用現實主義與理想主義之間的二分法。當現實主義與理想主義得到適當的理解時，他們彼此其實是盟友，兩者皆需要想像力。我認為這裡真正有差別的是天馬行空的幻想與單調平庸，兩個都是要脫離現實而且相互較量的策略。關於天馬行空不切實際的幻想，我指的是建立如果世界。關於單調平庸，我指的是人們沾沾自喜以為真實就只有我們所認識世界的熟悉面向。因為幻想打著理想主義的名號與現實脫節，所以困惑開始出現；而平庸則得意洋洋聲稱

傳承了現實主義的衣缽，所以反對理想的談論。而且我們也堅決認為理想主義與平庸，或理想主義與幻想之間，都有很大的距離。

沉浸在真理、美好和虔誠良善的祈禱等，這些都不是理想主義而是幻想的特徵，這類的情感主義（sentimentalism）以及庸俗作品都帶著幻想的華麗標幟。理想主義的聲調截然不同而且詭異，真正的理想主義者喜愛理想過多，以至於無法寫出他們自己的想像作品。他們想要接觸真實的東西，也就是說當他們一進入到真實的世界時，違抗了理想，因此被減弱、扭曲、模糊而且妥協退讓了。例如，有人喜愛具有說服力的研討會討論，就可能會在剛才的討論議題上發愁：這個議題會如何影響之後的文本，或影響之後參與者真實關注的問題，而這些可能是缺乏嚴肅性或趣味性諸如此類的問題。然而，偽理想主義派者在無意義的研討會討論之後，會假託這樣的討論有其價值等鼓舞士氣的話來寬慰自己。真正的理想主義派不是啦啦隊員，他們是評論家，將妥協視為屈服，並且冷酷揭露偽理想主義這些冒牌貨。

那麼與理想主義相對的不是現實主義，而是犬儒主義（cynicism）以及自滿。無論當時的犬儒主義推託事情好像已經好轉了，或是聲稱事情本來就是如此的藉口，放棄讓一切變得更美好的可能性，從理想主義的觀點，這些一點差別也沒有。有一類的犬儒學派沉浸在唾手可得的樂觀主義中，另一類則是洋洋得意。然而，真正的理想主義並非唾手可得。它需要努力，甚至需要想像力讓理想與真實保持關聯，不過它並不低估兩者間的對立性。理想主義派面對犬儒學派的自滿，盡力學習真誠的接受，而對於犬儒學派的樂觀主義，則學習真誠的希望。那麼，最後真正的理想主義派，就是現實主義派。因此我們能夠以現實主義為起點，容易的從這個二分法上，往另一個方向一點一滴的除去對立的部分。現實主義派，旨在培養用正確的以及充滿愛的方式關注現實，不過現實也包含了真實的，以及有可能的事物。想想以下的問題：什麼是「實際」正在發生的？什麼是「實際」在那裡的？這「實際」是如何運作的？這個情況中什麼是「真正」有可能出現的？這「真的」是我們應該追求的道路嗎？這些林林總總的問題都有其道理在，而且每一個副詞都有同等的影響力。

我先前提到過，由於我的想像力德行模式是為複雜的現實主義效力，因此我預期會引發兩個問題。而這第二個問題就是「為什麼我們稱它為想像力？」換言之，為何不暫時擱置想像力這個詞彙，作為創造力的同義詞，並且發展一些其他

更適合的詞彙，更切合這個認識論德行的詞彙，這樣不是也能達到同樣的目的嗎？對此我的回應是，我稱之為想像力的，和一般人所認為的一樣，不屬於知識論的範圍。首先，回想一下，與真實接觸的三個方式中，思考只是其中一種，另外還有感覺與感知能力。再者，即使是我所稱之為想像力思考本身，都還比我們一般理解的知識還要寬廣。

我們可以用粗略和既有的方法，將知識定義為掌握目前大家所積累、認同的詮釋，它也是對於我們在學習對世界提出問題時，一種最佳的答案與理解。

嚴格說來，這不符合以下認知生活互相關聯的所有特徵：

- **思考透徹**（thinking proper）：謹慎的探究思考的方法，察覺與眾不同路徑的歷程，開啓審思現象的新面向。
- **洞察力**（insight）：當知識與對我們有重大影響的問題有關的時刻，擴展我們的理解。
- **理解**（understanding）：理解世界的能力，藉由辨明我們所積累的答案中哪個是重要的，以及他們如何能夠一起配合的可能性。
- **智慧**（wisdom）：感知的能力，以理解各種情勢對我們的要求為基礎的感知能力。

當我們對世界提出問題、傾聽回應及建構詮釋等不同重點的行為時，想像力都在發揮作用。它也會在綜合片段的知識時、將如此的綜合與眼前世界連結的行為上、把新的元素放入理解的行為中起作用。還有，有人可能會敦促我，為什麼不把想像力稱為心智敏銳、情緒成熟或是感知力呢？這裡我的回應是：「好啊！那要用哪個詞彙才恰當呢？」我認為這三個特質都具備與「想像力」這個家族詞彙相似的共通要點，而這個詞彙，能準確說出他們所具有的共通點。

結語

本文的目標是為概略性的描繪想像力的理論，讓我們與真實有更緊密的接觸。在結論中，讓我簡短指出想像力教育理論的主要可能影響。傳統上，有關想像力的教育論文，都與藝術教育的討論有密切的連結，而對此也有具說服力的論

據。藝術是文化主要範疇的其中之一，它可體現想像力，並刺激想像力。但這樣的理由也是會有損害的。藝術與想像力易被理解為與知識互無關聯，讓藝術教育永遠處於容易受到「奢侈的『附屬品』」等敘述的攻擊，而當經費緊縮時，就列為刪減的第一目標。相較之下，我主張想像力是教育的主要目標，是對受教者的理想，及對人類茁壯發展的遠景。這樣的概念可以成為支持想像力教育新方案的基礎，不僅僅在藝術領域上，而是橫跨全面性的課程。相對於最近的基本技能的言論，我們可以抗議如此的底線心智能力（bottom-line mentality），但是我們也可以堅持培養想像力，並確實逐漸養成真正的基本技能。在最後，和學習超越被傳授的想法進行思考、學習感受什麼是真正在發生的、學習去觀看什麼是實際存在的等等相較，有沒有什麼是較不必要的呢？以這樣的方式理解想像力，就可以知道，它確實在教育產業中占有最重要位置的價值。

參考書目

Aristotle. *Nicomachean Ethics.* Translated by Terence Irwin. Indianapolis: Hackett, 1985.

Barrow, Robin. "Some Observations on the Concept of Imagination." In *Imagination and Education,* edited by Kieran Egan & Dan Nadaner, 79-90. New York: Teachers College Press, 1988.

Coleridge, Samuel Taylor. *The Portable Coleridge.* Edited by I. A. Richards. New York: Viking, 1950.

Dewey, John. *Art as Experience.* NY: Perigree/Putnam, 1980.

Egan, Kieran. "A Very Short History of Imagination." Vancouver, British Columbia: Imaginative Education Research Group, Faculty of Education, Simon Fraser University, n.d.

Gadamer, Hans-Georg. *Truth and Method.* Translation rev. by Joel Weinsheimer and Donald Marshall. Second revised, Continuum Impacts edition. NY: Continuum, 2004.

Greene, Maxine. "The Shapes of Childhood Recalled." In *Releasing the Imagination: Essays on the Arts, Imagination, and Social Change*, 73-86. San Francisco: Jossey-Bass, 1995.

Kearney, Richard. *The Wake of Imagination: Toward a Postmodern Culture.* Minneapolis: University of Minnesota Press, 1988.

Lear, Jonathan. "Allegory and Myth in Plato's *Republic.*" In *The Blackwell Guide to Plato's Republic*, edited by Gerasimos Santas, 25-43. Malden, MA: Blackwell, 2006.

MacIntyre, Alasdair. *After Virtue: A Study in Moral Theory.* Second ed. South Bend, IN: University of Notre Dame Press, 1984.

Plato. *Republic.* Translated by G. M. A. Grube and C. D. C. Reeve. Indianapolis: Hackett, 1992.

Ryle, Gilbert. "Thought and Imagination." In *On Thinking*, 51-64. Oxford: Basil Blackwell, 1979.

Sartre, Jean-Paul. *The Psychology of the Imagination.* Translated by Anon. Secaucus, NJ: Citadel Press, n.d.

Schelling, Friedrich Joseph. "System of Transcendental Philosophy." In *System of Transcendental Idealism*, translated by Peter Heath. Charlottesville: University Press of Virginia, 1978.

Sutton-Smith, Brian. "In Search of the Imagination." In *Imagination and Education*, edited by Kieran Egan & Dan Nadaner, 3-29. New York: Teachers College Press, 1988.

White, Alan. *The Language of Imagination.* Oxford: Basil Blackwell, 1990.

Wordsworth, William. "Ode: Intimations of Immortality from Recollections of Early Childhood." In *Selected Poems and Prefaces*, edited by Jack Stillinger, 186-191. Boston: Houghton Mifflin, 1965.

第2章
啟動想像力的最佳位置——
學校教育與非學校教育經驗間的對立

Gadi Alexander

以色列本古里昂大學（Ben Gurion University）

摘要

　　本文最根本的論點是，日常生活中想像力的內容與經驗，應納入作為教育計畫與研究的有效來源。更明確的說，因為目前沒有成人直接介入孩子創造的想像世界的任何實例，以增進我們對想像力可以如何提升課堂實踐方式之理解。我們援引Margaret Sutherland的建議，依據三個不同的來源：過去哲學文獻的討論、現代對話中術語的使用，以及來自研究的實證與軼事資料，來探索想像力及創造力在教育中的作用。本文第一部分，呈現有關受訪者（informant）他們所想像的世界的報告，用來作為理解想像力是如何被世界各地的孩子所啟動的有效研究資源。這些報告會與Kieran Egan的理論，浪漫的理解能力描述進行比較。我們認為任何地方性的「非學校教育的」（unschooled）使用想像力的實例蒐集，有助於建構國際及跨文化的案例資料庫，讓教育工作者可以藉由諮詢而獲得協助。本文最後一個部分，涵蓋許多教師可以善加利用的策略範例，以使學生們的想像力與課前準備的材料產生密切的關係，創造出與想像世界相關的、豐富的教育經驗。想像力以及創造力的術語，對許多人而言具有正向的涵義，而且因為不同的，有時甚至是相反的目的，在許多情境與領域中被廣泛使用。但幸運的是，這些正向的意義，給了準備好在教學中揉合創意教學法，或是鼓勵孩子使用想像力的這些有良善意圖的教育工作者，不需花費太多氣力就可轉化抽象的術語成為實際的課堂活動。

　　在教室情境中整合創造力與想像力的困難，部分因素似乎是由於這樣的理論意義沒有得到澄清。如同我們在Egan書中所引述John Maynard Keynes（1995）所說的，理論需要澄清，就可能意味教育理論者其實比自己所承認的還要有更多

的想法。或用Keynes的話說：「當教育理論者的想法是正確的或錯誤的，兩者都還比普遍所理解的更具有力量。確實，教育是掌控在少數人手中。」

的確，理論家們盡心盡力詳細分析想像力與創造力的術語。儘管如此，這些種類的說明，讓多數的教育工作者仍是感到不滿意，如同創造力，就好比愛與美，是無法用準確的定義來說明的。為了教育目標而利用它，所有尋找它準確意義所做的努力：測量它的發生，或甚至更糟的，至少如同我們所見到的，讓某個人承擔起創造力教學的責任，這是有問題的。

同樣的，想像力也是如此，儘管有許多知名哲學家奮力嘗試處理它的概念，並且解釋它可能的認知與情意功能（Warnock, 1976; Egan, 1992），不過，想抓住想像力與創造力的意義，雖難如登天，卻沒必要使教育者或研究者喪氣。許多現象對我們的生活相當重要，並且在建立文化傳承上扮演深具意義的角色，有著相似的但卻難以明確以及抗拒被定義的本質。這並不是指我們不情願讓想像力與創造力出現在日常言談中，或是覺得無論如何它們都無法引導我們的行動。

許多研究者試著協助那些感到困惑的人，藉著指出尋找想像力與創造力意義的範圍，不必要只是在字典和哲學的著作中。他們的建議是，我們應該試著記錄這些被用在自然且非正式對話中的概念。

其中，Sutherland（1971）就提倡「生活想像力」（everyday imagination）以及理解現實的想像，言下之意指的是生活想像力自身是具有價值的。她所謂的價值是找出想像力的意義，透過審視兩個主要的來源：(1)過去的討論以及著作——傳統的觀點；以及(2)當代的討論與對話——她稱之為「生活」觀點，還有其他喜歡標註「天真或直覺」（naïve or intuitive conceptions）的概念或是「大眾理論」（folk theories）（Torf and Sternberg, 2001）。她更進一步闡述，我們需要鞏固在「某些教育理論、心理學研究以及某些想像力的普遍觀點，才能找出某個教學方法是如何與特定的想像力定義相關」（Sutherland, 1971, p.2）。

那正是我們在本文中所嘗試呈現的。檢視術語的一些理論概念、尋找實證研究的範例，再加上建構有關生活中的想像力功能的觀點，結合這三個來源的證據，可望協助讀者繪製語義的地圖，之後再導向至有關教育的實踐與課程的討論。最後，作為這個複雜任務的補遺，我們會研究Egan的「神話理解能力的架構」（framework of Mythic understanding）（Egan, 1992, 1997），並且檢視其與Sutherland所建議的彼此間之關聯性。

今日，離Sutherland提議查閱心理學研究已經是三十五年後了，我們可以發現新類型的證據，來自於質量兼顧的與兒童「非學校教育的」相關想像力研究。研究資料大致上是依據兒童自我的真實報告（或成人回顧其童年）所透露的，或他們假想世界內容與意義的回憶（Cohen and MacKeith, 1991）。這類的報告可望協助教育工作者，熟悉在不是直接與學校經驗有關（但仍可反映它）的情境中，兒童的想像力是如何被啟動的，我們也認為此類的報告可以描繪出，在兒童成長時這些能力是如何發展出來的概略圖像。我們也能將他們提出的自我報告與典型特徵的描繪、任何的架構，或是與Egan（1992, 1997）提出的想像力發展階段做一對照比較。Cohen與MacKeith研究的資料多數是根據受訪者的自我報告，以及英國孩童在兒童期中段所建構出對想像世界的描述，報告包含有事實性資料、（暗示性的）詮釋以及受訪者對生活中想像力之地位的實際概念。

受訪者共同的抱怨就是，想像世界的發展（研究者稱之為「異想世界」〔Paracosms〕）必須被終止，甚至在長大成人時必須放棄。在童年時期，他們能夠享受使用想像的能力，創造虛構的國家與語言，賦予不同的英雄生命，或創造虛構的生物，替這些小年紀的創造者做他們討厭做的工作（像是撿拾地上的紙屑）。在許多案例中，共同合作創造幻想世界的兄弟姐妹以及朋友，會形成所謂的關係圈（affinity group）。他們持續投入的這個活動，成了能夠幫助他們逃離無趣，或較罕見的──跳脫無情的戰爭現況的一個出口。研究者評論這類型的受訪者的想像力報告表現出「若真要說的話……扮演的不是一個虛度時光、轉瞬即逝的活動，我們十二、十三歲就得要放棄」（p.104）。他們也發現到有些孩子對想像扮演的基本動機，與激發具有扮演天分的成人動機大不相同。可以附帶一提的是，有些研究者認為兒童的扮演是根據幻想而來，根據Sutherland（1971），扮演常常是不受控制而且不由個體所主導，而且其歷程多數是在有意識的控制下，進行想像力的不同使用（p.77）。儘管如此，我們還是沒有理由低估想像力可以在兒童戲劇扮演以及生活中的價值。Cohen與MacKeith（1991）的研究顯示，想像力有助於兒童規劃、琢磨出創作家真實的獨特細節，並且斟酌他們所想要的假想世界，及假想同伴必須服從的規則。

本文兩位研究者所輯錄的案例，其中一個特別能表現出假想世界是由孩子展現想像力所創造出的複雜世界。這個案例的焦點是丹與彼得這對表兄弟所共同創造神話國「口儂國」（Possumbul）的活動。這個想像活動早在他們五歲左右就

開始了。丹表示他們兩人為共有的世界所選擇的名字叫做「口儂國」，它是訛用「可能國」（possible world）語音形成的新詞。這個研究相當類似其他許多受訪者的報告所展現的，假想的世界也會隨著兩個男孩的成長持續的發展。受訪者也發表意見說，能造成他們世界發生變化的其中一個資訊來源，就是學校的經驗。例如，當在學校學到「語言」時，他們就發明了假想語言，並將之稱為「口儂語」（Possumbulese）。可惜的是，限於報告篇幅，無法完整重述兩個表兄弟生動有趣的錯綜複雜經歷。他們參戰（而且從未戰敗），戰後接著訂定和平條款。他們會花上好幾個小時一起編織假想世界中所有事件的來龍去脈。在投資在自己嗜好的無數時間中，他們持續在裡頭加入新的英雄以及政客，而且也設計為兩人帶來美學樂趣的勳章、制服與地圖。對於他們引人入勝的假想活動，我們對一些地方相當的激賞，像是口儂國採用君主立憲體制，「在威廉與瑪麗的見證下，本國由兩位男孩共同治理」（p.73）。另外值得一提的是，他們王位的繼承人別無他人，正是丹的布偶——泰迪熊。

利用這類研究的珍貴資源可以告訴我們，（充滿想像力的）兒童的消遣就是投注大量的時間，興致盎然的打造他們的可能世界，我們應該要關注他們每一個動作，無論是以怎樣的方式，都與現實生活有所連結。在這個特定的案例中，除了可以看到受訪者的家長具備了民主素養與知識涵養外，我們也可以在孩子的假想國中輕易察覺到，他們國家戰後現實狀況的蛛絲馬跡。他們的擔憂由君主政體奮發圖強以求延續（即使口儂國的繼承人是一隻泰迪熊）反映出來，他們的國家、朋友的父母被捲入戰爭，以及受人愛戴的新戰爭英雄出現，這些全部都在背後支撐假想故事繼續發展。雖然孩子知道這個消遣是「假想」（make belief）遊戲的一部分，卻告訴了我們他們生活的現實面透過想像力被篩選過濾並且獲得了轉化。例如，他們清楚並且有**先見之明**，這個假想世界必須由某些規則所主導：「我們了解到，孩子即便身處於自我的夢想世界中，還是受到規則所約束……先拋開其他的不談，如果是沒有規則的世界，不會是個有趣的世界。」（出處同上，p.75）。遵守規則和玩得盡興，看似不可能出現的組合，但它說明了與我們一般信念剛好相反的事實，誰說幻想出來的遊戲與活動一定亂七八糟？不僅於此，要制定適合假想世界的規則，還是個智力的挑戰。例如，他們所創造的政客，必須使用大眾運輸工具出席競選活動場合，而很有可能在某個時間，他會因為趕不上公車，而錯過了競選造勢活動。

生活想像力與Egan浪漫理解能力的關聯

　　每當我們檢視本研究中兒童假想世界的獨特性時，發現他們活動的特定細節往往表現出浪漫理解能力的特徵（Egan, 1997, p.81）。如此的對照比較應該是恰當的，因為浪漫理解能力的架構與受訪者所敘述夢想世界的建構，兩者所對應的兒童年齡層都同樣是五至十歲這個階段。

　　不過，至少對我來說，這兩者啟動想像力的方式，明顯的不同之處在於，丹與彼得兩人都是假想世界的發起者及主動設計者，反之，Egan所敘述的在浪漫理解能力階段的典型孩童似乎較多是由「外在引導的」（outer-directed），並且進行的是由他人所準備好的想像力課程內容。我們很難不受Egan的影響，他強調孩子應該要有機會認識文化中某些普遍性的主題以及內容。這些重要的主題被視為摘要重述過程的一部分，這些主題主張孩童所歷經的個人發展與文化相遇的過渡期，與歷史、文化與社會發展部分的趨勢是相似的。這似乎在要求我們重視共同趨勢以及架構的一般性敘述，不要只在特定以及受限於文化的想像力表現上。對教育工作者而言，英國的丹與彼得的夢想國度或是以色列的尤利與納塔，比起Egan的二元相對（binary opposites）的啟發性故事或好的故事，似乎對教育較不具意義。但如果我們正確解讀Egan的偏好的話，特定主觀經驗的細節，是能夠描繪出關於某年齡層孩子想像力的共同架構。不過在Egan一般性的理論領域裡頭，像是這類的軼事紀錄資料，不能作為普遍趨勢般的有效資料來使用。教育工作者可以將此視為是《教化的心智》（The Educated Mind）裡頭更籠統陳述的一部分，書中提到三個教育的基本概念在競爭角力時，同時要堅守住一個或更多概念的話，正好可說明教育系統注定無法成功的理由（Egan, 1997）。

　　關注生活想像力以作為計畫性教育活動的主要資料來源，可能會遭遇的問題是：學生真實的自我表達可能比致力於學習成就的表現更受到重視。我在探討逐漸進步的課室研究中，可以看到這樣的例子，老師願意將已規劃好的生物課程中青蛙消化系統的單元，替換成讓學生繪製馬克杯的活動，因為學生們表現出對於後者學習活動更高昂的興趣。一方面，有人可能會注意到有關丹與彼得或其他孩子的夢想國度的研究報告所表現的基本脈絡，並將之用於直接連結學生個人經驗與夢想國度的課程單元設計。另一方面，假使我們相信應該是由構成文化傳統的事件、英雄或過渡期來激發學生想像力的話，我們或許不情願將這個良機讓給可

能是幼稚的幻想。如此的兩難情境正好可以說明，在多數的教育情境中，外來的刺激因素常是否定孩子特定興趣的原因。儘管如此，偏好普遍共通的作法更勝獨特的決定，不必然是在暗示個人想像力的重要性不被肯定。我們仍然認為，所有的課程發展都應該要預留足夠的空間與時間，讓學生能夠進行自己感興趣的活動，因為讓人樂此不疲的或引發情緒投入的事物是有意義的。我明白這樣是以近乎二元的方式來處理事情。也許認同兩方研究者努力的目標，就是強調兩個方式之間的差異性，如此既能整合孩子對於想像國度的敘述，也能融入Egan嘗試說服讀者相信學習者使用想像的能力、進行可能性的思考，這些都是學習有所開展的先決條件。不過，我們亦不能忽視在Cohen與MacKeith的研究，對於故事、物件、信念以及父母與國家的常態，都僅僅作為孩子建構想像國度的背景，而在Egan的理論中這個背景卻似乎成了重點。在他的教育方案中，特別是在神話與浪漫理解的階段，真實的英雄是異於尋常的人，為社會貢獻他們的智慧與想像力。在Egan的理論中，我們可以發現，常常都不是某個外來的代理人象徵形成我們文化的想像力量，這個代理人更常是提出原創性與出人意表問題的歷史學家或科學家或者也可以是電影製片者，或是為孩子說床邊故事的父母親。在這個多元代理人的系統中，有個關鍵的代理人角色是為發展引入入勝的說故事人或是課程發展者準備的，他們了解既有歷史典範的力量，還能以激發學習者想像力的方式設計單元以及適切的學習環境。Egan引述Northrop Frye的說法，「傾聽故事的藝術是想像力的基礎訓練」（Egan, 1997, p.253）。在《教化的心智》書中的其他部分，我們知道了成人在聽好故事或角色的有趣衝突時的投入與感受，可以是孩子能夠以有意義的方式進行想像或參與的最佳象徵。這不是指我們應該將Egan的說法解讀為學生在這樣的互動中扮演被動的角色。

我大致上認為Egan的觀點是，在想像的內容以及處於認知與情意階段的孩子間所產生的相互作用，有時讓我們難以分辨，究竟是因為先有刺激因素的緣故，還是後來學生投入學習之後，產生了可能的結果。原因很可能是以上兩者皆是。不過即使Egan期待孩子思考新的可能性以及關係，並且把這些看做「可能會是如此」（1992, p.36），但是仍然有個關鍵性的角色要留給專家或是選擇最佳課程內容，並且以吸引人的方式呈現的教育工作者。這明顯不同於Cohen與MacKeith研究裡頭有著自然經驗的孩子，也相異於Sutherland表現生活想像力概念所使用的實例。在後來的這些例子中，想像的啟動者、擁有者以及內容設計

者，都是孩子本身。而且在許多案例中，孩子身旁的這些大人，都沒有注意到想像力活動的存在。我們找到了成人對想像力活動的其中一個影響，丹回憶起一個立意良善的成人移動部分玩具到他認為「比較適合」的地方，成人完全不知道在想像國度中，重要地點的改變，怎麼可以是「從天而降的手」來實現，那是需要吊車、卡車還要調派許許多多的作業人員才可以完成的呀（1991, p.73）。

　　同樣的，Egan似乎也察覺到了教育工作者就如同「從天而降的手」，對學生真實的想像世界造成了威脅。從手上拿著保麗龍泡沫塑膠杯的範例，透過一些線索，從我們可以發展的想法開始自我想像力。他說道，我們除了可以欣賞人類的智慧，還有包覆在這個看似一無用處的物體獨創性方法。儘管這個例子是開放性的，但是大部分的理論，至少當我們解讀時，都認為在想像世界中設計者與可能的使用者或分擔者之間，需要某種的工作分配。有人認為即使想像世界的內容以及細節是由其他人所建構的，然而形成浪漫理解能力的驚奇、敬畏與浪漫，仍然可以讓孩子進入想像中。更甚於此，孩子根深柢固的社會文化、周圍環境的想像力刺激物，也都被視為能提供學習者擴大並且開展經驗結構的契機。Egan利用Vygotsky的近側發展區（zone of proximal development）描述孩子在學習小組中，能夠接觸到超出他個人技能的新刺激物以及可能性的歷程。丹與彼得，即使他們有著獨創性的貢獻，不過就某方面來說，他們也算是近側發展區的代表性範例。這對表兄弟間的社會合作，擴展了彼此的獨創性貢獻，而丹家中的故事書與周圍的文化環境，毫無疑問對想像力活動也大有助益，成為了關鍵的資訊，以及近側發展區的認知工具。雖然兩人的最終成品精密、複雜，但即便如此，他們仍然與Egan用來表現由專家建構的課程單元其典型思考系統的實例大異其趣。

　　我們似乎可以勾畫出由Egan理論中摘錄的三步驟流程圖。流程圖一開始是在說服讀者，既有的單元具備了正確的情感以及認知的訴求，而且將會影響某個年齡層學生的想像力。下一個步驟，包含並且併入了（或至少察覺了）數個與相關架構產生聯繫的認知工具，而想像力架構則因課程單元而得到啟發，另外，具有或能夠實踐二元對立、有力的隱喻或合適的故事，似乎也引導對特定單元的選擇，而且也作為更進一步詳細闡述單元核心的參考準則。在第三步驟中，學生的想像力才終於被帶入。現在輪到學生轉向與學習材料互動、使用合適的認知工具，解決課程中出現的問題，認同英雄並且利用想像力讓一切變得有意義，留下永不磨滅的印象。我認為Egan的方法，與驅動英國「非學校教育孩子」（unschooled children）的夢幻世界的想像力類型恰好相反，他的方案暗示單元目標的結構即便實施方式與孩子可能的興趣配合，但都是預先準備好的。課程材料的設計，預期引發有著不同背景、表現多樣化興趣，並且準備好處理多個部分學習任務的孩子們的想像力。

後來與Egan溝通時，他對於我們在本文部分的結論持保留態度。他的觀點是，他認為自己的方案就是以對孩子想像力運用的觀察為基礎。因此我們可以看見想像力課程對合適素材的選擇，而在這裡描述到的假想扮演也都列入考慮。還有特定認知工具的挑選，例如在孩子的每個發展階段中，考量不同發展階段所展現的典型行為與偏好，再放入適切的認知工具。他在我們的通信中提及《教化的心智》以及早先有關神話以及浪漫理解能力等著作（Egan, 1990），同時也提及對英國的Opies、美國的Paley，以及許多其他人所主持的研究參照。

這些觀點以及新的證據，似乎沒有迫使我全面改變本文的論點，但是他們有助於具體說明並且詳細闡述上述的想法。Egan主張的方法與本文建議最主要的不同，似乎是偏好的不同，Egan似乎偏愛想像力的文化來源以及不同理解的能力，而且偏好教育工作者應該要學習有關學生想像力的詳細資訊。Egan似乎依賴他理論中對理解能力五個階段的描述分類所整理出的歸納，或是他偏好稱之的「架構」。我們的觀點是，不論資料來源是來自既定教學暨特定學生族群，或來自於戲劇扮演以及有關孩子幻想研究的最新結果，全都應該整合、融入在適切的班級或學校活動的設計中。

我們之間細微的差異在於Egan看待的方式，更確切地說，他質疑由學生自己選擇及關注學生在剛開始時興趣的必要性。他覺得由於進展觀點的影響，而過度強調了選擇的重要性，因為該觀點視選擇為用心學習（mindful learning）的前提。在他的新書《深度學習》（*Learning in Depth*）中，他主張從幼稚園至十二年級的教育課程中，每個孩子都應可被**指派**一個研究主題，並且對主題進行深度的研究，無論他目前的興趣為何。他相信由不同的觀點切入特定主題，並且長期投入，將可激勵學習者精熟的、具有學習能力的自信，還有專業感，甚至成為研究主題的專家。這個方法表現出主題探索是值得進行的，它也會引發必要的學習興趣與動機。上述其他有關自然想像扮演的研究，建議替代性的方案，由學習者目前自發性的興趣為起點，盡力將其與合適的課程主題相連結。這並不意味在Egan的方案中，想像力沒有被考慮進去，而是想像力被包覆在優質的課程教材

中，並且選擇能夠引發興趣的主題，發揮具有豐富想像力的思考。

以這樣的角度，我則可想見決定課程材料的選擇，會是以二元相對的認知工具為依據，如同認知工具是以觀察孩子充滿熱忱傾聽傳說或童話故事時所展現出的行為與態度為依據。

我們可以看到這兩個方法間的差異，在於他們對想像力表現的共通性或獨特性所做的假設。使用由Egan以及他的「想像力教育研究團隊」（Imaginative Education Research Group, IERG）提供的美好精彩課程範例的教育工作者們，運用的情境必須是對特定的學生族群。假使他是以細膩的方式進行，那麼就能使用這些材料，並且依自己對學生想像世界的認識再加入東西進行教學。在某些情況中，如果敏銳地考量特定班級組成的差異，將會挑戰「想像力在世界各地都是大同小異」的假設。在當地社區流傳的特殊故事，確實說明「想像力教育研究團隊」選擇故事作為教材中共同主題的見解，但是也產生對當地教材的選擇應採個案應用的基本原則，才比較能夠反映學生想像力感興趣的事物。

研究證據可補充說明這個教學法調查分析的歷程。我們建議閱讀Cohen與MacKeith研究中證據的類型，以及Opies（1969）以及Paley（1990）的觀察等研究成果作為資料來源，以學習、認識孩子在學校裡外是如何使用想像力，為何他們樂此不疲而且對想像活動的印象永不磨滅。

既然我們不建議成人介入孩子的想像扮演，以及參與他們單獨的這些幻想時刻的魔力中，而且成人的干涉應該離得愈遠愈好，我們想要指出一些可以在課室的正式環境中，表現孩子自發性的想像活動範例作為本報告的總結。從Sizer（1996）的研究建議中，我們找到這樣的實例，他鼓勵孩子用展現自己的方式作為評量方式的替代方案。他們學校的孩子必須為自己感興趣的主題進行發表的準備，而孩子們可從家長以及社區成員中尋求協助。這類的活動讓學生不再只是一味的尋求教師或課程發展者的專業協助。

另一個成人以間接方式介入的範例，則是依據研究所提供的資料庫規劃的班級活動，並且將這些資料庫的範例與課程的要求及目標連結在一起。我的學生所報告的實例，關於公民教育老師要求學生建造一個假想的州，並展現出它的民主原則，包含政黨的形成以及競選活動。這類的刺激活動看似一般，因為世界各地許許多多的課程中都曾運用過這樣的方法，不過要如何盡可能的將這樣的活動和我們所敘述的Cohen與MacKeith研究中這對表兄弟腦海中充滿的假想世界連結起

來，這才是挑戰！

　　儘管不以孩子想像思考的報告作為課堂活動與材料選擇的獨特標準，但對這些夢想國度的覺察，仍然可為教師提供附加的工具，以了解在沒有成人的控制與引導下什麼樣的學習經驗正在發生。也許這樣的範例可以讓不知如何在教室中重新創造鮮明並激發學生學習之教育工作者，可以讓即使是幼小的孩子也能夠感受建構自發性假想世界時的「心流體驗」（flow）。Cohen與MacKeith的研究可以證實Sutherland「生活想像力」（everyday imagination）的觀點，將這些整合為一體，可被融入作為有用的教學資源，它不但提供範例，更是真知灼見讓我們不斷反思想像力的本質。

　　我們的觀點是，這類的研究可以提供發展新類型研究的沃土，並可由國際想像力教育研究網絡（International Research Network on Imaginative Education, IRNIE）以及其他的研究者共同實行完成。研究者在他們自己的族群中，探討日常想像力，並創造出類似由Cohen與MacKeith所提供的一個國家的資料，進而形成國際資料庫。從世界各地所輯錄的案例，顯示在世界各地想像力的意義是如何得到了理解。集合跨文化以及跨情境的範例，顯露出想像力得到理解並且整合在每一個文化中的獨特方式。這不是尋求共通架構，也不是要開始描述孩子參與想像力活動的發展階段，而是教育工作者所接觸的，是來自多元文化家庭的學生，他們象徵了多元常態、信念以及獨特的文化見解，因此我們希望即使在自己的班級，教師也能對文化背景異質性更加的敏感。

　　最後，我們以醫學領域的例子作為本文的總結，呈現出對不同文化的覺察可以改變病患對傳統醫學治療的態度，甚至增進醫學介入的效用。在非洲，有位以色列醫生以行動診所進行醫療工作，他注意到當他在某個病人的處方箋中加入根據當地信仰以及傳統的配方時，他的病情突然開始漸入佳境。結果許多案例顯示，簡單諮詢當地巫醫相關的習俗，居然比起改變處方箋來得更有療效。這個故事對教育工作者可能的意義是，運用學生帶進教室的談話，或是想像的內容，會成為打開教室大門、發揮想像力的機會。雖然我們冀求以開放的態度接受學生的個別差異，但我們仍然可以盡力發現普遍模式或反覆相同的架構，更可以努力認識讓我們理解想像力歷程與作品的發展階段。

　　總而言之，我們希望成功展現出研究者以及教師對課堂中孩子自發性想像活動的探討，表現設計完善的課程單元的使用與設計，體現歷史上人類心智的想像

力，並發揮影響力，讓教育工作者將之納入班級的活動與學習的經驗裡頭。

參考書目

Cohen, David., & Stephen, A. MacKeith. (1991). *The Development of Imagination: The private world of childhood.* London, England: Routledge.

Craft, Anna., Bob, Geffrey., & Mike, Leibling. (2001). *Creativity in Education.* London, England: Continuum.

Egan, Kieran. (1997). *The Educated Mind.* Chicago I1: The University of Chicago Press.

—. (1992). *Imagination in Teaching and Learning: The middle School Years.* London, Ontario: The Althouse press.

Opie, Iona., & Opie, Peter. (1969). *Children's games in streets and playground.* Oxford: Oxford University Press.

Paley, V. G. (1990). *The boy who would be a helicopter.* Cambridge, MA: Harvard University Press.

Sutherland, Margaret B. (1971). *Everyday Imagining and Education.* London, England: Routledge & Kegan Paul.

Sizer, Theodore R. (1996). *Horace's Hope: What Works for the American High School.* New York: Houghton Mifflin.

Torf, Bruce., & Sternberg, Robert. (Eds)(2001). *Understanding and Teaching the Intuitive Mind: Student and Teacher Learning.* (Educational Psychology Series) Philadelphia PA: LEA.

Warnock, Mary. (1976). *Imagination.* Berkley Ca: University of California Press.

圖2.1 Anna Craft在文中提出之模式的描繪

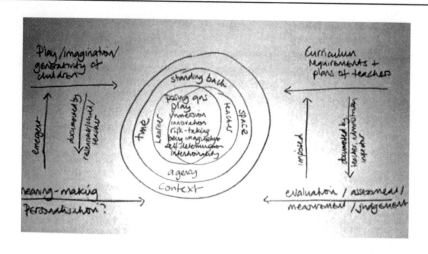

圖2.2 自發性想像力以及建構的想像教育之間可能的相互影響之繪圖，發表於想像力教育研究團隊研討會議

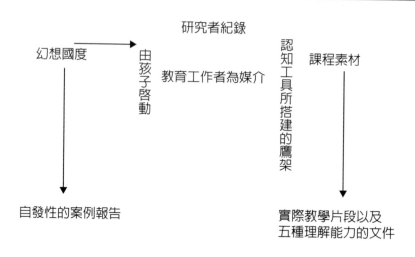

第3章

學習者心智歷程與學習歷程環境之間的動態互動：想像力系統的理論模式

吳淑華（**Shu-Hwa Wu**）

加拿大西蒙菲莎大學（Simon Fraser University）

摘要

本文試圖藉由建構兩個新穎的想像力與感知系統的理論模式，以展現學習者的心智歷程，如何以動態的方式與四周的環境互動。前者是三角雙錐體的想像力系統循環模式（cyclic model of the imagination system），並且與外顯情境（explicit contexts，另譯脈絡）、內隱情境（implicit contexts）、意圖（intention）、想像力（imagination）、感知（perception）以及覺察（awareness）有著密切的關係；後者是三角的感知系統循環模式（cyclic model of the perception system），並且與外顯情境、內隱情境、意圖、感知有著密切的關係。這兩個模式的比較，顯示從想像力系統模式中移除想像力的元素所造成的感知的喪失，就如感知系統模式所展現的，表現出想像力在學習歷程中的重要性。

前言

認知學習以及學習者的心智歷程扮演重要的教育角色。有些提出的理論與學習者心智歷程相關，這四個理論分別為：(1)Bloom等（1956）所提出的六個層次心智處理訊息歷程模式，包含知識（knowledge）、理解（comprehension）、應用（application）、分析（analysis）、綜合（synthesis）與評鑑（evaluation）。(2)訊息處理理論（Information-processing theory），過去三十年學習與記憶的主流理論，描述歷程、儲存以及心智的知識檢索（Slavin, 1994）。(3)在1980年代時期所探討的四個思考類型，包含後設認知（metacognition）、語義映對（semantic mapping）、鷹架（scaffolding）以及基模理論（schema theory）（Wiles and Bondi, 1998）。(4)批判思考（critical thinking），批判思考概念成為近三十至五十年來研究的核心主體，它被解釋為合乎邏輯的反思，思考焦點放在決定相信什麼或做什麼（Ennis, 1992）。批判思考被認為與Bloom的評鑑層次相當（Huitt, 1998）。

想像力與學習者的心智歷程有密切關係。不過它是一個複雜的概念，因為文獻中的定義相當廣泛、含糊。過去定義不明確的部分是由於它的複雜性，部分則歸因於它包含了許多無法一起穩當就位的元素。在十八世紀之前，想像力被視為是具有被動的、複製的角色，臨摹現實，並且從感知中繪製它的圖像（Egan, 2006）。從Immanuel Kant以來，創造力的品質被涵蓋進來，David Hume加入了情緒的特性（Egan, 2006; O'Connor and Aardema, 2005）。此外，Wordsworth將想像力定義為「感覺智力」（feeling intellect），是情緒與思考（想法的連結）的組合。他指出當我們有強烈的情緒，並且思考我們所有過去的感覺與想法時，情緒與想法匯合，接著我們便會發現生活中最重要的事物（Allen, 2003）。近來，無意識的想像力概念遭受攻訐，典型的例子是White的想像力定義，「想像某事就是去思考它的可能性」（White, 1990, p.184），這個說法概述了林林總總處理想像力複雜本質的不同努力，並且描繪兩種意義，一種是我們想像的世界不是它本來的樣子，另一種則是歷史學家或物理學家，或任何人努力想像的，世界就如同它本來的樣子。前者包含了我們非常短的歷史中顯然最普遍的常識之一；後者包含Coleridge定義的想像力是思考的形式，讓我們得以超越被慣例束縛、不當詮釋與表現等障礙，見到我們面前的世界原貌。這種思考事物可能性的能力的兩種意義，都指出想像力是創新、原創力以及創造力的源頭（Egan, 2006）。

為了展現學習者的心智歷程以及與四周環境之間的動態互動，本文利用先前提及的哲學的、心理學的以及科學的敘述，建構想像力系統以及感知系統這兩個模式。如圖3.1所示，在循環與動力功能的三角雙錐模式中，與想像力系統模式有著密切關係的六個相關要素為：想像力、感知、意圖、外顯情境、內隱情境以及覺察。感知系統模式則如圖3.2所示，在循環與動力功能的三角形模式中，與四個要素密切相關：外顯情境、內隱情境、意圖與感知。這兩個模式皆有被應用至教育或其他領域的潛力。

想像力系統的三角雙錐循環模式以及感知系統的三角循環模式

如圖3.1所示，想像力系統的三角雙錐循環模式，描繪出想像力、感知、意圖、外顯情境、內隱情境以及覺察之間密切的關係。箭頭後方的要素是前方要素

圖3.1 想像力系統的三角雙錐循環模式

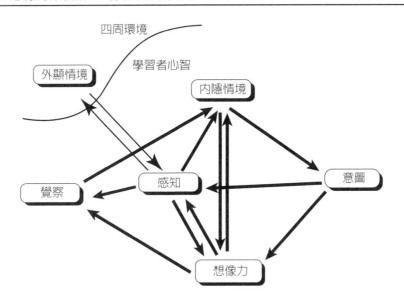

圖3.2 感知系統的三角循環模式

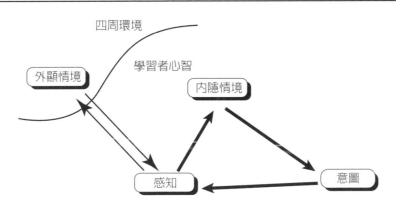

的根源；後方的要素驅動前方要素，或者可以說後方的要素意識到前方要素的存在。以下範例簡略示範這個動力循環功能的模式。

範例：受到內隱情境驅動，學生的意圖增強，並且因為感知到引導式的外顯情境，豐富了內隱情境，提升學生的想像力與感知，並發展出更敏銳的覺察，轉而又豐富了學生心智的內隱情境，致使意圖更進一步的被強化，感知一些更特定的外顯情境。強化的意圖也再一次驅動他或她的想像力與感知，以獲得更深層的覺察。這個循環持續不斷，學生獲得了更好的覺察，形成了持續性的循環模式。

當想像力要素從圖3.1移除時，不能單獨只由感知驅動覺察，於是形成了感知系統的三角循環模式，如圖3.2所示。這個模式與外顯情境、內隱情境、意圖及感知相互有關聯性，下方的範例概略展示這個模式如何以動力循環功能運作。

範例：學生感知到引導式的外顯情境，並且在心智中形成內隱情境，反過來驅動他們的意圖去感知更特定的外顯情境。這些被感知的外顯情境在他們心智中被轉化成內隱情境，反過來，再一次驅動他們的意圖，並感知更特定的外顯情境，最後形成了動力的循環模式。

這兩個模式的比較，顯示從想像力系統模式中移除想像力這個要素，就如同感知系統模式所表現的，造成了覺察的喪失。它清楚說明想像力所扮演的重要角色。那就是為什麼我將圖3.1的模式稱之為**想像力系統**的理由。以下我將依據先前提及的哲學的、心理學的以及科學的敘述，證明建構想像力系統的基本要素之間的關係。

內隱情境驅動想像力的意圖

我們置身於這個世界中，在裡頭思考、觀看並且進行活動。而無論在何時思考、觀看並且進行活動，我們總是在多樣化的情境裡頭，這個情境取決於時間，可能是外顯的或內隱的。**外顯情境**是真實的、可測量的，或發生在當下感官可感知的四周背景，像是一顆樹、一首歌、一幅圖畫、一縷輕煙、文本中的字彙、X光以及物體的速度等。**內隱情境**則是非真實、不可測量的，或可能不會發生在當下且感官無法感知的四周背景，像是個人的過去經驗、記憶與思想（O'Connor and Aardema, 2005）。內隱情境在我們的腦海中，是在外顯情境裡心理的以及感知的歷程產物。例如，我回到畢業的母校，往日情景出現在我的腦

海中，那時我所在的學校背景，是外顯的且可以感知的情境，然而在我腦海中的往日場景卻是內隱情境。外顯與內隱情境兩者有可能同時出現。共識、想法與歷史，是內隱情境，將內隱情境藉由文字書寫與圖畫的表現，可將其轉化為外顯情境；而且人們可將感知化為外顯情境，之後緊接著心智的歷程再將之儲存於記憶中。

　　想像力總是在內隱情境中發生。沒有內隱情境就不可能想像，對人或重要事件進行有意義的思考（Ahsen, 1984; O'Connor and Gareau, 1991）。意圖是行動、心智狀態以及被引導著或朝向某事的特性（Deigh, 1994）。改變內隱情境可能會造成意圖的改變，內隱情境可能會引導意圖，但外顯情境維持不變（O'Connor and Aardema, 2005）。例如，當我的孩子被告知用功讀書將來才能成為醫生，而通常醫生過著豪華舒適生活的內隱情境，驅使他將注意力的焦點放在想像他將會是個過著奢華生活的醫生，他也沉浸在這樣的場景中，之後，他認為太空人是一個不錯的職業替代選項，因此另一個太空人參與刺激的太空旅行的內隱情境，將他的意圖焦點轉向至想像自己會成為太空人。內隱情境具體表現孩子的想像，因此可把意圖引導至所想像的物件上。

　　根據「理性行為理論」（Theory of Reasoned Action, TRA），行為的意圖是社會行動最直接的決定因素，行為的意圖是由兩個變因所引起的作用——態度以及主觀標準，它們都是內隱情境（Chatzisarantis and Biddle, 1998）。換言之，內隱情境會驅動意圖。

　　外顯情境的改變，可能會經由內隱情境的改變，間接改變意圖的焦點，而變化的意圖焦點隨後又將對想像力下達指令。例如，當我給五歲小孩看一個可怕的面具時，他在電視節目上看到的恐怖景象的內隱情境，指示他將意圖焦點放在想像可怕的東西上，因此他被嚇哭了。相反的，當我給五個月大的寶寶看同樣的面具時，他不但不害怕反而還笑了起來，因為他沒有任何驚恐經驗的內隱情境在腦海裡頭。

　　外顯情境有可能驅動意圖嗎？不，那是行不通的。許多研究者證實我們對物件的感知，會讓我們自動賦予那個物件的運動組成部件可能行動的力量，無論感知者的意圖為何（Grezes, et al., 2003; Craighero, et al., 1996, 1998, 2002; Castiello, 1999; Creem and Proffitt, 2001; de'Sperati and Stucchi, 1997; Gentillucci, 2002）。換言之，對外顯情境有所感知可能不會直接的驅動意圖，但卻會間接

的透過內隱情境，驅動這些意圖。

意圖驅動想像力

　　Hume描述想像力與情緒之間的連結：「活潑的情感通常伴隨著生動的想像力」，以及「想像力與情感彼此密切結合真的很有意思，而會影響前者的事物，同樣的也會影響後者」（Egan, 2006）。Wordsworth則認為，想像力是情感與思考的匯合（Allen, 2003），情感是想像力的其中一個特質。Wordsworth更進一步指出，當我們有強烈的情緒並且進行思考的思考時，情緒與想法匯合，接著我們發現生活中最重要的事物（Allen, 2003），這指的就是情感驅動想像力的歷程。

　　以Locke的觀點，情緒是愉悅及痛苦的「內在感覺」（internal sensation），某個好事或壞事的思考所帶給身體當下的感覺，並不是身體的變化，而是「內在感覺」（Deigh, 1994）。意圖被定義為具有行動、心智狀態，以及被導引或朝著某件事前進的特性（Deigh, 1994）。通常，意圖對情感而言是不可或缺的（Deigh, 1994）。例如，當我渴望夏威夷的美好假期時，我特定的渴望已被「刻意的」引導至這個假期上。依照邏輯推斷，既然情緒驅動想像力的歷程，那麼想像力的歷程也可以由意圖所驅動。

意圖驅動感知

　　感知與想像力根本的差別在於，感知比起想像力明顯的對意圖較無良好的回應，後者意味著我們具有的某個東西，然而前者意指發生在我們身上的某個東西（O'Connor and Aardema, 2005）。有兩個截然不同的機制需要感知者做出視覺注意力的抉擇，一個是由刺激物所驅動的注意力控制（stimulus-driven attention control），由充滿趣味的物品，以由下至上的方式所啟動。由下至上的啟動強度則會依據有趣物品及其鄰近東西之間的差異性，導引著感知者的注意力集中在外顯情境裡頭的特定物品上（Wolfe, 1994; Duncan and Humphreys, 1989）。另一個是由使用者驅動的注意力控制（user-driven attention control），由觀察者的意圖開始主導，以由上而下的方式啟動。觀察者的意圖在感知的初期階段，就影

響視覺注意的歷程（Bekkering and Neggers, 2002）。根據「理性行為理論」（TRA）以及「計畫行為理論」（Theory of Planned Behavior, TPB），意圖的建構表現在個人考慮要表現或不表現的行為計畫，意圖被視為在掌握動機因素，而包含想像力並且注意特定感知情境的行為都受到影響（Armitage and Conner, 2001）。因此，使用者驅動的視覺注意力選擇，就是意圖在感知過程中驅動注意力的證據；換言之，意圖會控管感知。

由刺激物驅動的視覺注意力選擇，讓觀察者得以感知特定的物件（Wolfe, 1994; Duncan and Humphreys, 1989），但是感知並不直接驅動感知者的意圖，根據研究顯示，無論感知者的意圖為何，對特定物體的感知，使得視覺自動注意該物件能夠產生動作的運動組成部件（Grezes, et al., 2003; Craighero, et al., 1996, 1998, 2002; Castiello, 1999; Creem and Proffitt, 2001; de'Sperati and Stucchi, 1997; Gentillucci, 2002）。

內隱情境是想像力的源頭，想像力豐富內隱情境

Dryden建議，想像力可以被定義為一組概念性表徵網絡的能力，涉及建構以及精細設計的「意象基模」（image-schematic），我們運用這樣的能力，構想並且組織我們的經驗——這個歷程Langer稱之為「感知的象徵性轉化」（the symbolic transformation of perception）（Dryden, 2004）。根據精神醫學辭典，想像力被定義為建構性的心智能力，是形成一個不存在的物體、影響、身體功能，或出於本能所需的心智圖像的行為或力量，對體驗他們的個體傳達意義或帶來意義（Hinsie and Campbell, 1975）。換言之，想像力是活躍的、建構性的或者是創意的歷程，心智創造事件或物體的圖像，不是沒有多大關聯性，就是與過去以及目前的事實沒有連結。根據Dryden的想像力定義，想像力的來源是意象基模的概念表徵，而這是心智中的內隱情境。

想像力與意象（imagery）兩個是不同的術語。許多臨床上的應用以及醫學、心理學與諮詢領域的實驗性研究，都是在意象的領域中實行。意象有時候被稱為心智圖像（mental image）、掃描的心智圖像（scannable mental image）、心理實踐（mental practice）以及心理畫面（mental picture）（Menzies and Taylor, 2004）。Richardson（1969）將心智圖像定義為心理的感覺或洞察經驗的表

現，在沒有刺激物的時候出現，產生真實的經驗。Menzies與Taylor（2004）將意象定義為心理的功用以及富有生命的生活，是動態的、擬真的、身心的歷程。根據Thomas（1999）的定義，圖像的理論普遍不會自稱為想像力理論，而與心智意義相關的理論無法顧及想像的更廣泛概念，尤其是想像力的創意面向。此外，O'Connor與Aardema（2005）則探討「有意象的想像力」（imagination with imagery）以及「想像力是意象」（imagination as imagery），也就是說，想像力包含心理的意象。

心理意象藉由數個主要感官形式出現在內隱情境中。Winograd與Bridge（1989）描述意象具有七個主要的感覺形式：視覺的、聽覺的、味覺的、嗅覺的、觸覺的、動覺的以及官能的。Witmer與Young（1985）指出意象由六個主要感覺形式所發生——視覺的、聽覺的、動覺的、情緒的、味覺及嗅覺。Johnsen與Lutgendorf（2001）強調心理意象可能與任何一種感覺都有相關，包括視覺的、聽覺的、嗅覺的以及動覺的歷程。心智意象的來源在人們的腦海中是內隱情境，通常經由感知到外顯的情境所引發。例如，當我想像一個月前去過的班芙國家公園（Banff National Park）時，一個漂亮的藍綠色湖泊出現在我的腦海中，引發了愉悅的心情。我的圖像由我先前至班芙國家公園旅遊的記憶所喚起，是內隱情境並且由對班芙國家公園外顯情境的感知所產生。圖像引發了主要的情緒，結果就是愉悅心情的產生。既然想像力包含心理意象，而且內隱情境是心理意象的源頭，因此內隱情境也是想像力的來源。

既然想像力是活躍的、有建設性並且具有創造性，它可能建構並且精心規劃意象基模概念性表徵的網絡，創造出在大腦中從未出現過的某個東西。這「某個東西」就是另一個意象基模概念性表徵，同樣的也是內隱情境。

外顯情境是感知的源頭，藉由感知以及由意圖驅動的感知覺察特定的外顯情境，並將外顯情境轉換為內隱情境

感官覺察是我們通往四周世界的門戶，我們可以利用嗅覺、味覺、觸覺、視覺以及聽覺認識我們周圍的外顯情境（Radhananda, 2005）。人們對世界的詮釋通常依賴多重感覺所傳遞的外顯情境。感知系統自動的且強制性的由系統的視覺形式提取暫存結構，並利用聽覺編碼來表現，帶來了「聽視韻律」（hearing visual rhythms）的體驗（Guttman, et al., 2005）。感知也被定義為「逐漸察覺到事物、人、事件或想法的歷程」（Carter, et al., 1983）。它的過程涵蓋了從剛進入的感知訊息，經過組織成為物體及式樣，接著是各部分感知表現的運作，而產生了感知的基模，最後更進一步加以處理，製造圖像基模的概念表徵或是圖像基模。圖像基模的形成是可習得的，並且精心規劃的概念表徵網絡（Dryden, 2004; Mandler, 1998）。感知的來源當然是外顯情境。既然內隱情境在人的腦海內，人們不太可能在腦海中注意到內隱情境，除非內隱情境被轉化成聲音、文字或符號，然後腦內才有了感知以及複雜的認知運作。

圖像基模的概念表徵是內隱情境，在感知到外顯情境之後就在腦海中生成。就邏輯性而言，感知在人的腦中將外顯情境轉換為內隱情境。

O'Connor與Aardema（2005）指出，感知指的是發生在我們身上的某個東西。這個說法暗指感知是被動的行為，而這與我上述由刺激物所驅動而控制的感知說明一致。然而，感知也可以是使用者所驅動的（Bekkering and Neggers, 2002）。使用者驅動的感知，以由上到下的方式，因為觀察者的意圖啟動感知，驅使觀察者尋找並感知某個特定的外顯情境。

想像力與感知的相互豐富性

如同O'Connor與Aardema（2005）所指出的，想像力意指某個我們所擁有的東西，「某個我們所擁有的東西」意指我們腦海中的內隱情境。換言之，內隱情境是想像力的源頭。這些內隱情境大部分透過外顯情境的感知而產生，因此感知豐富了人們腦中的內隱情境，反之又豐富了想像力。

Casey（1976）堅持想像力可用來豐富感知。想像力讓人們得以利用不同時間、地點的經驗，努力吻合所感知到的外顯情境。例如，當我在黑暗中看到半成形的圖像，我有意識的從記憶中搜尋並在感知與想像力間來回生成不同的形狀，不僅想像，還要察看他們是否相符（O'Connor and Aardema, 2005; Casey, 1976）。此外，既然想像力具有創造力的特質，想像力可以被喚起，勾起從未存在過的經驗或目標，在被感知之前誘發出有力的反應，提升真實的、物理情境的影響。

想像力與感知合作促成覺察

如上述，感知與想像力被視為是不同的能力，各司其職。O'Connor與Aardema（2005）認為想像力指的是某個我們所擁有的東西，而感知意指某件發生在我們身上的東西。不過，O'Connor與Aardema（2005）也指出，想像力與感知作為意識（consciousness）的兩個方式使用，隨時都一同運作，形成所有的覺察。此外，Prigatano與Schacter（1986）也描述覺察是一個複雜的概念，涵蓋了從外在真實與內在經驗兩者的資訊整合。覺察涉及心理能力，而非現象（Warner, 2005）。外在的真實透過感知促成了覺察；內在經驗則與想像力相關。因此，感知與想像力相互配合，形成了複雜的構思與資訊的整合，將心理能力塑造成覺察能力。

覺察豐富內隱情境

覺察是心理能力（Warner, 2005），是複雜的構思結果，涵蓋來自感知與想像力的資訊整合（Prigatano and Schacter, 1986）。因此，覺察可以提升人們在外顯情境中對物體的理解。了解外顯情境中的物體，意味著獲取了對物體的特性、知識或想法，這些內隱情境儲存在人們的腦海中。換言之，在腦海中，覺察可以豐富內隱情境，而反過來亦使得外顯情境中的物體更具有意義。例如，在覺察是水之前，它就只是液體。在透過複雜構思以及來自感知與想像力的資訊整合，這些有意識的覺察之後，我的腦海產生一些內隱情境，水是H_2O有著穩固的分子氫的連結、沸點是攝氏100度，而水是外顯情境的物體則維持不變。

想像力系統的三角雙錐循環模式

我們日常生活中許多事物都與化學脫不了關係。為了妥善處理日常生活所需事物，我借了一些化學的書籍研讀。在我感知到化學書籍（外顯情境）之後，與化學相關的感知基模與圖像基模的概念表徵（內隱情境）就會出現在我的腦海中。在我腦中出現的其中一個內隱情境是，分子的特性是由其結構所影響，而其結構是由原子的連結所形成的概念。這個內隱情境驅動我的意圖，想像分子結構

會是如何，並且閱讀一些有關分子結構的書籍。既然原子微小到肉眼看不見，藉由在腦海中建構與精心規劃圖像基模概念表徵，我想像原子結合在一起，形成更穩定的分子結構的方法。在最可能的分子結構於腦海中形成之後，我查閱文獻探討分子真實的透視結構，以確認我想像的分子結構是正確的。最後，透過感知與想像力，我逐漸覺察到分子結構與原子是如何連結在一起，形成穩定的結構。我獲得的知識是內隱情境。接著，知識驅動我的意圖，再用同樣的方式嘗試一次，而我發展出更多預測分子結構的知識。這個循環持續進行，而且這是創造性的循環。

結語

本文建構出兩個新穎的想像力與感知系統的理論模式，表現學習者的心智歷程如何以動態方式與四周的環境產生互動。藉由比較這兩個模式，並從想像力系統模式中移除想像力這個元素，結果如感知系統模式所展現的，造成了覺察的喪失，這顯示想像力在學習歷程中的重要性。而在想像力系統模式中，內隱情境所驅動的意圖得到強化，而感知因引導式的外顯情境所豐富，想像力與感知都得到了提升，最後發展出更佳的覺察力。這也反過來豐富了心智中的內隱情境，並引致意圖更進一步得到強化，感知更特定的外顯情境。強化的意圖也再一次驅動想像力與覺察力，並獲得更深層的覺察力。這個循環持續的進行，因為有了更佳的覺察力，使得這樣的模式循環不已。

參考書目

Allen, J. S. (2003). Wordsworth and imagination. *Arts Ed. Policy Rev.*, 105(2), 31.

Armitage, C. J., and Conner, M. (2001). Efficacy of the Theory of Planned Behavior: A meta-analytic review. British Journal of Social Psychology, 40, 471-499.

Ahsen, A. (1984). ISM: The triple code model for imagery and psychophysiology. *Journal of Mental Imagery*, 8(4), 15-42.

Bloom, B., Englehart, M., Furst, E., Hill, W., & Krathwohl, D. (1956). *Taxonomy of educational objectives: The classification of educational goals. Handbook I: Cognitive Domain.* New York: Longmans Green.

Bekkering, H., and Neggers, S. F. W. (2002). Visual search is modulated by action intentions. *Psychological Science*, 13(4), 370-374.

Carter, B. A., Nelson, D. L., and Duncombe, L. W. (1983). The effect of psychological type on the mood and meaning of two collage activities. *American Journal of Occupational Therapy*, 37, 688-693.

Casey, E. S. (1976). *Imagining: A phenomenological study.* Bloomington: Indiana University Press.

Castiello, U. (1999). Mechanisms of selection for the control of hand action. Trends *Cogn. Sci.*, 3, 264-271.

Chatzisarantis, N. L. D., and Biddle, S. J. H. (1998). Functional significance of psychological variables that are included in the Theory of Planned Behaviour: A Self-Determination Theory approach to the study of attitudes, subjective norms, perceptions of control and intentions. *Eur. J. Soc. Psychol.* 28, 303-322.

Craighero, L., Bello, A., Fadiga, L., & Rizzolatti, G. (2002). Hand action preparation influences the responses to hand pictures. *Neuropsychologia*, 40, 492-502.

Craighero, L., Fadiga, L., Rizzolatti, G., & Umilta, C. (1998). Visuomotor priming. *Visual Cogn.*, 5, 109-125.

Craighero, L., Fadiga, L., Umilta, C., & Rizzolatti, G. (1996). Evidence for visuomotor priming effect. *Neuroreport*, 8, 347-349.

Creem, S. H., & Proffitt, D. R. (2001). Grasping objects by their handles: a necessary interaction between cognition and action. J. Exp. Psychol. Hum. *Percept. Perform.*, 27, 218-228.

Deigh, J. (1994). Cognitivism in the Theory of Emotions. *Ethics*, 104, 824-854.

de'Sperati, C., & Stucchi, N. (1997). Recognizing the motion of a graspable object is guided by handedness. *Neuroreport*, 8, 2761-2765.

Dryden, D. (2004). Memory, imagination, and the cognitive value of the arts, *Consciousness and Cognition*, 13, 254-267.

Duncan, J., and Humphreys, G. W. (1989). Visual search and stimulus similarity. *Psychological Review*, 96, 433-458.

Egan, K. (2006). *A very short history of imagination.* http://www.ierg.net/assets/documents/ideas/History-of-Imagination.pdf.

Ennis, R. (1992). Critical thinking: What is it? Proceedings of the Forty-Eighth Annual Meeting of the Philosophy of Education Society, Denver, Colorado, March 27-30. Retrieved Sept. 2006, from http://www.ed.uiuc.edu/PES/92_docs/Ennis.html.

Gentillucci, M. (2002). Object motor representation and reaching-grasping control. Neuropsychologia, 40, 1139-1153.

Grezes, J., Tucker, M., Armony, J., Ellis, R., Passingham, R. E. (2003). *Objects automatically potentiate action: an fMRI study of implicit processing.* Eur. J. of Neuroscience, 17, 2735-2740.

Guttman, S. E., Gilroy, L. A., Blake, R. (2005). Hearing what the eyes see, auditory encording of visual temporal sequences. *Psychological Science*, 16(3), 228-235.

Hinsie, L. E., Campbell, R. J., eds. (1975). *Psychiatric Dictionary*, 4th ed. New York, NY: Oxford University Press.

Huitt, W. (1998). *Critical thinking: An overview. Educational Psychology Interactive.* Valdosta, GA: Valdosta State University. Retrieved Sept. 2006. from http://chiron.valdosta.edu/whuitt/col/cogsys/critthnk.html.

Johnsen, E. L., Lutgendorf, S. K. (2001). *Contributions of imagery ability to stress and relaxation.* Ann. Behav. Med. 23, 273-281.

Long, S. A., Winograd, P. N., and Bridge, C. A. (1989). The effects of reader and text characteristics on reports of imagery during and after reading. *Reading Research Quarterly*, 24, 353-372

Mandler, J. M. (1988). How to build a baby: On the development of an accessible representational system. *Cognitive Development*, 3(2), 113-136.

Menzies, V., Taylor, A. G. (2004). *The idea of Imagination: An analysis of imagery. Advances*, 20(2), 4-10.

O' Connor, K. P., and Aardema, F. (2005). The imagination: Cognitive, pre-cognitive, and meta-cognitive aspects. *Consciousness and Cognition*, 14, 233-256.

O'Connor, K. P., & Gareau, D. (1991). The role of context in eidetic imagery. *Journal of Mental Imagery*, 15(3-4), 151-156.

Prigatano, G. P., and Schacter, D. L. (1986). Introduction. In G. P. Prigatano and D. L.

Radhananda, S. (2005). *Gateways of perception.* Ascent Magazine, 26(summer), 6-7.

Richardson, A. (1969). *Mental imagery.* London: Routledge and Kegan Paul.

Schacter. (Eds). Awareness of deficit after brain injury: clinical and theoretical issues. Baltimore, MD: Johns Hopkins University Press, pp.1-17.

Slavin, R. E. (1994). *Educational psychology theory and practice.* Allyn and Bacon: Needham, Massachusetts.

Thomas, N. J. T. (1999). Are theories of imagery theories of imagination? An active perception approach to conscious mental content. *Cognitive Science*, 23, 207-245.

Warner, T. Q. (2005). Awareness and cognition: The role of awareness training in child development. *Journal of Social Behavior and Personality*, 17, 47-64.

White, A. R. (1990). *The language of imagination.* Oxford: Blackwell.

Wiles, J., and Bondi, J. (1998). *Curriculum development: A guide to practice.* Merrill: Columbus, Ohio.

Witmer, J. M., and Young, M. E. (1985). The silent partner:Uses of imagery in counseling. *Journal of Counseling and Development*, 64, 187-190.

Wolfe, J. M. (1994). Guided search 2.0: A revised model of visual search. Psychonomic *Bulletin & Review*, 1, 202-238.

第4章

威廉・布萊克以及「自然沒有輪廓」：想像力、數學、科學與教育[1]

Victor Kobayashi

美國夏威夷大學（University of Hawaii）

摘要

　　想像力通常與學校教學以及數學、科學的學習沒有關聯，然而這兩門學科，如同其他的學科，像是藝術、歷史、社會科學等所必不可少的基礎概念一樣，也都需要想像力之類的東西。要對科學及數學最根本的基礎有紮實的理解，想像力教學有其必要性。同時也很重要的是，要對限制想像力的傳統思考方式有清楚的認識。例如，經驗主義（empiricism）以及實證主義（positivism）兩者，強調在經驗中可觀察到的事物，因此容易低估了想像力在科學中的價值；同時也就讓想像力趁此機會溜走。此外，詩人William Blake以及人類學家Gregory Bateson提出想像力是如何的發揮作用，帶來科學中的智慧以及關於藝術的重要見解，然而如Sigmund Freud所暗示的，普遍性的文化作用，卻會阻礙了必要的想像力歷程。在本文中，我們提出了重要的實例。

　　世界上的樹木、動物以及物體不存在於我們的大腦中，除非我們以想像力將這些轉化為意象。藝術家及詩人Blake（1757-1827）總是如此表達，想像力提供我們生活所必須的基本洞察力，人類無法直接的感知自然：

> 自然沒有輪廓，但是想像力有；自然沒有音調，但想像力有；自然沒有超自然而且會消逝，想像力卻是永恆。（〈阿貝爾之鬼〉〔The Ghost of Abel〕，引述自Keynes, 1969, p.779）

1　本文原發表於第一屆國際想像力教育研討會（First International Conference on Imagination and Education, 溫哥華，英屬哥倫比亞，2003年7月）完整論文之修訂版。

身為一個詩人及藝術家，Blake生活在一個當科學以及數學正逐漸成為新正統的時代。在科學哲學家像是Descartes、Leibnitz以及Newton等人研究成果的餘波中，許多人對能被發現的自然法則感到興奮，如此就能獲得對人類以及自然的全面理解，並且伴隨著人們逐漸相信宇宙是一個由人類主導的、理性的創造——然而這個信念卻激怒了Blake。他將科學視為極度的禁錮，而且包含了對有生命的，以及對非理性世界的生物，對人類的忽視。他深刻理解到整體的詩意畫面，是透過想像力而得到認識，想像力是了解人性與其他生物、與鳥獸、與花樹、與自然充滿生機的關係的主要來源。那個畫面讓人無法抗拒充滿著喜悅的生活魅力、傾心留戀具有價值的生命。

> 如不是為了詩意或預言的角色，哲人與試驗者不一會兒就在查看所有事物的比例而且維持不變，除了再次重複無聊的循環之外，什麼也不能做。（〈沒有自然的信仰〉〔There is No Natural Religion〕，1788年，引述自Keynes, 1969, p.97）

Blake也明瞭工業革命是如何懷抱著這樣的想法：科學和技術的進步帶來了機械化發條的世界。單一視角的理性已經出現了，而如此「理性啟蒙」的基本教義派觀點（fundamentalist），排除了生活具有樂趣所必要的多樣性以及令人歡樂的美景。

> 現在，我的四重視野看到了，
> 四重的美景，
> 這四重視野是至高無上的喜悅
> 而三重視野是柔軟安謐的國土夜晚
> 雙重視野，願上帝讓我們永遠保有。
> 從單一的視野，牛頓在沉睡！
> （〈給托馬斯·巴茨的一封信〉〔Letter to Thomas Butts〕，1802年，引述自Keynes, 1969, p.818）

同樣的，學校也是這個化約主義驅力的一部分，窄化了人性的理性面向。

Blake就此對教育方法提出質疑：

> 我愛在夏天的早晨醒來，
> 有鳥兒在樹上歌唱；
> 遠處的獵人，把號角吹響，
> 天上的雲雀與我合唱。
> 噢！討人喜愛的同伴。
>
> 可是，在夏天的早晨上課，
> 噢！趕跑了全部的歡樂；
> 小傢伙們被殘忍的眼睛盯著，
> 消磨一整天，在嘆息和不捨。
> （《天真之歌》〔*Songs of Innocence*〕，1789年，引述自Keynes, 1969, p.124）

Blake所謂的兩個「人類靈魂的對立狀態」（contrary states of the human soul），指的是嬰幼兒的天真信念，以及之後隨著成年期到來的經驗之聲。但兩個對立狀態卻是相互融合的：

> 如果沒有相反，就沒有進展。吸引和排斥，動機與能量，愛與恨，對人類的
> 生存是必要的。從這些對立中所湧現的是宗教所稱的善與惡，善是被動的，
> 服從理性的。邪惡則從能量中迅速的湧現。良善是天堂，邪惡是地獄。
> （〈天堂與地獄的結合〉〔The Marriage of Heaven and Hell〕，1793年，引述
> 自Keynes, 1969, p.149）

想像力起源於純真，由善與惡、喜與悲的經驗所錘鍊。Blake覺察到了危險：科學的世界，將所有的經驗變成了「比例」（ratio）——將經驗減少至單獨的視野，排除了其他的可能性，排除了為生活帶來歡樂（與悲痛）的可能性。而這要藉由想像力，使人類的生活重新充滿生氣活力。對一些人而言，他那時期對科學主義的批評看似反動，甚至瘋狂。Blake自己看來好像欣賞藝術家的瘋狂，似乎完全不合理；然而他讓想法成了矛盾的一部分：

所有用理智和思想繪製的畫，

是如銀幣般篤定的狂人所畫的；

大傻蛋的筆畫得愈好就得到愈多祝福，

他們醉醺醺時，總是畫的最好。

他們永遠不會畫出如拉斐爾（Rafael）般，或像富塞利（Fuseli）或布萊克

（Blake）般的畫；

如果他們連輪廓都看不到，你再怎麼祈禱他們也不會畫得好。

有人要畫輪廓時，你開始數落他們

狂人就是因為看到輪廓，所以才畫出輪廓。

（《筆記本》〔Notebook〕，1808-1811年，引述自Keynes, pp.548-549）

Blake似乎承認我們不可能完全並且直接知道自然界處理生命融入的所有形式。人類身處於宇宙中，是宇宙的一部分，因而對現實的把握非常有限。人所有可用於洞察宇宙的，唯有心智而已，而心智與身體是聯合行動的：

人不能輕而易舉就能感知事物，但透過他的天賦與身體的器官就能達成，因為「人的欲望受限於感知，沒有人可以渴望他所未感知到的事物」。（〈沒有自然的信仰〉，1788年，引述自Keynes, 1969, p.97）

理性，或是我們現有的全部知識比例，在我們又懂得多的時候，這比例應該會有所不同。（引述自Keynes, 1969, p.97）

人類從未直接感知無限的宇宙，也不會只透過自己的感官與心智處理宇宙的圖像。自然——我們外在的以及內心的世界——是沒有輪廓的，使得我們對自然的感知，受限於心智處理感覺材料的方式。然而，人類的心智，以某種神秘的方式發明了「輪廓」（outlines），並且感知「型態」（patterns），包括「可畏的對稱」（fearful symmetry）：

泰戈爾！泰戈爾！熊熊燃燒
在森林的夜晚。

是怎樣的神手或天眼

膽敢構想你可畏的對稱。

（《經驗之歌》〔*Songs of Experience*〕，引述自Keynes, p.214）

人的悲傷甚至也是心智的一部分，「因為眼淚是智性的東西」（引述自Keynes, p.420）。

我們未曾直接看見自然。我們看到了一根木棒或石頭或一顆星星，而且總是因我們的感官所促成，並且在人類發明的眼鏡和望遠鏡協助下，我們才有可能看到這些東西。學生透過顯微鏡端詳，並且透過繪畫看到切割的植物細胞，就像我在高中時的生物課所做的一樣。醫學院的學生學習如何解釋X光片，使他們能夠「看到」極微渺的骨折，或是在肺部一個可疑的、模糊的斑點。想像力，使我們得以看到輪廓。或者更準確的說，想像力**就是**在看出輪廓。

要確切知道我們心智歷程的運作是不可能的，因為要達到那樣的理解，我們需要利用這些歷程本身，甚至要借助於先進形式的科技，來擴展並且複雜化我們的認知。如同崇拜Blake見解的科學家Gregory Bateson（2000）所指出的：

這似乎是人類感知的共通特點，是鞏固人類認識論的特點，即感知者應只感知其感知行為的結果，不應感知產出結果的手段。結果本身是一種藝術作品。（Bateson, 1991, p.217）

然而，對造物主或上帝，Blake也是有信仰的，或如無神論者Bateson將信仰稱為「超驗心智」（transcendent mind），而同時人類是上帝的造物，於是本質之中就有上帝，對上帝而言，想像力也是如此。

形式必須由感覺或想像力的眼睛而領會。人所有的就是想像力。上帝是人，存在我們之中，而我們也在他之中。（引述自Keynes, p.774）

因此，一部分的宇宙包含了對整體的一些洞察。「心智」或「上帝」既在外面，（超驗的）也在裡面（內在的）。想像力讓我們得以感知我們所屬的整體；想像力讓我們得以見到某個部分所屬的全貌：

一粒塵沙，可見整個世界
一朵野花，看盡天堂，
掌心握有無限
片時窺見永恆。
（〈天真的預言〉〔Auguries of Innocence〕，引述自Keynes, p.431）

我們天生的本質偏好超驗心智，這從新生兒對生命的信念中明顯表現出來。
經驗包括教學的經驗，則會導致我們對這個基本信念產生懷疑：

嘲笑嬰兒信仰的人
就要用老死來嘲笑他。
教導孩子懷疑的人
腐爛的墳墓永遠不叫人知道。
尊重嬰兒信仰的人
叫地獄和死亡屈服。
（引述自Keynes, p.433）

所有的生命，從蜘蛛到蒼蠅，老虎至羔羊，「善」與「惡」，形成上帝更廣
博的精神，這些全是上帝所造之物。Blake有一個遠景，如果是在今日也許我們
會稱這樣的遠景為「深層生態學」（deep ecology）。他以不計其數的對聯詩描
繪出對所有生命相互連結的肯定：

殺死飛蠅的淘氣男孩，
會感受到蜘蛛的敵意。
每頭狼與獅子的嗥叫
使從地獄來的人類靈魂復活。

籠裡心煩意亂的紅色知更鳥
要讓天堂全面發狂。
（〈天真的預言〉，引述自Keynes, p.431）

但是，Blake並沒有否認，數學和邏輯的理性世界也是人類的創造與想像力的產物。理性世界的形成，部分是基於經驗，基於對世界產生的影響，透過區辨、畫線、計數，並且基於這些行動，因而建構一種特殊系統化的世界，而想像力使其成真。加拿大科學先驅Warren McCulloch（1970）發現，包含生物的大腦在內的神經系統，與生物感知世界的方式相互產生連結，因此哺乳類動物和鳥類不需要人類所發明的計數行為，就能感知到有限的一組數字，而他所估計的感知限度是數字6：

> 從1到6的數字是可區辨的，其餘只能用計數方法。對動物的實驗顯示：1至5可能是自然數。所有較大的整數透過計數或將小圓石放在樁上，或是在樹枝上割出缺口完成計算，每個方法──用Ockham的說法──都是約定俗成的語詞，做事情的方式由我們聚集一起、由我們的溝通、由我們的徽標、由我們把事情安排為一對一對應技巧的方式而產生。（McCulloch, p.7）

因此，有了算盤，然後是電腦，除了無限大之外，我們可以計算，想要有多大就有多大的數：

> 首先，我們對數字的定義就是它在邏輯上是有用的。再者，我們依賴對小的整數的感知。最後，它取決於符號化的過程，以傳統的方式將東西一對一相對應。這樣的話，回答了問題的前半部分。第二半部則困難的多。我們知道一個人可能知道的數字是什麼，但會知道數字的人是什麼樣的人呢？（McCulloch, p.7）

從教學法的角度來看，數字的源起，是自孩童發現計數的時候開始的。計數是進入當前文化所建構的世界的巨幅躍進；它可以被看作是人類戰勝自然──一個我們到了這個時間點已採取的途徑；或者它可以被視為如Blake所認為的，忽視我們的世界是自然的生物，這也是詩人、藝術家，還有那些保有「純真信念」（infant's faith）的人也相信的觀點。

數學的順序與式樣，由內隱的以及有時外顯的禁令或命令所產生，重現具有重大歷史意義的行動，產生不同數學的世界。數學像極了家族的美味雜燴食譜，

被發明後經過數代改良。然而，學生們經常投入到純數學中，好像它早已經是既定的，沒有沿革一般。學生需要重視這些食譜，藉由再次進行（要經過好幾年）抽象數字系統的發展，以及其他更直接體驗行為的數學形式。透過重演，數學才能成為活生生的主題，是想像力和歷史的複雜產物。

讓我提供一個如何學會或可能學會三角形的例子。我一開始藉由學習三角形的外形來認識三角形，老師及同學在黑板上畫出外形或用剪刀在紙上剪出來。有許多種的三角形，不同的形狀和大小，但全都是由三個線段組成有三個角的形體。在之後升上去的學年，我學到了數學裡真實的三角形不是畫的，是用「想像」的，因為他們是由沒有寬度（或深度）的線所組成，因此你是看不見的。一個繪製出來的三角形只是想像中所「看到」的「真實的」三角形的圖像而已。三角形是心理概念。想像歸納出來的三角形是必要的，才能掌握真實的三角形的——抽象概念，「三角形」本身只是一個概念。

因此，我們了解到當我們「畫」三角形時，它們只是一個**表徵**，即使我們第一次學習三角形時好像他們是真實的，因為他們可以畫在紙上。今天，我仍舊認為繪圖**是表徵也是真實**的三角形，這有助於我使用三角形的幾何練習。我更了解到在中世紀的聖餐會上，人們實際上看到的酒變成了血，而麵包變成了耶穌的肉身。我可以用雙重視野（two-fold vision）見到這個世界：隱喻的以及「真實的」，「想像的」與「實際存在的」。

我對三角形的想法隨著學校教育的進展而改變。但即便如此，我視繪製的三角形如同一個真正的三角形，以及「僅是」為「真實」三角形的抽象表現形式而已。我學習著將表徵視為「隱喻」，就像我們可能會看到芭蕾舞劇《火鳥》（*Firebird*）裡的熟練舞者，一會兒**變身**成為火鳥，移動時是藝術的一部分。對我而言，紙張上我看到的三角形，是一個真正的三角形，而不是某個**像**真正三角形的東西。這如同隱喻法般讓我深深著迷，也因此讓我很欣賞視數學為神秘的、為表達人類生存的深層奧秘的畢達哥拉斯學派（Pythagoreans）。

在「純」幾何的世界，一條線或一個點，都不能真的被「繪製」，而假使你看不到一條線或一個點，那麼藉此推斷這個「角」也是虛構的，因為它摸不到或看不到。如果你仔細想想這個過程，似乎不可思議：我們喜歡把世界想成是由東西所組成的，由那些可以直接感知的東西。「輪廓」與「角」是想像行為的結果。

接著，我們需要承認當孩子第一次學習繪製三角形時，他們是依循一個內隱的或外顯的命令或指揮——也就是「畫一個三角形」，即使是在純數學中，外形是無法被「繪製」的。隨著畫了越來越多的三角形，很快就明白了「三角形」概念，有時候快速到讓我們忘記它與想像力有關。想像力是我們的心智行為，讓我們辨識樣式，即使圖案清楚可見的「物質」不是有形的。日本的書法教學傳統上也是以這種方式指導，書寫本身相關的不僅是重複和死記硬背，更是獲得某種審美觀點，以對書寫文字一筆一劃有深刻理解的實踐。當一個人變得擅長使用毛筆，整個行為就變得像完美的編排一般，表現出過去與傳統，這也是個人的，並且表現自己獨特精神的行為。有時佛教禪宗的藝術家也會以筆，畫出三角形和圓形或者是中國的文字或漢字（kanji）。

一旦三角形成為文化的一部分，他們就變成了一個既有的抽象概念，甚至可以不必建構就被想像出來——似乎失去了它對時間的依賴性並且成為了對柏拉圖而言的「永恆」。在共同化的影響下，三角形是全球所有學童都一致認識的，三角形的「真實」進一步透過我們所建造的環境得到驗證，像是讓三角形成為日常生活中建築物的一部分，並且在許多人類發明的物體中就可發現。在某些方面，我們已被誘使成為柏拉圖式的宇宙，唯一的理想形式就是並無有形存在的形式；然而我們在日常生活中處理繪製的三角形——抽象已變成「有形的」，誘使我們返回有形的現實世界。這好像是「真實」活在當代的世界，像是「三角」、「線」、「數字」的概念，被認為是一個既定的，而非由想像力或經驗所演變而來的想法。

三角形就像是一個笑容——一個像《愛麗絲漫遊奇境》（*Alice in Wonderland*，中譯本經典傳訊出版）中柴郡貓（Cheshire Cat）的笑容，一開始出現時坐在一根樹枝上的柴郡貓臉上的笑容。我們知道貓的樣子還有樹枝的輪廓，我們體驗過也學過這類的事情，但Lewis Carroll的故事，讓貓的身體部位分階段逐次消逝，從尾巴開始，直到整隻貓在愛麗絲面前消失，除了笑容以外，而愛麗絲也察覺到了。當我在寫剛才那部分的故事時，我笑了，故事本身成了一個微笑。如果我延展面部笑容的動作，變成全身性的運動，同時，我還是個舞蹈家與編舞家。我創造了一個微笑的空間。

同樣的，在純粹平面幾何的世界，三角形不再被繪製，而「僅僅」是由具有三個向度的線條來**表示**（因為鉛筆畫出的線還有一丁點的深度）。因此繪製的三

角形現在已經成為**只是**「真的三角形」的代表。然而繪製的三角形具有隱喻的狀態——它確實被視為是一個三角形，而非僅僅作為**像個三角形**的比喻。它，這是形式上的——現在也實際繼續存在的一個概念，而這幾乎會永留在我們的集體文化記憶裡。簡言之，我們已經認識了這個抽象概念，因此即使這個概念是由重要的外顯命令所進化而來的，命令卻已經沒有存在的必要了。此時，可能有人會問：也許我們應該要教導三角形是從繪製的三角形，進展至後來重新定義為抽象三角形的概念，並且快馬加鞭的重述想像力進化的歷史，如同過去的教學，像是由Rudolph Steiner華德福學校（Waldorf school）所發展出來的教學法。

因此，當抽象用來代表「客觀」的現實時，在某種意義上想像力被轉換成「自然」。這就是激怒Blake的東西，當「自然」的概念作為科學數學的「比例」而變得舉足輕重且「真實」時，它就成了科學家探究它的自然合理性的任務。

而當人類的理性強加在這個被創造的宇宙時，這個世界便會越來越摧毀生機與信心。

我們需要被提醒，成為現實的抽象基礎源自於孩子的生活主體中，當孩子第一次學習畫出像三角形的以及其他的「東西」時。圖像並非事物本身，圖像來自於最初的指令、指示或指揮（外顯的或內隱的），讓我們與抽象產生連結，而同時將我們推進純粹的數學系統世界中。

G. Spencer Brown的《形式定律》（*Laws of Form*）出版於1969年，該書前言的前幾行以警語作為開始。他利用切割或切斷一個空間的隱喻，指定出有界限的空間產生基本的數學系統，這個系統比起幾何或物理更具可歸納性，因此該系統還可被應用於如語言學和生物學的領域之中：

> 本書的主題是有關**當一個空間被截斷或被拆解開來的時候**，宇宙才成形。一個生物的表皮讓內部與外部隔絕。一個平面上圓形的圓周也是如此。以描繪的方式，我們表現出如此的切分，我們可以開始重建，以幾乎不可思議的準確度和覆蓋範圍，表現出構成語言、數學、物理及生物科學的基礎形式，並且可以開始看到我們自己經驗的熟悉規律，無可抑制的遵循著最初始的切分行為。行為本身已經被記憶了，即使是無意識的，如同我們第一次嘗試區分世界裡不同的東西，首先，我們可以任意的把界限畫在我們想要的位置。在

這一個階段，我們對宇宙有何影響，是無法區辨出來的，而世界可能看起來就像我們腳下的流沙。（Brown, 1969, p. v, 黑體字為作者所加）

值得注意的是，Brown使用的隱喻是「截斷一個空間」（severing a space），同時也使用了「繪圖」（drawing）和「描繪」（tracing）的隱喻來「象徵」（represent）「截斷」（severance）。我打了一個寒顫，因為就我看來，隱喻也暗指著我們是如何破壞自然的生態系統；我們已經斷絕了與自然的連結，以及我們身在其中的生活系統。對我而言，這個隱喻就是在說，什麼讓我們失去了與生活的聯繫，在二十世紀是如此，進入二十一世紀也一樣。畢竟，表層不僅是一個邊界，同時也是一個溝通的介面。正如Blake所言，「自然沒有輪廓」。

Bertrand Russell（1957）指出在純數學中，這些以人類行為作為參考依據的指令因為符號而被淘汰，造成理解純數學的障礙之一。參照有形的、經驗的世界被遺忘了，或透過抽象符號的使用而變得無關緊要，使得學習出現困難，因為符號似乎獨斷而且也與人類主體的起源無關。然而，如同Russell所指出的，符號使數學更「機械化」也更難學習，而它們表現一些顯而易見的錯誤真相來達成目的。他以命題作為例子，整體比起其組成部分永遠有更多的數列項，幾個世紀以來被認為顯然是正確的，但在他生存的年代則通常被反駁為錯誤的（Russell, p.73）。

貫穿整個歷史，殖民主義（colonialism）和帝國主義（imperialism）與以文化為基礎的邊界概念完全背道而馳，而對於「真實邊界」的衝突持續至今日。

Brown以可能會激怒Blake的方式，混合隱喻與「東西」的世界，因為我認為他偏好以更清楚的方式來表現不同。從Blake的觀點，明暗對比是低劣的藝術：

人們認為他們可以如同我複製想像力一般，也正確無誤的複製自然，他們將會知道這是行不通的，所有的複製品，或從Rembrandt到Reynolds，這些佯裝是自然的複印者，除了留下污漬與模糊印跡外，只證明了自然變成了犧牲品。為什麼複製想像力的人就沒錯，而模仿自然的人就不對了呢？我想答案再清楚不過。（《筆記本》，1810年，引述自Keynes, pp.594-595）

Brown（1969）進入元數學領域（meta-mathematics），即使這些宇宙是根據人類的目的所創造的，仍有他們自己基本的「定律」（laws）：

即使全部的形式與全部的宇宙都是可能的，而任何特定的形式都是可變的，顯而易見的，與如此形式有關的定律，在任何宇宙中都是相同的。正是這種千篇一律，我們可以發現真實的想法，與宇宙如何真實呈現無關聯性，為數學研究增添了魅力。那樣的數學與其他藝術形式一樣，可以帶領我們超越平凡的生活，並且讓我們看到天地萬物結構的某個東西，不是新的想法。（Brown, p. v）

Brown堅稱數學是一種藝術形式，或至少和所有的藝術一樣具有共同的特徵。這個論題與G. H. Hardy（1877-1947）在《一位數學家的辯白》（*A Mathematician's Apology*）書中所主張的非常相似，在該書的總結，Hardy謙遜的概述他這位數學家輝煌的職業生涯：

數學家的示樣，就好比那些畫家或詩人的示樣，必須是美麗的；想法，就像顏色或文字，要以和諧的方式組合在一起。美是第一個考驗：醜陋的數學在世界上不會有永久的容身之處。（Hardy, p.2027）

假使Brown的《形式定律》是一種藝術形式，那麼它會是反叛藝術（transgressive art），一種許多憤怒的、視世界為截斷且分割的藝術家們會偏好的形式。而也許拂逆是用以彌合創傷，治癒我們這個時代症狀的一種方式。

Hardy對於應用數學不感興趣，甚至對在實用領域中的數學，例如工程與物理科學也是極度的厭惡。他只對「純數學」感興趣，對他而言，嚴謹的以及百看不厭的藝術，不僅開發想像力且帶來深度美學見解，因為他發現了看似不一的數學思想之間的關聯性。就如Bronowski（1978）所指出的：

想像力的行為是系統的開端，呈現新的關聯性。……每個想像力的行為，都是在探索兩個被認為不相像事物之間的相似處。（Bronowski, 1978, p.109）

此外，Hardy如同今日的許多學生一樣，在童年時期並沒有對數學有任何特殊的強烈情感，即使他在學校的這門科目上表現優異：

我不記得小時候對數學有過任何狂熱，也沒想過將來會以數學家作為出路。我把數學看成是考試與獎學金：我要勝過其他的小孩，而數學正是我能擊敗他們的法寶。（Hardy, p.2036）

對年輕的Hardy而言，追尋數學最主要的吸引力在於取得劍橋大學三一學院（Trinity College, Cambridge University）的獎學金。但是，在三一學院時，他被指定由一位著名的數學教師所輔導，他變得更加意識到要在考試取得好成績所需的技巧系統。這件事顯然讓Hardy感到極度的沮喪，因此他考慮要轉換到另一個研究領域。不過，當他與另一位輔導教師A. E. H. Love一同進行研究時，他終於發覺到了自己對數學的喜愛，Love讓Hardy開始欣賞數學的美妙之處。當老師建議他閱讀當代法國數學家Camille Jordan（1838-1922）的著作《分析程式》（Cours d'analyse）時，他如醍醐灌頂般得到了啟發。這本由一位還健在的數學家所寫的書，不只讓年輕的Hardy以及那一輩的數學家，還有在探索拓撲學（topology）領域奧妙的數學家們，同樣的感到震驚並深深受到撼動（O'Connor & Robertson, 1999）。

數學家鑽研於想像力世界所獲得的鼓舞歡欣，是數學作為美學的追求，那是一種必須與研究數學的學生所分享的喜悅。這是Blake快樂、悲傷與憤怒的感覺，對於藝術視野的追求，需要伴隨著所有的科學，為了讓科學也成為藝術的形式。美學是充滿生氣的，而非沉悶、機械式的想像力應用，當它被強制施加在社會結構之上時，有時會帶來災難性的影響。因為線條的繪製，詩的創作與描繪，才接著觸動了美感。所以Blake才能如此成功地寫出：

藝術是生命之樹，神是耶穌。
科學是死亡之木。
人的全部本分就是藝術和所有普通的事物。
藝術裡沒有祕密。
（〈拉奧孔〉〔The Laocoon〕，1821年，引述自Keynes, p.777）

現在我覺得這發人深省，即使我不是基督徒；也許我更算得上是回教徒，但我常又覺得自己更像佛教徒。對了，就是畢達哥拉斯佛教，無論這些詞彙對你的意義。

參考書目

Bateson, Gregory. (1991). *A Sacred Unity: Further Steps to An Ecology of Mind*, edited by Rodney E. Donaldson, New York: HarperCollins.

—. (2000). *Steps to an Ecology of Mind.* Chicago & London: The University of Chicago Press.

Blake, William. (2001). *William Blake: The Complete Illuminated Books*, NY: Thames & Hudson.

Bronowski, Jacob. (1978). *The Origins of Knowledge and Imagination.* New York & London: Yale University.

—. (1965). *William Blake and the Age of Revolution*, New York: Harper & Row. It was an interesting coincidence to discover in the course of writing this paper that Bronowski was an admirer of William Blake.

Brown, G. Spencer. (1969). *Laws of Form*, London: George Allen and Unwin, Ltd.

Hardy, G. H. (1956). "A Mathematician's Apology" (originally published in 1940), in James R. Newman, ed. *The World of Mathematics.* New York: Simon and Schuster. 2027-2040. (In public domain in Canada; electronic edition March 2205, Available on http://www.math.ualberta.ca/mss/)

Keynes, Geoffrey, ed. (1969). *Blake: Complete Writings*, Oxford: University Press.

McCulloch, Warren S. (1970). "What is a Number, that a Man May Know It, and A Man, that He May Know a Number?" *Embodiments of Mind* (Cambridge, MIT Press), 1-18. Originally published as the The Ninth Alfred Korzybski Memorial Lecture, *General Semantics Bulletin*, Nos. 26 and 27 (Lakeville, Conn: Institute of General Semantics, 1961), 7-18.

O'Connor J. J., and E. F. Robertson. (1999). "Biography of G. H. Hardy" (History of Math Archive), electronic edition, Last Revised January 11, 1999. Accessed May 15, 2007. http://www-groups.dcs.st-and.ac.uk/~history/Biographies/Hardy.html

Russell, Bertrand. (1929). "Mathematics and the Metaphysicians," (originally written in 1901). *Mysticism and Logic*, Garden city, New York: Doubleday & Company.

第二部分

第5章
運用扮演遊戲與故事發展學習動機

Pentti Hakkarainen

芬蘭卡亞尼大學聯盟（Kajaani University Consortium）

奧魯大學（University of Oulu）

摘要

　　本研究假設扮演遊戲與其他故事性環境能有效支持學習動機的發展。我們使用維高斯基學派（Vygotskian）「發生學實驗」（genetic experiment）的概念作為方法論的架構。方法論的工具則是由一系列敘事性（narrative）方法所組成。我們將敘事性方法運用於不同的混齡扮演遊戲小組中，並以發生學實驗建構出各類的想像力情境，從口頭說故事，發展至改編的批判性扮演遊戲，並且根據孩子有興趣探索的部分，將其拉進戲劇的世界並與之連結。最後，實證經驗的部分為描述小組成員如何培養凝聚力、如何盡力控制自己的行為。此外，教學者在規劃此部分時，加入了一個活蹦亂跳的角色，企圖打亂、攪和並且破壞扮演遊戲世界裡的規則。孩子因而重新定義規則，協議所有的人都應遵守規則，且犯規也理應受罰。

前言

　　假使我們認為近來經濟合作暨發展組織（Organization for Economic Co-op-eration and Development, OECD）在重要學科成就的比較性研究具有可信度的話，那麼芬蘭的教育體制可說是全世界數一數二的（PISA 2000, 2003; OECD 2004 a,b）；然而從芬蘭十四歲孩子的學習成就評量中，我們卻發現超過五分之一的孩子有嚴重的學習動機問題，而且從學校的學習中得不到樂趣（Hakkarain-en, 2006）。上述兩個研究結果的分歧是如何形成的呢？在托兒所和幼稚園，扮演遊戲與想像力的教學在教室中不斷的被運用，然而線性的解說式教學法（linear explanatory teaching, Tyler, 1949）卻是學校教育的主流模式。

在幼童時期高品質的扮演遊戲方案以及遊戲本位（play-based）的學習環境中，對孩子之後的發展有怎樣的影響呢？本文將報告四歲至八歲的縱向混齡兒童群組中，在扮演遊戲以及故事性實驗法上的應用。

本研究採用實驗性方法，用以說明扮演遊戲以及敘說活動的發展性成效。我們將焦點放在人格特質以及動機的發展。我們選擇Vygotsky的「發生學實驗」概念作為架構，建構於兒童遊戲中介入之敘說活動。由於發生學實驗概念的特性是未經實證的，因此我們以Vygotsky其他有關人類發展的理論概念增補新的資訊於本概念中。

「發生學實驗」在我們的實驗現場進行。本實驗始於1996年，目前仍持續進行中。這些群組中的故事性活動目標為想像力以及其他學習潛力的開發。本文蒐集的實踐經驗素材是以Astrid Lindgren的故事所發展出來的戲劇世界（play-world）專題計畫。戲劇世界專題計畫的目標是要讓小組成員間相處融洽，並且培養孩子自我控制的技巧。教育工作者在仔細討論後，決定讓一個愛鬥嘴的巨怪角色「瑪爾酷」（Mirkku）拜訪孩子所扮演的遊戲世界。瑪爾酷將會模仿最好動、最不守規矩的孩子的行為。最後，孩子們共同開出了一張規矩清單，以杜絕未來還會有其他的「瑪爾酷」闖進他們的戲劇世界。

剖釋扮演遊戲與故事性活動的發展性成效

在學校課程中，扮演遊戲常被應用來增進學習、知識並提升技巧的工具。例如，芬蘭的課程指導手冊寫道，在進入幼稚園前，扮演遊戲是獨立的活動，但是在幼稚園階段，應考慮學生的年齡，安排生動有趣的活動（Hakkarainen, 2006）。在學校作業和學習任務的評量中，扮演遊戲的發展性成效被詮釋為認知學習的成果。發展指的是在不同的問題解決情境中，能應用更正確的解決方案及技巧。同樣的邏輯也被運用於托育機構，作為扮演遊戲發展性成效的評估。由於對真實生活的嶄新印象與正確知識是關鍵性因素，因此參訪博物館、消防隊、火車站、購物中心等，可以增添扮演遊戲的豐富性。例如，Broström（1996）努力發展兒童扮演遊戲，他以所謂的「框架戲劇」（frame play）充實法，運用造訪多元化場所的新鮮印象來豐富孩子的扮演遊戲活動。而蘇維埃的「教育性戲

劇」（didactic play）則以更嚴謹的架構來教導學生如何「正確的」扮演。

　　我們認為當扮演遊戲只被用來作為輔助工具，以達成教學目標時，其實只有利用到扮演遊戲部分的發展性潛力而已。在Van Oers（1996）的縱向混齡兒童群組的戲劇本位學習計畫中，則呈現出一個迴然不同的觀點。例如，在數學專題的兒童扮演遊戲進行時，成人不應介入而中斷活動。這個方法強調，扮演遊戲就是主要的學習環境，而成人應該透過扮演遊戲的發展以促進學生學習。就目前我們對Egan（1987, 2005）方法的理解，故事以及想像力具有影響課程發展的強大作用。

　　扮演遊戲的發展性成效通常被描述為個別的特徵。就如Vygotsky的總體性方法所概述的，要解釋與扮演遊戲相關的全面發展性特徵不是一件容易的事。D. B. El'konin（1999）指出，扮演遊戲的發展性潛力明顯的對四個發展領域是不可或缺的，它們分別為：(1)需求與動機，(2)克服認知的自我主義（cognitive ego-centrism），(3)內在行為，以及(4)具有自我意志特徵的行為。

　　Leontiev（1979）以更具體的方式解釋動機的發展。他認為在扮演遊戲之前，孩子的動機與目標是一體的。環境中所有嶄新的元素對孩子而言，既是動機也是目標。隨著扮演遊戲逐漸開展，動機慢慢的與具體的情境目標漸行漸遠。Leontiev理論中的其一發展機制，就是動機與目標這兩者的對立與轉換；而同時，動機與目標的分離，可以作為孩子人格發展的指標。

　　扮演遊戲是透過一種方式引導兒童的活動，這對兒童行動中意志的調整是很重要的。角色扮演由潛藏的規則開始，逐漸變化成開放性的規則。Vygotsky（1977）強調，在角色扮演中，孩子從頭到尾都必須抑制即刻的衝動，順應角色所要採取的行動，而這是扮演遊戲顯而易見的發展面向。對他而言，更重要的面向是當扮演遊戲變化孩子的意識時，意義建構的轉變。Vygotsky認為這是扮演遊戲的基本特徵，是支持他所聲稱「扮演遊戲永遠創造出近側發展區（zone of proximal development）」的理由。孩子主動接受角色的行為模式以及與之相對照的真實行為，正是El'konin（1999）的意志作用（volition）之核心。

　　引導兒童以意志調節[1]（volition regulation）的關鍵因素是角色的行為模

1　譯註：意志調節是指個人在面對情境時，如何以意志調節自己投入活動的努力，例如堅持完成某一項工作。

式。對於這個問題，L. I. El'koninova（2001）進行了相關的實驗性研究。她假設寓言與故事是道德規範行為與動機具體化的理想模式，假使孩子能夠重複他們在扮演遊戲中的典範，故事的發展潛力就有可能提升。但是英雄行動的情境總是與危險以及威脅有關，雖然對孩子而言，要在扮演遊戲中建構轉折點是個艱困且矛盾的挑戰，但也唯有在危險的情境中，英雄才得以展現高尚的動機與意志力。

扮演遊戲與故事的發生學實驗

在Vygotsky的文化歷史理論中，其中一個被重新定義並詮釋的中心概念就是發生學實驗。他試圖以發生學概念來解釋發展的變化與心理機制，而這個概念的基本原則就是心理歷程與發展要在當下發生的情境，**立即做檢視**（in statu nascendii），而不是之後再去細閱察看。這個概念以「雙重刺激」（double stimulation）的情境範例來加以說明，在實驗情境中，運用中立的（無特殊用途的）物體作為輔助工具來解決問題。

為何發生學實驗的概念適合用扮演遊戲和故事來培養學習動機的研究呢？什麼樣的問題解決情境可以派上用場？我們認為發生學實驗的概念基本上是正確的，但是實驗的概念需要再做詳細闡述。我們無法以傳統的意義來談論實驗。在扮演遊戲的情境中，自變項與依變項為何，我們並不清楚，因為其中有著多樣化的活動背景，以及不同類型的互動。在傳統方法中，活動背景的影響是無法控制的。但是我們仍然認為這種環境對扮演遊戲以及動機的實證研究是合適的，而這些現象確實無法以傳統實驗法進行研究。

在扮演遊戲動機的研究中，我們必須以實驗性的建構提升新的扮演遊戲形式環境。透過提供孩子創新的以及具挑戰性的扮演遊戲機會，試圖均衡他們在這些各式各樣活動之間的自由選擇。在多數的案例中，因藉由間接的引導，孩子選擇了扮演遊戲活動。這和實驗的傳統想法最主要的差異在於，我們的孩子可以由各形各色的「自變項」（independent variables）裡頭，選擇自己想要從事的活動。

Vygotsky（2004）的創造力與想像力分析，影響我們決定要如何安排扮演遊戲環境。他認為因為孩子的經驗有限，所以想像力相形見絀。但是他們的思考非常有彈性且具有創意，可以利用所有相關聯的一組事物進行全面性的思考，而且

他們極度渴望表演。我們可以將其與幼童的思考和行動進行對照：幼童不停的移動、永遠有事做、不停的找尋與探索。同樣的，他們的思考模式也是如此。在行動中，兒童相當有效且有技巧的運用他們的身體，但是思考工具的發展較為緩慢，而且需要不同想法及可能性的新情感經驗、行為模式、社會互動等等。

　　同樣的，我們建構扮演遊戲環境的基本原則，就是在文化內容中持續提供孩子豐富的經驗。我們不會用密集的方式提供孩子新的「事實性知識」（knowledge of facts）或新資訊，而是以敘事性活動——故事以及新鮮的文化活動形式，同時配合具體明確、有意義而且與情境相關的方式，鋪排所有的資訊與知識，而這樣做有其重要性。Egan（2005）寫道，故事形式以有意義的方式傳遞訊息，不但有效而且給予孩子安全感。

　　為了更加精緻發生學實驗的概念，使其更契合「扮演遊戲實驗」（play experiments），我們必須回過頭來探討Vygotsky其他有關發展概念的理論。發生學實驗的概念，缺乏在一般文化發展的實驗法則中，必要的互為主體的[2]（inter-subjective）空間。Vygotsky寫道，「孩子文化發展裡的所有作用，在每個階段會發生兩次，也就是會出現在兩個平面上。首先出現在社會的平面，其次則是在心理的平面；前者是個體與個體之間的人際心理（inter-psychological）類型的作用，後者是兒童自身的內在心理（intra-psychological）類型的作用。同樣的，自發性的注意力、邏輯記憶、概念的形成以及自主性的發展也是如此」（Vygotsky, 1983, p.145）。

　　文化發展普遍的發展法則被詮釋為兩階段的心理發展：新現象一開始出現在社會層次，之後才在個體層次。Veresov（2004）注意到了「階段」（stage）與範疇（category）的概念以及Vygotsky對劇院與電影院的接觸。範疇具有戲劇性碰撞的意義，據此，首先我們應該在人與人之間的戲劇性碰撞中尋找文化發展的來源，接著再找尋內在心理平面的現象。新的心智功能源自於這些碰撞。假使我們將階段的隱喻以及發生學實驗結合起來，我們應該尋找戲劇性碰撞，並且主動創造這樣的碰撞。

　　我們相信敘事性的表現形式，能促進孩子對世界以及對自我的思考與理解，

2　指純主觀經驗，在科學上缺乏事實性證據，但如果多數人肯定都有過類似經驗，該經驗仍可視為科學資料而被接受。在日常生活中，夢就是最好的例子。

因為：(1)它的結構與兒童的扮演遊戲相當雷同，(2)好的故事處理多數孩子熟悉的共同概念，(3)它是藝術，透過觸發美學的反應，孩子在特定的「**正在體驗的**」（perezhivanie）內容的歷程中投入情感。它可以透過創造性活動，創造個人自我經驗需求的表達，換言之，個人能以自己的方式詮釋內容。不同的藝術形式，促成並支持孩子感官創造的發展與獲得意義的歷程，他們藉由創造性扮演遊戲的方式，幫助孩子表現獨一無二的世界觀。

要激發孩子的創造力，就要為他們的環境做規劃，如此一來，環境可以促發創造的需求以及創造的能力（Vygotsky, 2004, p.66）。什麼樣的環境鼓勵創造的需求動力？請將以下兩個主要的心理因素牢記在心：(1)適應環境的需求，以及(2)環境本身的特性（創造的渴望始終與單純的環境成反比）。我們試圖運用這些因素在實驗地點組織、規劃研究的工作。

發生學實驗環境的實驗性建構

我們依據三個不同的正式指引：托兒所（零至五歲）、幼稚園（六歲）以及小學低年級（七至八歲），發展出本計畫縱向混齡兒童群組實驗工作所需的全新課程指引。這份文件描繪這些發展階段的挑戰與過渡期的特性，並且介紹可以支持過渡期發展的教育原理。因為過渡期在混齡小組裡頭不特別顯著，所以從一個階段轉移至另一個階段並不會有困難，加上每個混齡小組都有一組教學團隊，負責孩子在整個四年階段的學習。團隊裡頭各有一位小學老師、幼稚園老師以及護士。

新發展出的指引以「學習準備度及潛力」（learning readiness and potential）的概念取代傳統的「學校準備度」（school readiness）。我們以六個心理學的特徵來定義這個概念：

1. 分辨並跨越真實的以及想像的邊界；
2. 為個人的以及共同的活動負起責任；
3. 喚醒孩子想要改變自我的需求與動機；
4. 建立個人與各種事實狀態以及個人與他人的關聯；
5. 學習的核心是反思與意義的建構；

6. 了解彈性以及多元的觀點在學習時所扮演的角色。

　　以「學習準備度及潛力」作為基本概念，也改變了後續的問題，關注的焦點不再只是達到下一步驟的學習需求，而是定義孩子更長遠發展的軌跡。而且這樣的理論假定是，教學以及教育不應該以孩子已經達到的發展階層為目標，應要持續邁向下一步（Vygotsky, 1977）。發展教育應該創造學生個人的以及全體的近側發展區。早期童年教育的特定任務就是去創造學習的需求以及動機，孩子的自發性好奇心只是這個任務的起點。

　　以近側發展區的想法作為教育研究工作的主要目標，對孩子學習準備度的分析，擴展為學習準備度與成人以及和其他孩子的交互作用的分析。分析的單位是由互為主體的、人際心理的影響所促成的行為。這樣的學習準備度應該由日常的互動所定義，而不是在個別化的測驗情境裡頭。我們可以專注在孩子的能力所表露出來的兩個因素：(1)在他們的互動中所使用的文化工具（cultural tools），以及(2)利用文化工具（標誌、符號與概念）與他人進行共同的活動。三種重要的互動類型能促進學習潛能的發展：成人與兒童的互動、兒童在同儕團體裡的互動，還有孩子與自己的互動。必須要清楚明白這些類型在移轉至學校學習的情境中時，整個互動體系也會完全不同。

　　我們將焦點放在影響孩子使用文化互動工具能力的一些個人特徵。這些特徵也是發展指標，其代表心理的轉折點。這三個特徵分別是：

(1) 意志的發展
　　1. 不考慮外在壓力、獨立於與各種事實狀態的關聯
　　2. 對意向與行為間的覺察及意義的反思
　　3. 選擇性的表露或隱藏想法
(2) 歸納能力的改變
　　1. 依不同情境做出預測
　　2. 選擇內在的態度並實現內在的行動
　　3. 區分內在以及外在的世界
(3) 真誠感覺的發展
　　1. 個人自我的認同是情感的來源

2. 意圖與行為之間的矛盾

3. 了解某個人在社會及世界裡的立場

4. 了解某個活動的社會要素

　　學習的準備度是終身學習的先決條件，也是發展性教育的出發點，各式各樣的互動是不可或缺的工具，同時重新規劃學習環境也是一大挑戰。我們以轉換性活動的理論性概念描述實驗，這個過渡活動是由扮演遊戲移轉至學校學習的中間步驟（Hakkarainen, 2002）。同樣的，利用不同的敘事形式，像是扮演遊戲世界、冒險、扮演遊戲本位的教學以及問題解決等，都能建構出學習的環境。這些環境對四歲和八歲的孩子同樣都合適，雖然環境相同卻可以提供不同年紀的孩子不同的挑戰（如，學齡孩子進行閱讀與寫作，年紀較小的則可繪畫）。全部跨年齡小組的共同活動在時間的安排上，占了70–80%，而其他的時間則因不同的年齡小組分別規劃個別活動。

　　我們將諸多的敘事形式結合成為一個整體，建構發生學實驗的概念。我們認為「**超級任務**」（supertask）（Stanislavski, 1988）是可以實現的，因為它們都以改變參與者人格特質的層級為目標。持續數個月的研究專案包含了以下要素：

1. 定義跨年齡層小組以及個別孩子（人格特質發展）的發展性目標；

2. 選擇具有扮演遊戲性碰撞並緊扣發展性目標的適切故事或寓言；

3. 開發適合口述的故事並且說給孩子聽；

4. 進行系統化觀察，記錄孩子的反思，並依據故事讓孩子進行自發性的遊戲扮演；

5. 利用造訪小組的機會，介紹故事中的角色（由教師扮演角色）；

6. 成人詳盡闡述在扮演遊戲中兒童為解決困難而採取行動的場景以及布局的觀察；

7. 建構共同的扮演遊戲世界（成人可能會扮演角色），並視孩子的需求提供協助；

8. 孩子反思個別扮演遊戲裡的主題與問題。

　　我們的實驗持續一至八個月之久，而且每週會固定保留一至兩天的時間進行

故事性的專題活動。實際操作時，專題活動常常需要半天的時間。三個混齡小組的孩子，年齡皆介於四至八歲之間。

　　所有的故事性專題計畫都遵循著相同的發展軌跡，但不是每一個專題計畫都要涵蓋到所有的步驟。我們在不同的實驗小組中蒐集不同的資料組，在進行發生學實驗的期間，教育團隊每日都要書寫田野筆記，而且其中一組要蒐集數位影像材料。大部分專題計畫的主題都是從兒童文學作品中仔細挑選出來的，直至目前，我們使用過的作品有：經典民間傳說格林童話（the brothers Grimm）裡的《爛皮兒踩高蹺皮兒》（*Rumpel*, 中譯本遠流出版）、C. S. Lewis的《獅子、女巫、魔衣櫥》（*The Lion, the Witch and the Wardrobe*, 中譯本大田出版）以及Astrid Lindgren所著的《獅心兄弟》（*The Brothers Lionheart*, 中譯本遠流出版）與《強盜的女兒》（*Ronya, the Robbers Daughter*, 中譯本遠流出版），以及Roald Dahl的《巧克力冒險工廠》（*Charles and the Chocolate Factory*, 中譯本小天下出版）。

　　下一節，我們會呈現專題計畫中扮演遊戲角色衝突的一些片段，以及在這些衝突之後孩子合作行為的改變。之後分析的焦點將集中在上述所描繪的特徵，作為七歲（進入學齡）轉折點的指標。

實證研究結果

　　我們所描述的戲劇世界是根據瑞典知名作家Astrid Lindgren的小說《強盜的女兒》發展出來的，並且在2003年春季課程中實施。教師的教育目標在培養孩子在小組中戮力同心、患難與共的感覺，藉此提升個別孩子的社會技巧。在二十六人的小組中，有十位小朋友被診斷出有特殊需求，有些人有過動傾向、注意力不易集中等問題。

　　這個主題於2002年的聖誕節假期前展開。在十二月期間，教師已分片段朗讀Lindgren的小說《強盜的女兒》給孩子聽，孩子們會書寫日誌，反思故事並且繪圖。孩子在放假之前也會欣賞依照故事情節所製作的影片。當一月的假期結束時，老師在班上發起有關故事裡最吸引人的角色討論。孩子說他們想要根據故事中的巨人社區來建構戲劇世界，於是，可移動式的洞穴還有其他布置、配備等一一出現，他們一步步打造出了巨人世界。藉由換上他們自己手工製作的巨人服飾、臉部塗上油彩，藉由穿越洞穴這個儀式，他們轉移進入了戲劇世界。

角色間的衝突

老師們討論過如何透過孩子的戲劇世界培養通力合作、團結一心的情感。他們覺得難題在於小組內過動的男童，幾經考慮後，他們決定創造一個巨人的角色（由教師扮演）來模仿這些男孩子們像脫韁野馬般不受控制的行為。孩子們為了戲劇世界也在同儕裡頭挑選了一位巨人村落裡德高望重的長老。

戲劇世界片段一

各小組都為自己的洞穴準備了一條橫幅，現在正好有某一組在發表他們的成品，突然有個巨人（由教師扮演的角色）出現了。巨人整個人貼在地面上匍匐前進，她一注意到面前一小碟的小玩意兒，馬上以迅雷不及掩耳的速度把整個東西給翻倒，原本碟子上的物品散落一地。她立刻把玩起來。

> 孩子：你叫什麼名字？
> 巨人：馬酷。這些可以吃嗎？（把東西放進碟子裡頭）
> 孩子：你叫什麼名字？
> 巨人：馬酷。馬酷。
> 孩子：你是誰的朋友嗎？
> （馬酷開始用搔癢和推擠的方式欺負孩子，接著又迅雷不及掩耳的在洞穴入
> 　口處消失無蹤）
> 孩子：她不見了。
> 老師：看她搞得一團糟。

氣氛在幾分鐘之內完全改變。馬酷的消失，打斷了成人引導孩子發表的過程，孩子們開始鼓譟起來並且四處亂竄。馬酷的衝動、莽撞以及欺凌的行為，引發了孩子也如沒頭神似的無所忌憚的行為表現。

戲劇世界片段二

馬酷又來到了戲劇世界。所有的孩子都繞著她打轉、走動、跳躍並且製造噪音。馬酷撤退到角落，小朋友們還是一直圍著她。村落長老試著穩住整個局面。

長老：離開那裡！不要去煩她！

彼得：他們不走開。你要命令他們。

（長老走近並開始對馬酷周圍的孩子咆哮）

長老：離開那裡！

（孩子們都不聽他的，他拿了鈴鐺開始搖了起來）

馬酷：那是什麼聲音？為什麼要搖鈴？

孩子：長老搖鈴是要大家安靜。

長老：離開她那邊！（邊咆哮邊搖鈴）

　　在這個片段中成人與孩子的角色互換了。孩子提出控制秩序需求的呼籲，長老則試著讓騷動的情況恢復平靜。在一般的教室情境中，都是由成人控制孩子的行為，現在孩子們轉而求助「長老」，想讓那些吵鬧的孩子冷靜下來。鈴鐺這個工具，是教師角色的象徵。在扮演遊戲時間的結尾，孩子們坐下來討論這個情況，馬酷也坐了下來，不過還在繼續搗亂。成人們這時拋出了一個問題：「我們該拿她怎麼辦呢？」

爲訪客訂規則

　　由成人扮演的巨人角色的瘋狂行為讓孩子困惑難解：他們不知道該怎麼做才好。在孩子自己的扮演遊戲世界中，他們求助於長老。有些孩子甚至將馬酷帶到牆邊，給她看他們所寫的扮演遊戲世界規則。事實上，孩子自己沒注意到這些規則是由成人引導訂定的結果。

戲劇世界片段三

　　隔天，陸陸續續有孩子向老師報告有關巨人世界裡的那位訪客，馬酷的「豐功偉業」。他們責怪她破壞所有的東西，還打破了他們手工製作的盤子。我們把馬酷光顧的影帶播放給孩子看。在觀看的時候，我們也提出如何使巨人社區的規則更有效的問題。孩子轉移至巨人世界的空間中，他們開始制定規則來防備馬酷再次蒞臨拜訪。孩子以山洞小組別的形式，集合在一起，進行訂定新規則的活動。每個小組會對其他組發表他們所訂出的規則，而由長老指定發表的順序。

愛琳：1. 要用走的！不能跑！這樣會干擾別人。

2. 行為要得體！這指的就是你一定不能打破任何東西。

3. 輕聲細語。

4. 從門口進出！

5. 沙發最多只能坐三個人。

6. 歡迎光臨！

在所有規則發表完後，孩子聲明他們已訂出了嚴格的規則。他們最後決定，假使發生犯規情形時，長老應該要召開會議討論小組所決定的處罰。規則被布置在巨人世界的牆上。

訪客的規則成了孩子自己的規則

為了讓訪客知道如何在他們的扮演遊戲世界應有的表現，孩子們身體力行實踐新規則。每個小組已經詳細說明的具體規則，之後將各組的規則結合，毫不費力地成為扮演遊戲世界的共同規則。這些規則被布置在教室的牆面上。孩子開始觀察是否有人打破規則再回報給長老。下一個扮演遊戲世界片段可以看出孩子如何肩負起遵守規則的責任。

戲劇世界片段四

鈴聲響了，長老召開巨人會議。孩子紛沓而來，席地就坐。長老說明有人違反了沙發座位的規定。

女孩甲：我看到那裡一次坐了四個人。

長老：請照實說！

男孩甲：有哪四個人哩？

女孩乙：我也看到他們了。

老師甲：那我們該怎麼辦呢？

男孩乙：處罰他們。

女孩丙：第四個坐的人是誰？

老師甲：這件事有嚴重到讓你們必須想處罰的方法嗎？

小朋友：是的。

男孩乙：要懲罰。

老師甲：那你們覺得該怎麼做呢？

長老：這一次先不處罰，不過下一次再犯的話就要接受懲罰了。

男孩丁：我們給他們一張黃卡。

男孩乙：不，給他們紅卡。

　　孩子認真的討論事件，而長老帶領著討論的進行。一般會出現的爭辯，「那不是我」或者「他也有」，則完全沒有出現。孩子很快的就發現是誰打破了規則，並且開始討論懲罰的方式。老師會（扮演馬酷的那位）跟隨著討論，然而只是偶爾給予評論。

　　扮演遊戲世界專題計畫期間，就個人而言，改變最明顯的就是那位擔任長老學生的學校生活。他和這組孩子都一起參與過之前的三個戲劇世界的專題計畫，而每個敘事性環境對他的生活情境都有顯著的影響。最早開始參與的時候他才四歲，被診斷出有嚴重的神經性學習困難（neurological learning problem），每週固定要去治療師那裡報到，而且在所有的小組活動中，他都需要個別的協助。但在第四個扮演遊戲世界的專題中，他挑戰扮演長老的角色，賦予他擔負起整個扮演遊戲社區社會秩序的責任。此時，他不再需要成人頻繁的協助了，而當因為長老也需要引導與支持以解決社區內的爭端時，他沒有求助於成人而是轉向同儕協助。在同儕小組內，因為自己日漸提高的社會地位似乎也激勵他改變對學習的觀念。例如，他之前有數學方面的學習困難，但現在卻和同學一樣也會說「數學好酷」。

討論

　　為什麼我們的教學方式要在扮演遊戲環境中建構如此複雜的規則呢？事實上，早在馬酷來拜訪扮演遊戲世界之前，牆上就已經貼有規則了。同樣的問題，在Winston（1998）將《傑克與魔豆》（*Jack and the Beanstalk*）的故事以更具爭議性的形式改編成孩子的劇本時，他也有遇到過。其他的老師告訴他，在為孩子

改編的扮演遊戲中呈現如此殘酷以及自私的行為是不恰當的，他應該要告訴孩子正確的道德行為基準為何。他們也告訴他，讓學生討論為何會有如此的行為出現，以及避免這些行為的必要基準為何等等，都是多此一舉的事。

在老師扮演角色之前與之後的牆上規則，兩者間的差異也許有些難度，甚至兩個規則的版本意義大同小異，但都包含了相同的構想。不過，請注意這兩者建構意義的方式是截然不同的。規則是為了馬酷之後可能還有其他訪客蒞臨扮演遊戲世界而訂的；但是，如同我們在最後一個片段所看到的，孩子利用規則決定自己的行為表現。規則是孩子自己個人抉擇的創作，具有強大的學習動機的力量。

我們也許可以做出有關兒童動機的發生學實驗，這個結論遠比我們所理解的術語舊內涵還要來的複雜。雖然要規劃出嚴格精密的實驗情境比登天還難，不過成人可以製造激怒挑釁或創造對立衝突，並且觀看孩子如何反應。不過激怒挑釁或對立衝突必須要依孩子的實際需求進行改編，互動的本質必須與孩子所發展的、所假想的角色扮演的目標相同，那才是有意義的建構。

參考書目

Broström, S. (1996). Drama games with 6-years-old children: Possibilities and limitations. In Engeström, Y., Miettinen, R. & Punamäki, R-L. (Eds.) *Aspects on Activity Theory.* Cambridge University Press.

Egan, K. (1987). *Teaching as Story-telling.* Chicago: University of Chicago Press.

—. (2005). *An Imaginative Approach to Teaching.* San Francisco: J Wiley & Sons.

El'konin, D. B. (1999). *Psikhologiya Igry* [The Psychology of Play] (2nd ed.). Moscow: Vlados. (Original work published 1978).

El'koninova, L. I. (2001). Fairy-tale Semantics in the Play of Preschoolers. *Journal of Russian and East European Psychology* 39 (4): 66-87.

Hakkarainen, P. (1999). Play and Motivation. In Y. Engeström, R. Miettinen & R.-L. Punamäki (Eds.), *Perspectives on activity theory* (pp.231-249). New York: Cambridge University Press.

—. (2002). *Kehittävä esiopetus ja oppiminen.* [Developmental preschool education and learning]. Jyväskylä: PS-Kustannus.

—. (2004). Narrative learning in the Fifth Dimension. *Outlines,* (4): 1, 5-20.

—. (2006). Learning and development in play In Einarsdottir, J., Wagner, J. (Eds.) *Nordic Childhoods and Early Education.* 183-222. Conneticut: Information Age Publishing.

Leontiev, A. N. (1978). *Activity, Consciousness, and Personality.* Englewood Cliffs: Prentice-Hall.

Lindqvist, G. (1995). *The Aesthetics of Play. A Didactic Study of Play and Culture in Pre-schools.* Stockholm: Almqvist & Wiksell.

OECD Publishing (2004a). Messages from PISA 2000. OECD Programme for international Student Assessment.

—. (2004b). Learning for Tomorrow's World. First Results from PISA 2003. OECD Programme for International Student Assessment.

Van Oers, B. (1996). Are you sure? The promotion of mathematical thinking in the play activities of young children. *European Early Childhood Education Research Journal* (4) 1: 71-89.

Stanislavski, C. (1988). *An Actor Prepares* (E, Reynolds Hapgood, Trans.). London: Methuen Drama (Original work published 1937.)

Tyler, R. (1949). *Basic Principles of Curriculum and Instruction.* Chicago: University of Chicago Press.

Veresov, N. (2004). Zone of Proximal Development (ZPD): the Hidden Dimension? In Östern, A-L, Heilä-Ylikallio, E. (Eds.) *Language as Culture* 13-29. Vaasa: Åbo Akademi.

Vygotsky, L. S. (1977). Play and its Role in the Mental Development of the Child (C. Mulholland, Trans.). In M. Cole (Ed.). *Soviet Developmental Psychology*, (pp. 76-99). White Plains, NY: M. E. Sharpe. (Original work published 1933/1966).

—. (1983). *Sobranie Socinenii 3.* [Collected works] Moscow: Pedagogika.

—. (1991). *Pedagogiceskaya Psikhologiya* [Pedagogical Psychology], Moscow: Pedagogika.

—. (2004). Imagination and Creativity in Childhood (L. R. Stone, Trans.). *Journal of Russian and East European Psychology*, 42 (1): 7-97. (Original work published 1930).

Winston, J. (1998). *Drama, Narrative and Moral Education.* London: Falmer Press.

第6章

兒童教育、語言與記憶的場域

Gladir Cabral

巴西南卡塔林尼斯大學（Universidade do Extremo Sul Catarinense）

Celdon Fritzen

巴西南卡塔林尼斯大學

Maria Isabel Leite

巴西南卡塔林尼斯大學

Renata Grassiotto

加拿大西蒙菲莎大學（Simon Fraser University）

摘要

　　本文試圖呈現發展於巴西聖卡塔林娜（Santa Catarina）名為「兒童教育、語言與記憶的場域」[1]（A Place for Childhood Education, Language, and Memory）的研究計畫以及無學位課程（non-degree program）的重要性，並顯現出其所面對的理論觀點與挑戰。這個計畫基本上是一個虛擬的研究計畫，其整體目標是為孩子保存、製作且傳播他們所創作或和他們相關的科學與藝術文化的作品，以擴大、開展孩子及成人藝術文化的所有面向，並再形成教學法行動計畫，俾利提供教師及研究者於訓練過程中，以及在學校與其他文化活動中運用，並為公立教育政策的制定者提供材料與討論要點，亦提供機會讓我們認識兒童的文化。

前言

　　本文試圖呈現名為「兒童教育、語言與記憶的場域」研究計畫與無學位課程

1　這個計畫是 UNESC 所發展的更大型計畫，稱為「教育的所在地、歷史與記憶」（Place, Histories and Memories of Education）。

的重要性，以及其所面對的理論觀點與挑戰。該計畫發展於南卡塔林尼斯大學（Universidade do Extremo Sul Catarinense, UNESC），該校位於巴西聖卡塔林娜州擁有十八萬居民的第四大城科瑞瑪（Criciúma）。在南卡塔林尼斯大學，這個研究網絡連結了大學課程的視覺藝術、文學、歷史以及教學法課程和教育研究所的「教育、語言與記憶」研究計畫；以及大學無學位課程的藝術與文化課程。因此，它不僅是橫跨系所，亦是跨學科的研究計畫，並強化研究所與大學間課程的聯繫。最後，這個網絡與南卡塔林尼斯大學和巴西坎皮那斯州立大學（Universidade Estadual de Campinas, UNICAMP）合作的美學教育研究、教學與進修團隊（GEDEST[2]）計畫相連；還有文化認同、語言與教育研究團隊（IDENTITARE[3]）；另有「文化、進程與教學間的相關性：語言焦點」（這兩個計畫皆與南卡塔林尼斯大學相串連），以及加拿大溫哥華的西蒙菲莎大學（Simon Fraser University）的「想像力教育研究團隊」（Imaginative Education Research Group, IERG）。直接參與本研究計畫的教授共有六位（四位來自南卡塔林尼斯大學，一位來自坎皮那斯州立大學，一位來自想像力教育研究團隊），以及兩位南卡塔林尼斯大學的學生。

　　「兒童教育、語言與記憶的場域」研究計畫，實質上是一個虛擬的研究計畫。它整體目標是為孩子保存、製作並且傳播他們所創作或與他們相關的科學與藝術文化的作品，以擴大、開展孩子及成人藝術文化的所有面向，並再形成教學法行動計畫，俾利提供教師及研究者訓練過程中，在學校以及其他文化活動中的運用，並且為公立教育政策的制定者提供材料與討論要點，亦提供機會讓我們認識兒童的文化。藉由將重點聚焦在兒童時期，我們喚起並且推翻已確立的順序，質疑「成人與兒童不對等的權力、利益以及社會地位關係」（Sarmento, 2005, p.19）。

　　因此，我們提出為孩子以及成人規劃的──特別是給兒童的教師以及研究者的──「類博物館場域」（museum-like field），而非策劃為提供知識給孩子的專用空間。「兒童教育、語言與記憶的場域」計畫的研究焦點在於建立社會形式

2　美學教育研究、教學與進修團隊（Aesthetic Education Research, Teaching and Extension Group）。

3　文化認同、語言與教育研究團隊（A research group on cultural identity, language and education）。

的獨特性以及差異性，透過對孩子社會條件的異質性重視，才能夠進行和其他範疇相關的研究，像是「性別、民族、社會背景（城市與鄉村）以至於孩子所屬的語言或宗教體系等等」（Sarmento, 2005, p.20）。事實上，我們相信這個空間可以匯聚一群對於孩子的行為，以及知識產出感興趣的教師與研究者。

「兒童教育、語言與記憶的場域」研究計畫，善用虛擬的途徑，不會對博物館的館藏造成損壞。一開始有效運用這個場域的重點在於創造一小系列的收藏素材作品集，像是手工玩具、以兒童期及故事為主的圖書，還有更多的虛擬陳列品，包含繪圖、古代的以及近代的相片、聲音與電影影片。而網際網路是整理、組織這些系列收藏品的主要工具。

總而言之，這個文化空間的實質功能是批判性的，要以不同觀點討論有關兒童期的許多面向。藉著更了解孩子，我們可以對當前的教學法實踐提出疑問，以重新思考孩子與教學，並且創造其他構思教育、藝術與兒童期之間關係的方式。我們希望促成更人道且符合民主社會的教育；個體可以分享經驗的社會。我們努力實現一個給所有人的教育，它是更富有創意、更具反思力、更敏銳，也有更多的想像力、創造力、美感與詩意的教育。

兒童期研究的挑戰

與孩子一起進行研究的工作者面對許多重大的挑戰，其中一個就是必須要認識權力關係的範疇。假使成人想要負責任並且以嚴肅的態度與孩子一起進行研究的工作，他們就必須考慮到現今社會中，成人與孩子所位居地位的歧異處。我們不能忽視成人與孩子之間存在的不平等。這個令人吃驚的相異處始於生理的面向，孩子在世界中所面臨的不利條件，是由成人所創造以及控制的。此外，孩子的聲音幾乎不會被聽見，他們不會被認真看待，即便有大量的工廠專門生產玩具、教育設備以及兒童娛樂，但是兒童沒有接觸生產工具的機會，而且也不具有經濟與物質的力量。在古時候，希臘與羅馬人甚至完全忽視兒童期。孩子僅是被視為未來的人類，是可以任意的被利用或摒棄。而今，事情已改觀，孩子愈來愈受到接納、保護、認識，並且珍視他們也是人類的價值。教育機構、社會工作者、教師、心理學家以及政府代表，意識到必須要承認社會中兒童期的存在及重要性。然而，對於與孩子工作的那些人而言，只要這些差異仍存在就代表著挑戰

將接踵而至。

在進行與兒童的研究中，權力的使用與控制，意味著權力帶來難題。研究者必須承認並面對權力的兩難困境，這是首要的要求。孩子不是未來的成人、不是體型較嬌小的人類，他們是完整的人，但從社會全貌觀之，他們面臨特定的問題，占有特定的空間。事實上，他們擁有相同的人權，但是卻沒有同等的權力地位；因此，與他們一起進行研究需要很多的智慧以及對權力的意識。

其他研究者必須面對的關鍵挑戰則是與孩子語言的鮮明特徵有關。孩子以非常特有的方式說話，他們使用語言的方式不同。他們擁有自己的詞彙、自己暫定的文法規則，以及自己的語法，成人可能常會驚訝於學生以標新立異並且深奧難解的方式處理語言。成人有時錯誤的假設孩子不知道如何正確的說話；也就是說，我們不正確的假設孩子不會表達他們自己的想法與感覺。然而，孩子是有意識的、有能力的，甚至是以富有創意的方式使用口語，他們運用並且享有特權，發展富有想像的語言能力。他們甚至能夠玩賞文字、謎題、韻文、詩歌以及歌謠，並能從中領會樂趣。他們也具有某種美學觀點，能探索並且珍惜語言之美，也會在聽到語言沒有被適當使用的時候，開懷大笑。

孩子有自己語言的正確使用文法，而他們自己的邏輯觀念，在許多時候不同於成人所認為的合適定義。他們具有自己的論據並且據以行事。有些研究者沒有覺察到，也因此無法理解並且欣賞孩子全面批判性的覺察力與玩笑話。舉例來說，兒童文學名作家Lewis Carroll就發現他能和孩子獨特的邏輯觀點產生互動。Carroll的書《愛麗絲漫遊奇境》（*Alice in Wonderland*）就是絕佳的典範，表現出孩子不將邏輯放在眼裡、詼諧且標新立異等描繪，而且展現出孩子的邏輯是如何的別創新格與豐富。在瘋茶會（Mad Tea Party）上愛麗絲、三月兔以及與帽匠間的對話選錄：

> 那個三月兔殷勤的說：「請用點酒。」
> 愛麗絲在桌上看了一回，除了茶沒有別的東西。
> 她說：「我看不見有酒啊！」
> 那三月兔說：「本來就沒有！」
> 愛麗絲生氣的說：「沒有酒，請人喝酒，這算什麼規矩？」
> 那三月兔說：「沒有請你，你就坐下來，這算什麼規矩？」

（Carroll 1994, p.80. 中文版摘錄自《愛麗絲漫遊奇境》〔民89年〕，趙元任譯，經典傳訊出版，109-110頁）

像Carroll這樣的兒童文學作家清楚知道孩子所擁有的能力，非但創意十足，而且這能力在感知、玩樂以及進行邏輯活動時也發揮得淋漓盡致。

和孩子一起進行研究的工作者，必須也考慮孩子們尖銳的幽默感，在某種程度上，與違反常規、社會及成人所規劃的，以及可以想見的世界經驗有關。同樣的，優秀的兒童文學作家在感知孩子歡笑的、諷刺的，以及質疑秩序與權威的能力上，也相當在行。巴西作家Monteiro Lobato善於探索孩子的批判性能力與幽默感，在他的經典著作《黃色啄木鳥牧場》[4]（*Yellow Woodpecker Ranch*），由娜姨所製作的布娃娃艾蜜莉雅，是個能展現並且激發孩子幽默感的專家。有時，Lobato利用這種幽默感作為施展暴力的替代性選擇。報復不應是對肉體施以暴力的回應，反而可以透過機智與幽默。在某個場景中，布娃娃將自己腿中的填充物清空，卡拉穆臼醫生來治療時做出了怪異的診斷說明：「我親愛的女伯爵患了左腿蓬鬆症」（Lobato, 1970, p.41），諷刺與幽默不只出現於對布娃娃病情的診斷，也在醫生所建議的治療法：「局部大吃飲食法」（p.41）。故事中這段簡短的情節，表現出科學可以是荒謬有趣的。那些與兒童一起進行研究或研究相關議題的人，還有將兒童視為一門學科的人，也都應該要把孩子強烈的幽默感考慮進來。

除了權力、語言與邏輯的左右為難的困境之外，和孩子一起進行兒童期研究的工作者必須也要面對道德的困境。這是Susan Danby & Ann Farrell在他們的文章〈了解教育研究中幼童的能力：研究倫理新觀點〉（Accounting for Young Children's Competence in Educational Research: New perspectives on Research Ethics, 2004）中也討論到的議題。根據他們的研究，成人對於「規範孩子的生活」，以及同時要「表現出孩子應受到保護的權利」，在這兩者間存在著巨大的矛盾（p.37）。他們要表達的重點是孩子可以同意成為研究的對象，而且有權利接受或拒絕授權研究的成果。在這個錯綜複雜的道德難題裡，很可能只是因為細微的差異，而有了隱私、機密、同意以及拒絕的不同結果。

4　葡萄牙文：Sitio do Picapau Amarelo.

最後，在與兒童一起進行教育的及科學的研究工作中，跨文化的範疇也必須被列入考量。兒童不只不同於成人，孩子之間也充滿著相異之處，因為他們隸屬於不同的社會階層、性別、民族與種族血統、傳統以及宗教背景。而這些差異性在研究以及指導孩子的過程中都扮演著重要的角色，需要特定的方法學、倫理以及程序。兒童也是文化人，他們在所生活的社會中也有自己的經歷，也占有一席之地。

各色各樣的兒童期

「兒童教育、語言與記憶的場域」研究計畫，建議探討幼兒具有展現存在事實能力的構想，打破兒童期為自然且共通的實體概念，將兒童期當成顯現並嵌入在社會歷程中的事實來處理。以這樣的觀點，這個主題的研究企圖戰勝浪漫與庸俗，認為兒童期是悲慘過渡至成人世界前的全然無知以及快樂時期的想法。我們的研究試圖提供其他感受，解構常理的觀點，並且表現兒童期的形式。我們覺得全面考慮社會、地理以及文化差異的因素，辯證兒童期的多樣性是件很有意義的事（Pinto, 1997）。我們提出兒童期包含了各色各樣的形式表現：有受剝削的、有成長於郊區的、有殘酷的、有成長於農村的、有無父無母的、也有被邊緣化的、有消費主義的、也有富有創意的孩子等等。我們也許可以強調這些關於一般對於兒童期的觀點，他們鄙視兒童的態度與看輕兒童言語權力的重要性。會有如此的觀點是因為它主要強調Áries（1978）所認為的現代社會看待兒童時期的矛盾情緒：孩子被其父母、家人以及成人視為是情感與關愛的對象；同時他們因為接受調教以及被灌輸價值觀，亦被國家視為社會化的物件。我們的研究以及社會歷史行動的目標，是重視孩子為文化的創造者、具有某種自治權的行動者（actor），並且可以主動參與實際生活。透過孩子對想像力、幻想與遊戲的運用，我們可以將他們視為中介者（agent）（Kramer, 1998）。透過他們的語言，擺脫已成立的僵化死板規範之約束；藉由如孩子般的表達，可以透露充斥在我們社會生活結構的自相矛盾。我們相信遊戲與想像作為經驗的重要性，可以讓現代人類得以解脫，畢竟，兒童時期不是與世界脫節。孩子是模稜兩可的，同時具有矛盾情緒的，是對立的以及複雜的研究對象；他們是年紀輕輕的小公民。

幼童時期不是沒有語言的年紀：所有的孩子從襁褓之年開始就有許多表達思想的語言（手勢的、肢體的、可塑的以及口語的）。幼童時期並非欠缺理性的時期：超越在工業社會占有優勢的技術性、工具主義的合理性，孩子因為有了情感、幻想的加入以及與現實的連結，他們在彼此的互動中發展出合理的行動。兒童期更不是飯來張口的時期：所有的孩子都在從事許多的任務，有在學校的、在家庭中的及許多在野外的，在少年院裡的、也在街上的，這些工作都成為平凡生活的一部分。兒童時期無法過得如同非嬰兒期般：在兒童期裡頭，孩子生活（的異質性）以多元面向展現，持續實現兒童時期的文化，這亦是與嬰兒時期有所區別的最重要面向。（Sarmento, 2005, p.25）

對照Sarmento所稱「兒童期的權力透過否定逐漸開展」（2005, p.24），這個研究計畫將焦點放在孩子的潛力、力量以及心聲——以他們獨特的面向，也就是以他們的文化為面向，最重要的是其特有的「成人所關切的自主權」。

兒童時期文化

每一個建構出自己、構造出自我領域的時期——都有著將自己與前期區隔出來的所有東西——就從可見的材料以及資源開始。一個所述時期的顯露，是因為文化的表現而留下可能的足跡；而要表露這個時期，就是讓它繼續存在。每一個社區都以它自己的生活方式，以奇特及多樣的方法表現自己，以它多少有些明確及可覺察到的方式，從它的需求出發：文化、社會以及歷史都緊緊相扣。文化的空間如同由「兒童教育、語言與記憶的場域」計畫所提供的，那麼，它是一個交換的、探索的、產出意義的以及創作的空間；一個記憶、歷史與生活的空間。

Bakhtin（1992）表示，文化同時也承載著整體的一致性（它的識別屬性）以及多義性（polysemy）（它的相互交換、它的開放）；因此，它的意義是極度動態的——永遠承受著壓力！文化同時是產物，也是歷程。在這個多元概念中存在著一個有著韻律變化的文化間關係，有著多姿多采的方法、經驗與觀點之間的對話，一個有著多元方向與意義的道路。因此，文化中沒有獨角戲與孤立；沒有原始的、真實的文化；也沒有我們可在任何時間超越任何社會的絕對價值。

文化的表述論及社會、談及世界，而且當它被審視時，它開啟了與觀察者的

對話。我們總是想要指派意義給圍繞在四周的所有事物，正因為如此，文化的表述可以被視為是對社會的象徵性記憶之表述。產生聯繫是文化的先決條件，因為文化在人類、限定的對象以及社會所建構的空間中，都會發揮影響力。

藉由認識兒童是社會的對象，而兒童時期是社會的範疇，本研究計畫感興趣的場域是「在兒童間以及與他人所建構的多元化、象徵性互動中的兒童生活」，也就是所謂的兒童期文化（Sarmento, 2005, p.18）。

孩子，在他們形形色色的互動中，有機會接觸到多元文化環境，並且也有機會看到文化生產的多樣化形式。充斥在他們世代之間的同質性以及其他社會範疇的異質性，孩子藉由轉化、判斷、歸納出新的意義屬性、詮釋並且對他們在社會互動中經歷的以及所覺察到的所有事物進行調整，兒童時期的文化因此產出。當孩子說話、繪圖、以扮演遊戲表達、大笑還有比手劃腳示意，他是在把他的歷史以及所覺察的方式，及自己本身，都編織入所生活的社區歷史裡頭。在這個與社會的對話中，孩子把自己放在適當的位置，擔任起文化的主體以及創造者。孩子在確定意義的同時，也創造了文化：

> 不是只有成人會影響孩子，孩子也會影響成人。孩子不是只有接受已建立的文化分配給他們的位置以及社會的角色，他們反而藉由詮釋並且參與其中，透過自己的作法而產生影響，在文化中進行轉化。（Sarmento, 2005, p.21）

此外，強調兒童時期的文化，讓我們得以運用另一個語言並且認識人類的其他面向，特別是某些團體。「兒童教育、語言與記憶的場域」計畫，以幾個人口統計、經濟學以及社會面向還有他們之間的可能關聯作為研究的基礎。

博物場域

認為博物館是放置瑣細雜物以及舊物品的空間的人不在少數。這不是個別的事實，而是由於長時期發生的諸多行動，導致今日我們所行進的方向。以歷史觀點來看，博物館是不同領域知識重現的空間，以有著許多規則的架構，強調與館藏品相關的諸多動作，包含編目、展示以及保存。即使今日，這個概念還有部分仍是我們對許多類型的博物館的印象。

隨著時間推移，文化資產的概念以及要被留存的文化物面向不斷擴大，我們與文化遺產間的關係變得不同，人類為了以多重的以及碎裂的本體繼續存在，激勵著我們占有或重新據有文化資產。博物館解決問題的行動基礎不再只是館藏，而是由社會實踐所取代。博物館保持活躍的因素，是它與社會的動態關係；因此，博物館不是固定的機構，而是為了社會的實踐以及社會的產生、茁莊以及消逝等發展提供服務。

博物館以及其他文化空間是人類記憶的陳列室，留存著全部與人類相關，以他們的歷史以及可得的特定方法所創造的物品。然而，Chagas（2005）堅稱博物館不只具有保護者的功能，它還肩負研究、記錄以及溝通的使命。博物館始終與整個文化遺產有合作關係，強調出自己對於教育的重要性，並且竭力發展本土的、地區的、國家的以及國際層次的形象。他們是知識的產出，也是提供休閒機會的空間。他們的館藏以及陳列品有助於記憶社會的建構，還有對社會的關鍵知覺。

社會也是不斷發展變化的，並且需要持續運作關鍵的資源整合。所有的博物館，富有的以及貧乏的、龐大或規模嬌小的、虛擬的與實體的，不論好壞，始終反映社會及其結構。他們最迫切的社會功能就是成為與社區直接溝通的空間。這個動態將博物館轉變成一個多樣化的場域，但這並非要拋棄原有的功能、另創新格，但也絕非墨守成規——而是以批判性的方式看待它，讓它成為可以提供永久對話的工具。

Chagas（2005）捍衛**博物場域**（museal field）的概念，他指出這個概念的涵義包括了競技場、戰鬥、競賽與爭辯——一個持續比較不同主題的過程之空間。以這個觀點來看，博物場域就涵蓋了所有與博物館相關的事物。

持有文化的過程複雜而且牽涉的面向廣泛。在教育成人與教育兒童的政策之下，文化的流通是首要的面向，但也由於其錯綜複雜性，我們必須深思熟慮，而這也是本研究最大的挑戰之一。此處有關「兒童教育、語言與記憶的場域」，因為現代性及科技所浮現的問題，我們在虛擬獨特性的提議中有詳細的討論。

虛擬面向及其挑戰

仔細思考博物場域的特性，可以發現其中充斥著矛盾。因為一方面，它必須

保護與留存館藏品；而另一方面，它又必須展示並且使其物件流通，而使得原應被保存的物件更加的脆弱。德國哲學家Walter Benjamin（1984; 1993a）批判性議論現代化所帶來的矛盾。假使機器一方面有助於生產並且有利於接觸知識（由於它科技的複製度），但另一方面，它又喪失了人性，因為減少了人的特色，便會使他或她失去與集體特徵的聯繫，消散了敘述的經驗與敘述的能力。本研究計畫基本上是虛擬的，縱然這個重要的認知帶來難以推卸的要求，要讓我們（重新）思考「博物場域」是一個交會連結的、奇異的隱蔽空間，我們也了解虛擬的面向將大大擴展連結的可能。而且如果欠缺了虛擬的面向，就不可能留存、保護，同時提供如此具有特殊印象的館藏。

另一個因本研究計畫的虛擬面向所浮現的矛盾現象是：在不受控制就可取得途徑登入網頁的狀況，以及兒童的圖片被發布於網路上的道德問題。我們必須反覆斟酌思量的事情是：一方面，圖像是知識及研究的重要來源；但另一方面，卻可能因為某些人的悖謬意圖而遭濫用。要降低這類風險的方式，就是讓這些照片無法從網站上取得，同時要嚴重提出合約聲明，對於所取得材料的任何不當使用，必須擔負的法規風險與法定責任。

斟酌所有的風險以及矛盾，我們無法否定使用個人電腦以及透過網際網路連結的發展潛力。考慮到不同圖像表現的過程，或直接或間接的始終與每次使用的資源、技術或工具互有關聯——透過攝影技巧、電影製作術、電視、錄影、唯讀光碟、網際網路等——虛擬博物館能以什麼樣的方式開啟認識各式各樣兒童期（再）教育的管道？它可以如何以更多元、多樣的方式，讓我們了解兒童的以及兒童期的文化？它可以如何留存並且擴展交流，提升理解，讓兒童期相關的研究者，在現代生活出現的不計其數的分散焦點中，感到心無旁鶩？這個虛擬空間的挑戰是尋找共鳴並且建立圖像（描繪、繪畫、玩具以及照片）以及其他知識類型的對話。教育是一個動態且連續的歷程，不再是神聖知識的由上至下的傳播模式。兒童研究者的角色修正，依循知識的概念重新切割，不再只局限於科學領域的範圍，也涵蓋了藝術的以及文化的範疇。這個研究工作無法被局限在一個場域之中，或是限制一個群體，其夥伴關係是不可或缺的。而虛擬的面向，將實現這樣的夥伴關係。

結語

　　全世界有十三座兒童博物館——全部皆被視為是提供兒童知識取得的兒童專用空間。在這十三間博物館中，有五間在歐洲，八間在美國。其中幾間博物館還被稱之為「探索博物館」（Exploratoriums）或是「體驗博物館」（Please Touch Museums）。我們相信這些名字代表的其實就是博物館裡發展的行動——全部都是在實現孩子是觀察主體的具體構想。「兒童教育、語言與記憶的場域」將蒐集、組織、留存並且傳播文化物件、支持並促成他們與不同主體的交互影響。這個計畫除了有各形各色兒童期的過去及現今的文件紀錄外，還包含了其他有關於兒童、文化、教育、學校、博物館、藝術以及兒童期的書目資料庫，它如履薄冰的展開行動，而且極有潛力發展成為一個大規模的研究計畫。我們企圖分享研究的方法（例如觀察），並且思索哪個方法，例如，想像力教育，能促進成為更有創意、更有意義的教學法實踐，以作為計畫的發展和師資培訓教育的素材。這個研究計畫面臨許多挑戰，像是進行兒童研究的限制、與他們一起並為他們工作的權力與道德風險，以及相較於成人，兒童語言的獨特性。此外，虛擬的空間也帶來許多其他的問題與風險，舉例來說，兒童照片的使用，以及與文本、素描、表演及攝影等相關的智財所有權，但是我們相信本研究工作將對兒童期的研究發展帶來重要的影響。本計畫提供不同國家的研究者去了解並且接近兒童時期其他形式的機會，它有助於對話，促進我們對文化多樣性的重視，激勵其他國家的研究團體也開始類似的研究計畫，並且增進不同國家之間的文化交流。

參考書目

Áries, P. (1978). *História Social da criança e da família.* Rio de Janeiro: Guanabara Koogan.

Bakhtin, M. (1992). *Marxismo e filosofia da linguagem.* São Paulo: Hucitec.

Benjamin, W. (1984). *Reflexões: a criança, o brinquedo a educação.* São Paulo: Summus.

一. (1993a). *Obras escolhidas I- Magia e técnica. Arte e política.* São Paulo: Brasiliense.

Carroll, L. (1994). *Alice in Wonderland.* London: Penguin Books.

Chagas, M. Campo Museal: redes e sistemas. (Personal notes of the talk presented in the I National Forum of Museums of SC, June 13 2005, CIC, Florianópolis)

Danby, S., & Farrell, A. (2004). Accounting for young children's competence in educational research: new perspectives on research ethics. *The Australian Education-*

al Researcher, 31 (3): 35-50.

Egan, K. (2002). Conceptual tools and the arts in early childhood. *Arts and Learning SIC: Validity and Value in Educational Research.* Annual Meeting, New Orleans, 1-5th April 2002.

Grassiotto, R., Leite, M. I., & Flores, C. (2005). Education and artisticcultural languages: reflections on teacher education and the development of pedagogical material. Vancouver/Canadá: Proceedings of III International Conference on imagination and education.

Kramer, S. (1998). Produção cultural e educação: algumas reflexóes críticas sobre educar em museus. In: KRAMER, Sonia & LEITE, Maria Isabel (orgs.). *Infância e Produção Cultural.* São Paulo: Papirus.

Leite, M. I. (2003). Educational Service in Museums and Children's Imagination Space. Vancouver/Canadá: Proceedings of I International Conference on imagination and education.

—. (2005a). Museus de arte: espaços de educação e cultura. In: Leite, M. Isabel & Ostetto, Luciana E. (orgs.). *Museu, Educação e Cultura: encontros de crianças e professors com a arte.* Campinas/SP: Papirus: 19-54.

—. (2006). Children, senior citizens and museums: memory and discovery. Viseu/Portugal: Proceedings of Insea.

Lobato, M. (1970). *Sítio do Picapau Amarelo.* São Paulo: Brasiliense.

Sarmento, M. J. (2005). Crianças: educação, cultura e cidadania activa. *Perspectiva.* Florianópolis: Editora da UFSC), 23 (1): 17-40.

Pinto, M., & Sarmento, M. J. (1997). *As crianças: contextos e identidades.* Braga, Portugal: Universidade do Minho.

第7章

培養可能性思考：
與七至十一歲學童進行創造性運動協同研究

Anna Craft

艾賽司特大學與開放大學（University of Exeter and the Open University）

Kerry Chappell

艾賽司特大學（University of Exeter）

摘要

在2007年這一年，在英格蘭東北部的一所學校裡，七到十一歲的孩子和教師群、一個舞蹈團，再加上Craft與Chappell兩位外來的研究者，協同進行了針對學生及老師的兩個研究主軸（throughline）之研究。本文聚焦於後者的研究主軸：發展創造性運動如何改變我們的教學方式，以及我們對教學的感覺又是如何？[1]

本方法論架構採單一個案質性研究法，由兒童、教師以及研究者共同應用扎根理論（grounded theory）分析民族誌（ethnographic）資料以及其他資料。本章探討Craft（2000, 2002）及Craft等人（2001）的「可能性思考」（possibility thinking），以及後來在幼童及小學情境中「可能性思考」的實證研究（Burnard, 2006; Cremin et al, 2006; Chappell et al, 2008），報告我們進行中的研究工作，並概述研究資料蒐集與分析的前半部工作。

我們以Alexander（2007, 本論文集第2章）以及Egan的研究主體（1997）為基礎，提出探究本位（enquiry-based）的想像力或創造力教學法模式。

1　我們要感謝百老匯初等學校（Broadway Juniors）的孩子以及教職員，也感激錫舞團（Tin Productions）參與人員的欣然合作，更要感謝慷慨挹注資金的德罕桑德蘭創意夥伴（Durham Sunderland Creative Partnerships）的贊助。同時也要對想像力教育研究團隊（Imaginative Education Research Group, IERG）研討會的參與表達謝意，最後要特別感謝Gadi Alexander與Kieran Egan鼎力協助最後文稿的撰寫。

推動生活創造力——英國的現況

英國自二十一世紀初期開始重視在學校中培養學生的生活創造力。英國國家創意文化教育諮議會（The National Advisory Committee for Creative and Cultural Education, NACCCE, 1999）提議，除了高學業標準之外，年輕人應該要培養能「調適、連結、創新、溝通以及與他人合作的能力」（NACCCE, 1999, p.13）。這篇報告影響了其他政策的發展，像是《每個孩子都重要》（*Every Child Matters*, DfES, 2004a）的教育綠皮書裡的規劃，確保孩子從出生至十九歲期間的福利服務與照顧；資格鑑定與課程管理局（Qualifications and Curriculum Authority, QCA）的創意計畫（QCA, 2005a, 2005b）；以及《卓越與學習樂趣》（*Excellence and Enjoyment*, DfES, 2003, 2004b），鼓勵小學採取創意與創新教學法。

從二十一世紀初以來，課程中的創造力逐漸受到重視。為五至十六歲孩子有國家課程系統化編排（National Curriculum）的創意思考技巧，自2005年受到兩個關鍵課程報告的密切關注，還有羅伯茲創意與經濟報告（Roberts Review of creativity and economy, Roberts, 2006）也會遞交研究結果給政府（DCMS, 2006, 下議院教育與技能委員會〔House of Commons Education and Skills Committee, 2007〕，以及近來也加入的下議院的兒童、家庭與學校委員會〔House of Commons Children, Schools and Families Committee, 2008〕）。

這個政策更進一步強調創造力的教學，更加重視藝術、文化與教育的合作（如DCMS/DCSF, 2008）。

以上總總的共同之處，在於對「小c」（little c）[2]（Craft, 2000, 2001, 2002）或是日常生活所有範圍的創意，以及領域內固有的創造力的重視。英國國家創意文化教育諮議會報告（NACCCE, 1999），認為每個人在日常生活裡的多元領域中，多少都有創意的發揮。因此，對於可能性的探索——由「什麼是」（what is）到「什麼可能會是」（what might be）的轉換——成了探究創造力教育的方式（Jeffrey and Craft, 2006）。

2　Csikszentmihalyi（1996）等學者將創造表現分為改變人類歷史文明的創造——大C（big Creativity）和日常生活的創造——小c（little creativity）。

夥伴、創造力與可能性

由於英國重視創造力的情境，於是各種組織包括創意夥伴計畫（Creative Partnerships, 2007）、國家學校領導學院（National College for School Leadership, NCSL, 2004）以及資格鑑定與課程管理局（QCA, 2005a, 2005b）透過形成概念，卯足全力地發展相關的學習與教學法。

規模最龐大也最具有創新精神的是創意夥伴計畫，它從2007年6月啟動，參與推行運作的除了三十六個城市外，也有鄉村資源不足的地區，由遍布英國各地的支援教師與創意／文化的夥伴，協力養成五至十六歲孩子的創造力。由政府調查機構（OFSTED, 2006）進行的審查，指出該專案計畫提供豐富靈感，培養創造性技巧，同時也發現教師在發展創造力學習的技巧上，有顯著的進展。

計畫逐漸的納入行動反思（reflection in action）以及行動研究（action research）。探究模式是這個夥伴計畫延展更大範圍的重點，也就是創造力行動研究獎（Creativity Action Research Awards, CapeUK, 2006）。兩個計畫都發現，反思對學生學習以及教師教學法的正向影響（就學生藝術及其他學科課程的探究本位學習轉移而言，以及其他研究的發現，如Guggenheim project, 2007）。

實施方向從配對創意夥伴作為起點。首先，國家創意文化教育諮議會（NACCCE）報告指出，創造力是「由想像活動塑造成形，產出具有原創性且有價值的成果，**鞏固想像力的重要性**」（NACCCE, 1999, p.29）。它促成創造力政策性架構的形成（QCA, 2005a, 2005b），並以想像力活動作為核心。想像力活動從「什麼是」到「什麼可能會是」的移轉，我們可以稱之為「可能性思考」（Craft, 2001, 2002; Craft et al, 2008）。

其次，參考國家創意文化教育諮議會（NACCCE）報告的建議，建立起學校以及創意／文化機構之間更緊密的夥伴關係，**在這樣的關係以及工作方式中共同探索可能性，除了給予夥伴關係的協助外，並且為其引入更多的資源。**

本研究：探究歷程的共同參與

本研究受百老匯初等學校（Broadway Juniors）的委託而啟動，該校位於英國東北部市中心，約有三百二十位七至十一歲的學生，位於德罕桑德蘭創意夥伴

（Durham Sunderland Creative Partnerships）區。協同研究模式的規劃是由學校的教師、學生研究團隊，以及他們一起選出的外來文化及研究團隊，共同開發為期十二個月的研究及發展計畫。

先前已有發展創意夥伴經驗的百老匯初等學校，決定探索發展創造性運動及舞蹈，除了探索舞蹈的效應外，還有對學習與教學所帶來的影響。他們指定一個外來的研究團隊，其中一個研究者Chappell最近才剛完成舞蹈教育的博士研究，而研究總監Craft則引領可能性思考，並且串連起研究的相關工作。他們也指定了一間舞蹈公司——錫舞團（Tin Productions）來攜手探索創造性運動的潛力，另外，全校的學生也都參與了本計畫。

協同參與、共同探索

自2006年底起，三個夥伴：學校、錫舞團以及外來的研究團隊，結合教師以及學生研究團隊共同合作，修正問題、方法學並找尋途徑，發展其他研究開發的協同參與取向（Burnard et al, 2006）。在六個月的課程進行期間（2007年的1月中旬至7月中旬），錫舞團為所有教師提供在職訓練，並且也為每個年齡群組裡的孩子示範一系列的課程，在校內以及專門的舞蹈工作室，孩子與他們的老師每個人至少都要上到一堂課。在學年結束時，錫舞團提供學校一個舞蹈資源工具箱（dance resource kit），希望在新的學年裡能協助教師發展創意運動。教師以及孩子的經驗被記錄下來（2007年1月中旬至2007年9月底），並規劃出四個部分的資料。教師研究團隊剛開始只有四位志願教師（三位女性以及一位男性），還有一位女性助教。學生研究團隊則由教師群的老師各選三位學生（分別為高、中、低成就），共十二位，年齡介於七至十一歲之間，代表每個年齡層的研究團體。

錫舞團採用一個試驗過的教師培訓歷程，這是他們由多年教學經驗中所開發出的成果，支援該地區的教師來發展舞蹈教育。這包含讓老師觀課的教學演示，緊接著和老師進行觀課後的反思解構。最後教師自己試做數個創造性運動課程，錫舞團的工作人員也會在場並且擔任教練，並於課後進行討論與反思。錫舞團採取的是教師學習「串聯法」（cascade approach），也就是先介紹特定的策略，接著策略被傳遞或繼續連成系列，一開始先將策略傳授給老師，接著由老師再傳

授給其他老師，老師再將這些策略教給孩子。

　　教師的教學工作排定有固定的學科也有空白的時段，空白的時段可以用於發展豐富多樣的實作方法。從錫舞團的在職訓練結束後，我們發現，有的老師完全沒有被安排到舞蹈教學的課程，而且要一直等到下個學年才有授課。我們也看到其他老師開始將創造性運動融入其他課程領域中，自己發展出整個學期的舞蹈課程。

研究主軸

　　我們藉由工作坊本位的協同探究歷程，並採用兩條研究的主軸：大家共同決定的研究問題將引導整個研究的走向。這兩條軸線為：

教師主軸
發展創造性運動如何改變我們的教學方式以及對教學的看法？

學習者主軸
發展創造性運動如何改變我們的學習方式以及對學習的觀感？

實證研究：舞蹈情境中的可能性思考

可能性思考的焦點與連結

　　由於計畫主軸的兩個問題與計畫期間孩子及教師的教與學將會出現「可能性」是有密切關聯的，因此我們應用「可能性思考」的方法，將「什麼是」移轉至「什麼可能會是」，我們的創造力教育核心是文獻中所假定的可能性思考概念（Craft, 2000, 2001; Jeffrey and Craft, 2004）。這些文獻將可能性思考解釋為創造性的、個體的以及集體的中心（Craft, 2007）。林林總總的「假如……？」的問題都與可能性有關——因此像是「這是什麼？它是做什麼用的？」的問題，就轉化成了「我們可以用它來做什麼？」這之中的涵義包括了發現、推敲還有解決問題（Jeffrey and Craft, 2004）。

　　自2004年以來，可能性思考的探究發掘並記錄了三至七歲孩子創造力學習的可能性思考特徵，這些特徵顯示「可能性思考」的培養與孩子及成人密切的相

互作用有關，透過（Burnard et al, 2006; Cremin et al, 2006）：

——提出問題（posing questions）

——遊戲（play）

——沉浸（immersion）

——創新（innovation）

——富有想像力（being imaginative）

——自主能力（self-determination）

——勇於冒險（risk-taking）

本研究工作強調**「促成的情境」**（enabling context），鼓勵孩子與老師玩樂，激發自信、自尊並且重視孩子的價值、動機及參與，提供想法時間與空間。成人後退一步去關注，並且支持孩子想像力點子的產出，讓他們以後續的行動實現想法。教師與孩子都同樣致力實踐上列有助於培養可能性思考的核心要素。

如此一來，這個具有推動力量的學習環境支持孩子提出問題（Burnard et al, 2006），同時兼顧結構與自由，這是成人所啟動的學習，也是孩子啟動的學習。成人覺察、記錄並且細膩的反思孩子的回應，依此調整教學法。如此共同參與的以學習者為主體的方法，將探究的控制權交還給孩子（Jeffrey and Craft, 2004），提供孩子創新的機會與權力，成人則視孩子的經驗、想像力以及評價為珍寶。

在舞蹈情境中的可能性思考

可能性思考如何在教學中體現，取決於領域的知識論基礎條件而定。因此本研究利用舞蹈教育的文獻，特別是Chappell（2006a）的相關研究；他於2001至2006年間，在倫敦的學校採用深度多元案例研究法，由三個專家級的舞蹈專門教師共同與七歲至十一歲的孩子合作，探討創造力的概念與方法，這提供我們機會了解舞蹈教育中的可能性思考。

當我們要在新的情境應用此類深度研究的發現時，必須要注意情境的相似性，以確保應用無誤（Schofield, 1993）。而這與我們的案例有許多相似之處。Chappell的研究探討與七至十一歲孩子合作的創意夥伴關係，而本研究的案例也是如此。另外，Chappell的兩個專家級舞蹈專門教師必須要去達成教學目標，也

與本研究情境中錫舞團教師們要達成的目標極為相似。最後來自於研究者的觀察，錫舞團教師利用的教學技巧與方法，與Chappell研究中所發現的也雷同。然而，與Chappell截然不同的是，其研究焦點是外來的舞蹈夥伴，我們則是聚焦於**學校教師教學方法的轉變。**

我們考慮領域的知識論基礎，在舞蹈教育中，「身體認知」（embodied knowing）特別受到重視（如Chappell, 2006a, 2007; Bresler, 2004; Stinson, 1995）。Chappell的研究將此表示為「領會」來自內心的肢體——動覺的（kinaesthetic）或身體的意識（physical awareness）——以及「用身體思考」（to think physically）的能力——孩子能夠用身體認知、詮譯並且創造運動；這也是一種「完全的自我覺知」（whole self-awareness）的洞察——「他們自己的身體感覺……和本質……原來就在身體裡頭」（自5.1節, Chappell, 2006a）。

除了身體認知，Chappell也思索舞蹈的創造性歷程，並發覺其核心活動為：
——沉浸、陶醉於舞蹈活動；
——能夠創造動作並將注意力集中於此（提問為這個活動的主要部分）；
——運用身體表現想像力；
——表達重要的概念。
同時也有關聯但與情境較為相關的是遊戲與冒險。

當與可能性思考的核心特徵（提出問題、遊戲、沉浸、創新、富有想像力、自主能力、勇於冒險）（Burnard et al, 2006; Cremin et al, 2006）相互比較時，我們可以說創造性運動或舞蹈「體現」了可能性思考（embodied possibility thinking）。這些對照編排於下頁表7.1中。

Chappell發現三個核心的教學法層次，當我們實作時，會複雜的交錯在一起。這些層次為：

1. **將創造力來源列為首要：由內部向外的，或由外部向內的**（無論任務源自孩子的想法或是教師的想法／舞蹈知識，都應被列為優先）。這意指內、外之間回應的移轉，皆可以作為主題的、運動與意見的來源，如此孩子能夠感受到創造性的刺激，並且在舞蹈中表現出對個人有意義的想法。
2. **接近與干預的程度**（利用遠距的被動回應或親身體驗的積極回應，支持並挑戰創意的想法）。愈接近表示教師給予孩子愈多的自由發揮創造力。

表7.1 將舞蹈教育中的身體認知以及創造性歷程與可能性思考編排對照，以體現可能性思考身體認知的面向

體現可能性思考（Embodied PT）包含身體認知與創造性歷程的面向（Chappell, 2006）	可能性思考（PT, Craft, 2001, 2002）
完全的自我覺知	自主能力
沉浸、陶醉於舞蹈活動	沉浸
創造動作並將注意力集中於此	提問十回應問題 創新
表達重要概念	創新 有目標
運用身體表現想像力	富有想像力
遊戲	遊戲
勇於冒險	勇於冒險

3. **任務結構：有意義的遊戲至嚴格的學徒工作**（在遊戲本位〔play-based〕的任務結構以及學徒工作的結構之間轉移，前者的特點有**將可能的反應「選擇再打亂」〔pick and mix〕、勇於冒險、接受失敗、樂趣、滑稽好笑和輕鬆隨意**；而後者的特點是**嚴謹的規範、安全與高度組織化階段、發展取決於按部就班的成功以及努力付出**）。在這樣的情境中表示：
   - 承擔創意想法的程度不同；
   - 控制與自由的量有所不同；
   - 任務的空間需求有所不同。（Chappell, 2006a, 2007）

當教學法層次與可能性思考教學法（pedagogy of possibility）的面向（鼓勵遊戲、退後一步留給孩子空間、促進動力、自由與結構取得平衡的兩難困境，以及由成人啟動的或孩子自發性的工作、移交控制權）相互比較時，這些都極為相似，我們將其統整於表7.2中。

因為結合並擴展了Craft（2000）的可能性思考概念和教學法，以及Chap-

表7.2 探討支持可能性思考教學法的核心要素與Chappell舞蹈教學之教學法
層次間的連結

可能性思考（Craft, 2002）	教學法層次（Chappell, 2006）
給予孩子空間	創造性源頭： 由內向外的（孩子的想法引導教學）--------------由外向內的（教師的想法引導教學）
促成孩子承擔學習的責任	接近與干預的程度： 親身體驗--------------------遠距 主動積極--------------------被動反應
移交控制權 鼓勵遊戲	任務結構的層次： 有意義------------------------嚴密 遊戲------------------------學徒工作

pell（2006a）的舞蹈教育創造力研究（其中也包含可能性思考），給了我們一個架構，思索本研究中教師與學習者的研究軸線。本節將探討**教師的研究主軸**。

研究方法

本質性研究採用Bruner（1966, 1996）與Vygotsky（1962, 1978）所提出的社會文化（socio-cultural）學習觀點。學習者的能力被視為是個人的以及社會的意義建構（meaning-making），學習過程因人而異，教學法包含了鷹架（scaffolding）與示範（modelling）。

我們的探究歷程以詮釋性模式（interpretative paradigm）為基礎，逐漸將活動的特徵刻劃出來，而非隨意解釋活動（Denzin and Lincoln, 1994; Lincoln and Guba, 1985）。我們認識到活動的近況，它在空間、時間和身體表現，以及它的社會互動與任務的意義，還有孩子與教師觀點的重要性。因此，這個模式完美結合了德罕桑德蘭創意夥伴所採用的共同參與研究法（co-participative research）。

外來的研究團隊大致構想出研究的規劃；隨著時間，詳細的資料累積、蒐集以及分析的對談與開展。分析的協作方法包含了教師研究與學生研究的團隊，利

用「歸納—演繹分析法」（inductive-deductive analytic approach），同時遵循「持續比較分析法」（constant comparative analysis）的原則（Strauss and Corbin, 1998）。如上所述，我們分別於春季學期末、夏季學期初、夏季學期末以及秋季學期初的時間點，預計蒐集四組資料。直至2007年的6月底，前二組資料已蒐集完畢，並進行分析。

對於外來研究者、教師以及學生研究者，資料蒐集的工具，在錫舞團課程以及教師授課的時段，能夠促進對參與者的觀察。研究者安排面對面的、密切的團隊工作，教師及學生研究團隊兩者（每位研究者帶領一個團隊）進行介紹，並且探討自己擔任研究者的想法、探索可能的資訊蒐集途徑與工具，練習之後再著手進行共同分析。教師研究者與學生研究者拿到的小冊子裡頭，提供了各色各樣的記錄觀察方式，也包含了以前研究中所使用的參與以及感覺舒適量表（feeling/wellbeing scales）（Chappell and Young, 2007, 改編自Laevers, 1993），而為了將之應用於本研究中，再次進行改編，同時還搭配了以下的工具：

——教師及孩子書寫的便利貼（post-it）或反思日記；

——數位影像（主要是靜止影像的排序，但有些是動態的影像）；

——附有註解的觀察；

——與另一位學生、教師或助教的交互訪談。對教師，其中的訪談問題包含：「對於進行創造性運動的協作課程，你覺得自己的自信如何？」「你覺得自己進行創造性運動的協作課程，並且發展自己的教學想法的能力如何？」對孩子訪談的問題有：「你對於創造性運動的課程感覺如何？」「為什麼你會有這樣的感覺呢？」

個別為教師及學生量身設計的小冊子，成為了研究資料的寶庫。這些再搭配上外來研究者的觀察以及對教師與學生的訪談，電子影像檔案的輯錄（之後要再轉寫成書面）的田野筆記，以及錄音帶。

為了將重點聚焦於教師，在第一及第二階段進行時，教師書寫日記並且隨手寫便利貼，以循環的方式實做並且反思他們的實做，同時應用感覺舒適量表追蹤學生的學習，捕捉影像，參與外來研究團隊的交互訪談，並且著手進行參與者的觀察。在第二階段，領導教師（lead teacher）也獨立設計了一份問卷，重點在於探討參與本研究教師的教學法轉變。

蒐集完學生及教師的資料後，緊接著是校內自我提升的反思時間。每個階段

分析反思協作資料的時間，由外在研究團隊所領導，應用哈佛知名的「協作評量協會」（Collaborative Assessment Conference）發展協議所支持的「持續比較分析法」與de Bono的「六頂創意思考技巧帽」（Six Hats creative thinking skills）方法，強化資料多元觀點的發展。

兩個校內研究團隊進行協作分析，同時也有外來研究者進行獨立的資料蒐集的三角分析。

發現與討論

我們不只在舞蹈教室裡，在一般教師的課室內，也有許多的研究發現。

教師應用策略於課室中的養成

舞蹈團運用了各式各樣的教師培育法，這些有效的主題列在首位的就是教學技巧的示範與課程計畫的提供，且鼓勵教師也開發自己的想法。

在研究計畫期間，教師開始先反思自己是如何學會這些技巧，並且發展出自己的課程計畫。一位老師描述他在獲得一個課程單元的支持後，自己想發展連貫教學工作的矛盾與惶恐，他表達自己的需要：「我需要有人幫我發展下一步的教學計畫，而不是把一個課程只給一個老師用或只使用一次（one-off）[3]。還是說本來這些課程就是設計來使用一次的呢？」（教師，第一期）之後，「我漸漸開始有了更多自己的想法，逐漸可以從錫舞團的想法中獨立出來。」

教師的培育、養成過程，涵蓋足夠有關於藝術形式的知識發展，老師開始有了自信能夠「閱讀」孩子的回應，了解什麼可能是好的或是「對的」舞蹈成果，正如這位老師所說的：「我可能沒有信心讓孩子能夠展現出不錯的成果」（教師，第一期）。有趣的是，這反映了與Chappell研究相似的結果（2006a），在給孩子機會讓他們更自由的發表創意想法之前，專門舞蹈教師也會先建構孩子的「舞蹈基礎」（dance foundations）。這些包含了激發動機，開啟在舞蹈中什麼是可能的想法，並且發展孩子身體的認知以及孩子之間互助的方式。類似的歷程在這裡也發揮了作用，安排教職員建構「舞蹈的基礎」，並且在課程計畫中賦予

3　一次（one-off）的課程指的是單一堂課，而非連續性的課程。

他們任務。這個研究描繪了前者是較長期的歷程，不可偏廢。

　　要能滿足教師的期望，並且在搭建鷹架與培育專業與知識之間取得平衡，發展真正屬於教師的方法，是極具挑戰性的。

對於教學感受的改變

　　資料顯示了教師感覺的改變：

- **自己更有自信展現身體的運動**：「我充滿自信的在學生面前展現身體動作」（教師，第一期）；「我現在已經使用『8421暖身運動』[4]無數次了，而且愈來愈充滿信心」（教師，第一期），這顯示在擁有新的舞蹈教學想法之前，教師對「舞蹈基礎」的需求，特別是在身體的認知上。
- **更有舞蹈教學的熱情與自信**：所有參與的教職員（第二期問卷）指出，他們現在更有自信的在體育課以及其他課程領域中指導舞蹈；「雖然以前避之惟恐不及，但現在我會這樣做」（教師，第二期問卷）。教師對於自己成為運動展現者更具信心，這似乎也讓他們具備了舞蹈教學的能力。

教學的改變

　　另一個教師研究**軸線**的部分：「創造性運動如何改變我們教學的方式？」資料分析顯示，除了舞蹈工作室的改變之外，還有教室裡的改變，而這些改變不僅只有舞蹈的部分而已。

　　就舞蹈教學本身而言，我們發現的證據有：

- **教師讓孩子有更多提出自己想法的權利**：正如一位老師所說：「我覺得我一直給孩子太多關於他們可以怎麼改變動作的想法，可能我對於孩子自己能否產出好的最終成果不是很有信心。因此現在在課程創作的部分，我幾乎不再給予孩子建議，而他們也真的提出了比我所預想的還要更多的想法。超級有創意的！」（教師，第一期）這反映出可能性思考教學法，教

4　8421指的是一個特別的舞蹈暖身運動，包含要重複一套動作8次後，再4次，之後再2次，接著1次。

師退後一步，確實有助於孩子擔負創意想法表達的責任（Cremin et al, 2006）。它同時也與Chappell研究的發現類似，特別是「創意的源頭：由內向外的，或由外向內的」：我們看到這個學校的教師，從原本自己是創意想法的來源（期待孩子實踐他們所提供的），轉變成孩子自己是創意想法的源頭（期待他們實踐自己的創意想法）。

教師的態度以及感覺是如何的有所不同，引起了我們的興趣。原本的可能性思考研究是以七歲以下群組為焦點，本來就比較不是以教學法為主。這裡的研究群組範圍是七歲以上的孩子，我們對他們領域知識的增加原本就有期待。最後的情況可能是在教師力圖兼顧可能性思考以及學科本位（subject-based）的知識與技巧時，創意源頭的轉變。

- **教師對於學生改變的敏察，可提供作為自我教學方法的變化依據**。如同一位老師所說的：「丙生充滿自信表現，常常在課堂中非常的安靜……戊生在課堂中總是非常的沉默……，卻相當投入於課程。非常熱切的想要完成任務……己生總是在讀寫課程裡非常的安靜——自告奮勇提供答案以及評論某位同學的表現。」（教師，第一期）

- 這反映了錫舞團讓學生提出創意想法以及主動性的投入，讓孩子願意向前，創新、想像力、自主權以及目標皆受到高度重視，這是教學法實踐的特性，促進可能性思考（Cremin et al, 2006）。它也反映出Chappell的「接近與干預」（proximity and intervention）的層次，特別是包含「遠距被動反應」（distanced reactivity）的極端，教師抑制自己干預的渴望，並且給孩子時間去回應挑戰。教師再次隨著時間而有所進展，他們順著層次開始轉變並始終保持著熱情。

- **增進對舞蹈的了解，並運用其作為其他課程領域的工具**：「運動真的很奇妙，幫助孩子學習學科特定字彙的工具」（教師分析，第二期問卷）；「孩子會把特定的科學字彙和動作的動作／順序連結起來」（教師分析，第二期問卷）；「教師發現了運動可以融入到其他學科領域的機會」（教師分析，第二期問卷）。

這反映「用身體具現」的可能性思考，利用創造性歷程，孩子能夠用身體詮釋並且創造動作（Chappell, 2006a）。透過這個方式與想法結合，孩子更能夠了解字彙以及一些概念。這個「認知的方式」（way of knowing）需要一段時間仔細的培養以及努力，如同其中一位老師所評論的：「孩子現在知道相關的字彙，但是其中有些歷程混淆了。」（教師，第二期）

- **增進對藝術的理解／使用其作為一般技巧的工具**：「課程培養各類的一般性技巧——溝通、協作」（教師分析，第二期問卷）。這反映出 Chappell（2006a）對「舞蹈基礎」的討論，特別是建立孩子相互回饋能力的重要性，這個基礎能力讓孩子認識創造力的表現，不是單獨、個別的，而是一個協作及群體的任務（Chappell, 2006b）。在英國，個別化評量（individualised assessment）的政策重點具有左右教學的力量，因此在課程中可能欠缺了協同合作式的創造力，而透過舞蹈的力量，以此重新建立起同儕間相互回饋的能力，強調協作以及群體努力的重要性（Chappell, 2006b）。

除了舞蹈之外，我們在其他課程中發現的證據還有：

- **教師利用簡單的舞蹈運動，讓孩子專注於其他課程領域中**：「我在下午的讀寫課程中，使用 8421 作為簡單的頭腦體操運動」（教師分析，第二期問卷）。
- **培育教師理解並進而使用藝術性運動，可以更廣泛的用來提升其他課程領域的學習**：「更加了解經驗可以如何透過音樂的刺激而提升」（教師分析，第二期問卷）。
- **提升教學的覺察能力並且使用示範的技巧**：「更加了解經驗可以如何透過由教師有力的活動示範而得到提升」（教師分析，第二期問卷）。

接著，我們分析記錄教師的感覺，並且關注隨著他們指導舞蹈能力的轉變，如何滲透融入課堂的教學中。這個滲透明顯地考驗教師的能力，包含考驗他們的冒險犯難精神。

從這些在舞蹈工作室以及舞蹈之外課室中的改變所推斷的，我們見到了可能**在兩個背景中，都可以抽取出教學法轉變的證據**：

- **更多的「同儕對同儕」（peer-to-peer）的關係成為班級的部分動態**：「在

另一個空間／風格的教學，移除學生的『熟悉感』，會讓他們較沒自信或需要更費力的嘗試嗎？這樣好像是將所有學生置於平等的地位，所以以同儕的排名在運動課程中不會存在嗎？」（教師反思，第二期）這再次反映出在舞蹈運動中要建立起孩子的回應，並且了解創造力是協作以及群體任務的能力。

- **考慮環境如何影響創造性運動及課堂學習**：「藉由使用舞蹈城市（Dance City, DC）[5]的空間作為學習的環境，所有的孩子都表現的非常積極……學習的環境對孩子的學習或動機會有所影響嗎？」（教師分析，第二期）環境是學習情境的其中一個要素，如之前我們在可能性思考研究中所記錄的（Cremin et al, 2006），就可能性思考所賦予的權力特徵而言——安全的冒險、縱容且具鼓勵性的情境——可能性就會是多元的。在本研究中，我們提出能夠體現可能性思考的舞蹈環境具有獨特特徵的相關問題。

- **增進對創造性運動的理解，認識不同的孩子有形形色色的學習偏好方式**：「有的教師注意到某些在班級中常常表現不佳的孩子，在這類的課程中比他人更投入」（教師分析，第二期問卷）；「在其他課程領域中運用創造性運動，有助於低成就的孩子達成一般在課堂可能有學習困難的目標」（教師分析，第二期問卷）；這些課程明顯的提供了更多的機會，學生可以進行注意力集中的練習，也可投入遊戲，發展可能性思考的核心特徵（Burnard et al, 2006）並培養舞蹈的創造力（Chappell, 2006a）。理所當然的，課程提供孩子時間與空間參與提升可能性思考的教學元素（Cremin et al, 2006），並且形成舞蹈教育創造力的層次（Chappell, 2006a）。

因此，我們更進一步看到逐漸形成的「**可能性思考教學法**」。這是建立在相互的「**舞蹈基礎**」，以及身體認知的根基上，促成了協作以及共同的創造力認識。從Chappell（2006a）先前研究所強調的教學法層次中的兩個層次：創造力來源以及接近／干預，反映了教師的轉變。因此發人省思的問題出現了：當他們與這個年齡群組發展以領域為焦點的教學時，教師如何順著這些層次前後的移

5　此舞蹈城市是英國東北部的國家舞蹈機構，有專門的舞蹈工作室空間，本研究介紹學生及教師運用這個空間。

轉、變動呢？

　　對於第三個最複雜的層次的理解，學徒制或有目的的遊戲任務結構，在本研究中無法驗證，可能是因為這些教師對於在全部技能裡融入創造性運動還是初學乍練。第三個層次需要教師以及學習者在身體創造性歷程中，兩者對於真實轉變的參與以及責任分擔之間的密切關係，這是耗功費時的。然而，我們記錄觀察到孩子與教師之間的關係變得更為主動，教師也強調他們對自我教學以及對孩子的感覺：（在上述創造性任務之後）「在欣賞過他們的表演後，我真是以他們為榮！」（教師評論，第一期）也許這是朝著結合第三層次的道路邁進的第一步。

　　因此一個教師成長以及自信建立的故事開展了，我們建構了孩子的學習經驗，培養教師以及孩子對於身體的可能性思考。這個發展中的主題，有助於在舞蹈課堂中「促成的情境」的進展，同時更明確定義教師在創意夥伴關係中的學習者角色。

發展分析的主題

　　我們的研究工作逐漸將焦點放在這個夥伴關係計畫中，教師的學習者經驗並且更進一步記錄、探討其中的張力與矛盾：

- 透過舞蹈本位的夥伴工作，**培養教師在創造性運動的自信以及對身體的認知**，強調這些教師在詮釋教學素材投入的歷程，Miyazaki對此有所探討（2007）；
- **教師也是學習者的結構與自由的平衡機會點**，在之間的微妙差異中找出工作的均衡點，由此發現學科內的創造力，突顯之間的張力——要應用於更大的目標或是應用在與創造力相關的學科知識的培養，以及學習者要負責提供更多想像力的機會與自由；
- **證明所有的可能性思考的核心要素**——也就是，提出問題、勇於冒險、遊戲、沉浸、創新、自主能力、富有想像力、有目的——是教師培育實務的核心；
- **共同探究的承擔特質**（affordances）**與限制**，當教師也在學習如何與孩子以及外來研究者共同進行研究時，突顯出教師與他們所被認同的基本關係

間的張力：教師與學習者，或教師與知識（亦即資料與其分析）。

　　與孩子以及外來研究者進行共同參與研究的故事，提出一個逐步發展的「探究本位」的想像力或創造力教學法模式，更進一步延伸Alexander（2007）的模式，清楚說明孩子的想像力與課程之間的張力。Alexander強調Egan所主張的，幼童從理解的最初階段表露出想像力（Egan, 1997）。然而，Alexander認為教師可能很難覺察這個想像力作用與課程知識之間的張力（相較於認為孩子的想像力是由外在的源頭，而且是在成人的世界之中所引發的）。因此，Alexander提出激發想像力的課程發展模式，著重反映珍視孩子的想像力與外在開發課程關聯的必要性。在我們的研究計畫中應用Alexander的模式，我們看到了要單純以二分法切割想像力與課程的複雜性，這顯示出自發性的以及課程可能性之間的相互連結。在百老匯初等學校，想像力的作用因為與可能性思考以及Chappell的教學法層次（Chappell, 2006）的相互配合而產生（Craft, 2002），而且有著與原本的層次截然不同的具體表現。

　　也許更重要的是教學法與探究的結合，以及多元透視法（multi-perspectival approach）的採用，讓孩子、教師與外來研究者皆能投入研究。對於這個發展中的探究本位創造力教學法，孩子遊戲式的投入學習與法定的課程評量的壓力，形成兩股相互拉扯的力量。所有參與其中的人（孩子、教師、研究者以及在一定程度上的創意夥伴）皆經歷意義建構的過程，促成個人化的學習。但是這也與評量、評鑑、測驗以及評判的壓力相互矛盾共存，形成了當下多數的教學情境（Craft and Jeffrey, 2008）。

　　百老匯初等學校計畫探討研究的工作方式，讓所有參與者——孩子、教師與研究者皆可記錄並且詮釋不斷嶄露的意義，相較於意義是教師、行政人員以及督學所做的評判而被強加於上的意義。因此協同探究提供了機會，給所有參與發展研究工作的人員，認同並且培養以創造性運動表現的可能性思考要素的教學法。這是創造性、開放式而且高信任度的教學法；這值得更進一步分析並且隨著時間進展追蹤研究、記錄，並且竭力理解本研究工作任何的長遠影響。

參考書目

Alexander, G. (2007). Where is the Best Place to Kickstart One's Imagination? In *Draft Proceedings, 2007 IERG Research Symposium.* Vancouver: Simon Fraser University

Bresler, L. (2004). Dancing the curriculum: Exploring the body and movement in elementary schools. In L. Bresler (Ed.), *Knowing bodies, moving minds: Towards embodied teaching and learning.* London: Kluwer Academic.

Bruner, J. (1966). *Towards a theory of instruction.* London: Oxford University Press. Bruner, J. (1996). *The culture of education.* Cambridge, Mass: Harvard University Press.

Burnard, P., Craft, A., and Grainger, T. et al (2006). Possibility Thinking, I*nternational Journal of Early Years Education*, 14 (3) pp.243-262.

CapeUK (2006). *Building Creative Futures: The Story of Creative Action Research Awards, 2004-2005.* London: Arts Council.

Chappell, K. (2006a). Creativity within late primary age dance education: Unlocking expert specialist dance teachers' conceptions and approaches. PhD thesis: Laban, London. http://kn.open.ac.uk/public/document.cfm?documentid=8627 (May 2007)

—. (2006b). Creativity as Individual, Collaborative and Communal. Proceedings of Colouring Senses 10th dance and the Child international conference, 2-8 July 2006 The Hague, pp.42-53.

—. (2007). The Dilemmas of Teaching for Creativity: Insights from Expert Specialist Dance Teachers. *Thinking Skills and Creativity*, 2(1) pp.39-56.

Chappell, K., Craft, A., Burnard, P., Cremin, T. (2008). Question-posing and Question-responding: the heart of 'Possibility Thinking' in the early years. Accepted for publication in *Early Years*, Vol 28, Issue 3, October 2008 pp. 267-286.

Chappell, K., & Young, S. (2007). *Zest: Investigating how a creative movement project helped children in the early years to increase positive dispositions for learning.* Somerset: Take Art.

Craft, A. (2000). *Creativity Across the Primary Curriculum.* London: Routledge.

—. (2001). Little c Creativity. In A. Craft, B. Jeffrey, M. Leibling (eds). *Creativity in Education*, London: Continuum.

—. (2002). *Creativity and Early Years Education.* London: Continuum.

—. (2007). Creativity and Early Years Settings. In A. Paige-Smith and A. Craft (eds). *Reflecting on Practice: Exploring Issues in Early Years Education and Care.* Buckingham: Open University Press.

Craft, A., Cremin, T., Burnard, P. (Eds) (2008). *Creative Learning and How we Document It.* Stoke On Trent: Trentham Books.

Craft, A., & Jeffrey, B. (2008), Creativity and performativity in teaching and learning: tensions, dilemmas, constraints, accommodations and synthesis. *British Edu-*

cational Research Journal Vol. 34, No.5, October 2008, pp.577-584.

Creative Partnerships (2007). Website: http://www.creative-partnerships.com/ (June 2007)

Cremin, T., Burnard, P., Craft, A. (2006). Pedagogy and possibility thinking in the early years, *International Journal of Thinking Skills and Creativity* 1(2) pp.l08-119.

Denzin, N., & Lincoln, Y. S. (Eds.) (1994). *Handbook of qualitative research.* Thousand Oaks, CA: Sage.

Department for Culture, Media and Sport (2006). *Government Response to Paul Roberts' Report on Nurturing Creativity in Young People.* London DCMS.

DCMS and DCSF (2008). *Young people to get five hours of culture a week - £135m funding boost announced.* Joint DCMS/DCSF Press Release 009/08. 13 February 2008. http://www.culture.gov.uk/reference_library/media_releases/2150.aspx

Department for Education and Skills (2003). *Excellence and Enjoyment*, London: HMSO.

Department for Education and Skills (2004a). *Every Child Matters: Change for Children in Schools.* London: HMSO.

Department for Education and Skills (2004b). *Excellence and Enjoyment: learning and teaching in the primary years.* London: HMSO.

Egan, K. (2007), *The Educated Mind.* Chicago Il: The University of Chicago Press.

Guggenheim Museum (2007). *Teaching Literacy Through Art*, Alexandria, VA: Randi Korn & Associates, Inc.

House of Commons Education and Skills Committee (2007). *Creative Partnerships and the Curriculum. Eleventh Report of Session 2006- 07. Report, together with formal minutes, oral and written evidence.* London: The Stationery Office Limited.

House of Commons Children, Schools and Families Committee (2008). *Creative Partnerships and the Curriculum: Government Response to the Eleventh Report from the Education and Skills Committee, Session 2006-07.* London: The Stationery Office Limited.

Jeffery, G. (2005), The Creative College. Stoke-on-Trent: Trentham Books.

Jeffrey, B., & Craft, A. (2004). Teaching Creatively and Teaching for Creativity: distinctions and relationships, *Educational Studies* 30 (1) (pp.77-87) .

Jeffrey, B., & Craft, A. (2006). Creative Learning and Possibility Thinking. In Jeffrey, B. (Ed), *Creative Learning Practices: European Experiences.* London: Tufnell Press.

Laevers, F. (1993). Deep Level Learning - An Exemplary Application on the Area of Physical Knowledge, *European Early Childhood Education Research Journal* 1(1) p.53-68.

Lincoln, Y. S., & Guba, E. G. (1985). *Naturalistic inquiry.* Beverley Hills, CA: Sage.

Miyazaki, Kiyotaka (2007). Teacher as Imaginative Learner. *Draft Proceedings, 2007 IERG Research Symposium.* Vancouver: Simon Fraser University.

National Advisory Committee on Creative and Cultural Education (NACCCE) (1999). *All Our Futures: Creativity, Culture and Education.* London: DfES.

National College for School Leadership (2004). *Developing Creativity in the Primary*

School. Nottingham: NCSL.

OFSTED (2006). Ofsted inspection of creative partnerships. http://www.creative-partnerships.com/aboutcp/businessevidence (May, 2007).

Qualifications and Curriculum Authority (QCA) (2005a). *Creativity: Find it, promote - Promoting pupils' creative thinking and behaviour across the curriculum at key stages 1, 2 and 3 - practical materials for schools,* London: Qualifications and Curriculum Authority.

Qualifications and Curriculum Authority (QCA) (2005b). website: http://www.ncaction.org.uk/creativity/about.htm (June 2007).

Roberts, P. (2006). *Nurturing Creativity in Young People. A Report to Government to Inform Future Policy.* London: DCMS.

Schofield, J. W. (1993). Increasing the generalisability of qualitative research. In M. Hammersley (Ed.), *Educational research: Current issues, volume one* (pp.91-113). London: Open University Press in Association with Paul Chapman.

Stinson, S. (1995). Body of knowledge. *Educational Theory, 45,* 1, 43-54.

Strauss, A. L., and Corbin, J. M. (1998). *Basics of qualitative research: techniques and procedures for developing grounded theory* (2nd edn) (Newbury Park, CA, Sage).

Vygotsky, L. S. (1962). *Thought and Language.* Cambridge, Mass: MIT Press.

—. (1978). *Mind in Society.* Cambridge, Mass: Harvard University Press.

第8章

通向掌握專業知能之路：
藝術本位研究實作之教學法探究

Maureen Kelly Michael
英國格拉斯哥藝術學院（Glasgow School of Art）

摘要

　　專業知能專案計畫（Project KNOWHOW）是藝術本位的敘事研究（narra-tive inquiry）[1]，目的在呈現藝術教師的教學方法。專業知能專案計畫希望其他教育工作者也能夠因為教學法表現的影響，激起或再引發產出想像力教育的教學。本篇報告除了呈現專業知能專案計畫的概要外，亦描繪藝術本位探究（art-based inquiry）及敘事研究之綜合性研究法。兩個現有的文學故事體範例，為專業知能專案計畫採用的研究方法提供靈感。本文接著鋪敘從田野文本（field texts）進入研究文本（research texts）的過程，突顯研究者與受研究對象之間，因文化差異而浮現的獨特議題，並且透過研究者創造性藝術實作的明確報告，說明這種議題的解決方法。這個敘述探索藝術實務，體現領域內議題的方法，並且敘述手工藝品可以如何與想像力結合，成為關鍵反思的工具。最後，研究者以探索專業知能專案計畫中，想像力教育不同層次的反思，總結本文。

KNOWHOW專案計畫之教學法探究

　　專業知能專案計畫是教學法的研究計畫，焦點在於理解並清楚展現在陶器工作室的環境中，學習、創作與教學之間的關係。本專案計畫由歐盟教育與文化的達文西計畫（Leonardo da Vinci Initiative within the European Union Education

---

1　敘事研究的研究法與概念，逐漸在社會科學研究中形成一股新興的研究力量，可說是形成嶄新研究科學方法的典範。敘事，並非呈現單純客觀角度或是普遍通則，而是提供彼此理解溝通的脈絡，並由經驗的反覆累積，追尋並且了解我們所處的世界。

and Culture Programme）所資助，整個計畫期程為二年又八個月，直至2007年5月結束。每個參與的夥伴機構以資金、教學法以及行政資源的提供，促成基金資助的配套方案。

六個獲選參與計畫的藝術及設計機構分別位於四個不同的歐洲國家——冰島、愛沙尼亞、匈牙利以及英國：

- 冰島雷克雅維克視覺藝術學校以及冰島藝術學院（The Reykjavik School of Visual Art and the Iceland Academy of Arts, Iceland）
- 愛沙尼亞塔林的愛沙尼亞藝術學院（The Estonian Academy of Art, Tallinn, Estonia）
- 匈牙利凱奇凱梅特國際陶藝工作室（The International Ceramic Studio, Kecskemet, Hungary）
- 英國的格拉斯哥藝術學院（The Glasgow School of Art）以及坎布里亞大學，其前身為坎布里亞藝術學院（University of Cumbria, formerly the Cumbria Institute of Arts）

這些獲選的機構，除了符合達文西計畫載明的資助標準外，亦提供本研究所需的社會文化情境的廣度。每一個機構在研究中皆有一個特定的角色，並提供個別的個案研究地點。

雷克雅維克視覺藝術學校裡的學習以及教學實務是專業知能專案計畫的靈感來源，因此本專案計畫亦由該機構負責引導與管理。領導研究者則以英國的格拉斯哥藝術學院為研究基地。

圖8.1 線條畫及拼貼。研究者的筆記本（2005年6月）

這些嶄新的意義是試探性的，代表澄清的時刻，但是因為未竟的想法或是尚未思考透徹而隱晦不清。——Margaret Macintyre Latta in Diaz & McKenna (2004, p.187)

KNOWHOW專案計畫目標

專業知能專案計畫的主要目標，在以讓其他教育實務工作者容易理解、有所感受的方式，清楚說明藝術學校工作室既有的教學法，也就是學習、教學以及動手做的關聯。為了達到這個目標，本研究會以視覺以及文本的形式清楚呈現，構成美學教育學習、教學以及創作的相互關係中隱含的接合點。

目標

1. 觀察並記錄指導教師／學生與陶作材料的互動，並貫穿說明各個夥伴機構現行的教學實務。
2. 分析教學實務，以探究對材料的理解，以及對學習與教學歷程的重要性。
3. 以其他教育實務工作者也能理解的方法，詮釋以上的分析。
4. 建議可行的教學方法，整合創作、學習以及教學實務，培養學生學習的技巧。

情境

教育政策顯示，對於創造力在學習及教學實務中的重要性有越來越多的關注。這個教育實務，包含學生以及指導教師兩者的經驗。專業知能專案計畫的目標在於了解這樣的動態，並且重新呈現工作室學習環境的連貫故事。

本研究的工作室情境為四個歐洲國家的藝術教育機構陶藝部門，研究焦點以單一學科領域為主，讓研究焦點集中並能相互連貫。陶藝課程屬於與藝術、設計和建築的傳統及歷史相關的學科領域，也是個易於觀察的學科。國家陶藝教育協會（National Association of Ceramic Education）主席David Scott曾寫道：

陶藝是一個具有悠久傳統的學科，它在人類社會中獨一無二，並且是具有歷史創造性意義的重要材料，雖然一方面它涵蓋了簡單、純粹，但有其不可或缺的實用性，更是具有重要文化意義的物件，不但滲透生活，更提升我們在多方面不同層次的創意經驗。（2002, p.4）

在實務本位的陶藝課程中，每個參與工作成員的專業技巧、興趣以及人格特

質的證據處處可見。但是，在英國及冰島的藝術機構裡，陶藝作為專長學科領域課程的提供比率卻逐漸降低。在某些情況中，陶藝被融入了多元學科課程中，還有一些情形是，陶藝直接從辦學計畫書中銷聲匿跡，這使得學校中的陶藝課程充滿了變數。在科技年代，虛擬經驗的滿足更甚於對觸覺感知、有形的以及手工製作的經驗，陶藝對上虛擬經驗簡直不堪一擊。

就研究的情境而言，專業知能專案計畫的運作跨越文化界限，每個夥伴機構皆為研究帶來豐富的教育歷史以及實務經驗。夥伴國家的獨特結合，提供機會擴展我們共同理解其他國家的教育實務以及文化。參與本計畫而所顯露出的其中一個結果，就是這些國家有了共同的教育、藝術以及文化參照架構。

KNOWHOW專案計畫：方法

專業知能專案計畫採用的研究法歸類於廣泛的質性探究（qualitative inquiry）方法學。簡單來說，這個研究的途徑，重視透過理解而理解，而非透過考試而理解，因此質性方法的目標不在於測試假設；反之，是在一個既有的情境中，我們對他人經驗共同理解的闡述。在專業知能專案計畫的藝術教育情境中，Arthur Efland提點我們關於質性探究的影響力：

> 提醒教育評鑑者，課堂的生命是複雜的，而藝術教學的評鑑，更因學科領域固有的不明確本質，是或非的答案並非唾手可得，而是更形複雜。（Efland, 1990, p.251）

透過工作室裡的教育工作者——藝術教師的經驗，專業知能專案計畫試圖理解在陶藝工作室的創造性學習環境中某些不明確的本質。引導我們選擇專業知能專案計畫的研究法，有三個重要的原則：

- 教師的看法是研究歷程及研究內容的核心；
- 研究歷程反映創造性實作的情境；
- 研究結果以易理解以及具啟發性的方法呈現，強調教師以及創造性實踐的心聲。

為了體現上述的原則，專業知能專案計畫關注兩個相當新的研究領域：藝術本位探究及敘事研究。

藝術本位探究與教育

　　藝術本位探究有時被稱為藝術實踐者研究（practitioner research in the arts），對教育研究而言，是一個相當新穎的情境。然而，對專業知能專案計畫而言，它提供的是教育探究啟發性的途徑，讓創造性實踐、教學及研究的組合利益，產出真知灼見的對話，並可透過視覺形式來加以表現。將研究置於敘事性架構中，提供廣為流傳的經驗，而教師的心聲也可被安置在架構之中。透過創造性歷程，相互聯繫個人的故事以及視覺化表現，讓專業知能計畫建構豐富的敘述，表現藝術教師實務本質的複雜層次。

　　教育理論家如John Dewey、Elliot Eisner以及Maxine Greene，皆提倡藝術本位探究，以提升學習與教育研究的方法。Dewey以經驗的本質以及美感經驗對於學習之重要性的著作，影響許多後來的研究，例如當代的教育理論家Elliot Eisner以及Maxine Greene。Dewey強調持續的重要性以及與經驗的互動：舊經驗有助於對當下經驗的了解；與環境、學習材料的互動以及自我承擔是必要的，經驗要能轉化，才有成長與學習的出現（Dewey, 1934）。

　　Eisner的研究工作，即使以文本本位（text based）的方式呈現，處理的卻是理解以及感知學習的藝術形式，在轉化學習（transformative learning）中提升藝術經驗的價值作為認知的工具（Eisner, 2002）。Greene繼續建造研究工作的主題，讚頌美學經驗對學習以及教學的益處。特別的是，她建議教師本身只指導學生美學經驗是不足的，教師們必須也要有機會去參與創作以及感受創作的歷程，並且也必須清楚，要將經驗的、非言語表意的以及短暫的歷程，改以文字表達的話，會是怎麼一回事（Greene, in Diaz 2004, p.26）。

　　在圍繞美學教育研究的當代言談中，前述理論家的貢獻，只有該領域的實務者可理解、能夠詮釋和反思，並且運用想像力與研究產生互動。這種對呈現知識的重要關聯的需求，在〈藝術與認知〉（Art & Cognition）一文中得到迴響（Efland, 2002）。Efland聲稱，以藝術作為學習的中介，具有認知的意義，因為在學習與藝術經驗的妥協中，個體發展概念性的生活技能：

它（藝術）提供培養建構詮釋演繹能力的機會。在生活中不可或缺的是，必須要有詮釋的能力，因為可靠的知識常常是難以企及的，或是充斥著模稜兩可與相互矛盾的資訊。對藝術作品的詮釋，不只有助於個人建構對作品的理解，同時個體也詮釋生活情況裡的其他不明確或模糊的情境（Efland, 2002, p.161）。

上面這段話除了可用於學習者的情境，同樣也適用於說明藝術教師研究者（artist-teacher-researcher）的實務工作。透過專業知能專案計畫的藝術家教師的實踐、在專案計畫中以及研究結果表述的研究方法，這些交織成的原則就是培養建構詮釋的能力。

視覺藝術探究以及視覺藝術研究法，較偏向視覺藝術的實務領域，因而對於將視覺藝術實踐作為研究的爭論層出不窮。不過我們透過理論，說明藝術實踐作為轉化性研究（transformative research）的概念（Sullivan, 2005, pp.93-97），對專業知能專案計畫是一大助力。對於專業知能計畫的藝術家教師來說，轉化的觀念對於促進美學的學習相當重要，而參與者與研究受益者兩者皆有切身關係的是，研究的歷程可以是轉化的經驗。Sullivan（2005）建議以理論說明三個傳統的探究典範：詮釋論者、經驗論者以及批判論者的視覺藝術的實踐。他認為人類學習的闡述性以及轉化性理論，都可以在藝術創作工作室的教育經驗中發現。他接著說，「這（本書）假定的觀點為藝術實踐可被視為正規的研究形式，而工作室的經驗，可以是探究的途徑」（p.109）。Sullivan重申Dewey的觀點：藝術實踐的美學經驗將為我們帶來嶄新的知識。

專業知能專案計畫想要表現這樣的觀點，其同樣可應用於教學實踐中：教學實踐是研究的合法形式，而教學法探究的途徑，同樣可以使用工作室的經驗。因此專案計畫本身與教學及藝術實踐的研究隱喻編織在一起。在Simpson, Jackson & Aycock（2005）對於Dewey有關教師以及教學實踐意含的研究著作中，成功的使用隱喻與類比。他們的作品《杜威與教學的藝術》（*John Dewey and the Art of Teaching*）透過一連串十三個隱喻探討教學實踐：例如，教師是領航者；教師是智慧之母；教師是僕人這三個例子。而本計畫最感興趣的是「教師是藝術家」（teacher as artist）的這個概念。在該書的第二章，作者探討藝術家的實踐與教師的相似之處。作者參照Dewey的著作，邀請讀者透過簡短的反思問題與練習，

去反思章節的內容。然而，作者也提醒讀者，沒有任何一組的類比可以解釋啟發我們尋尋覓覓的智慧，反而，

> 其他形式的探究與反思是必要的，假使我們有一個教師作為藝術家以及專家的全面性觀點的話，教師必須具有發展藝術吸引力、智性刺激的，以及滿足美學學習環境的知識、認知、技巧以及想像力。（Simpson et al, 2005, p.10）

在敘事研究中，使用藝術本位法可為教育工作者在學生的學習經驗相關目標中，提供「教師藝術家」的觀點，帶來新的見解、剖析以及問題。

敘事研究

如同藝術本位探究，敘事研究以Dewey的研究成果以及經驗法則為基礎。在加拿大學者Jean Clandinin以及Michael Connelly的《敘事研究：質性研究中的經驗與故事》（*Narrative Inquiry: Experience and Story in Qualitative Research*）一書中，以敘事研究對人類學家Clifford Geertz、Mary Catherine Bateson以及精神病學家Robert Coles與其他人的影響，提供自Dewey以來敘事研究發展的明確樣貌。Clandinin與Connelly主張探究的敘事形式是研究教育經驗的最佳形式，因為經驗的發生是具有故事性的，況且它也允許不只一種意義的研究歷程，而且參與者經驗的故事是研究的核心。帶給專業知能計畫以敘事性研究為取向的靈感來自於兩個特別的文學資源，第一個靈感來自文學著作《垂死孩子的秘密生活》（*The Secret Lives of Dying Children*, Myra Bluebond-Langner, 1978），這是一篇已發表的博士研究，其中一章以五幕劇（five-act play）的方式呈現，描述童年時期的社會化面向，以及孩子對社會秩序的知覺與詮釋。這個以真人真事改編的戲劇，是作者對面臨血癌末期住院治療兒童的觀察所構成的故事。第二個帶來靈感的文學作品，是蘇格蘭作家Janice Galloway所寫的小說。

探索的經驗與思考是Galloway《竅門就是繼續呼吸》（*The Trick is to Keep Breathing*, 1989）小說一開端的第一個顛覆因素，文中Galloway運用敘事性文風，讓主角經常隨著精神疾病惡化而發作的不著邊際、發人聯想的叨絮、短暫的困惑、條理不清的胡言亂語。讀者對於傳統小說抱有的期待受到挑戰：大小不同

的字體，還有頁面文字錯置、印刷特質捉弄我們的視覺；布局穿插著對話，攪和角色個人的思緒；商店標誌以及醫院的告示板的文字被移植。讀者必須博得在主角心中的權力。當她在理出悲傷的頭緒以及憂慮症時，我們被強迫要跟隨她的語無倫次以及困惑。這是一個對讀者有著高度要求的文本，但是閱讀後經由回饋，帶給了讀者有如歷經一趟非凡旅程的感受。

由真實敘述衍生的虛構敘說的組合，以頁面文本的視覺組織，啟發專業知能專案計畫的方向、形式以及內容。

由田野筆記至田野文本

對於研究問題的適切研究法，由研究希冀產生的資訊種類及品質而定。專業知能計畫的目的，在於探索陶藝學習以及教學的動態，例如教育工作者的實際作為而呈現出的相互關係。教育工作者的實際作為，受到許多生活經驗以及實務的歷史與資訊的取得所影響。試圖理解所觀察到的，以及那些觀察所代表的意義間的連結，才是本計畫的目的。因此，一開始，專業知能計畫要求我們運用所選擇的研究法檢視兩種資訊：記錄什麼構成陶藝教師的行為；並且記錄那些行為為何。蒐集本計畫所找尋的質性的、以經驗為重點的資料類型的方法，最適合的就是結合個案研究和敘事性探究法。這個歷程的第一個階段是「進入田野」（enter into the field），並且產出田野筆記（field notes）。

為了記錄陶藝教師與學生一起工作的行為，每個參與的機構都要進行對參與者的觀察。工作室主要的觀察記錄法是使用雙軌的記錄系統，這個簡單的系統，在右邊的頁面記錄所觀察到的事物，而頁面左方則記錄研究者的想法以及疑問。這樣一來，研究者對受研究人的作用或任何影響都顯而易見，而且在不同的時間，我們皆可回顧並修正田野筆記。當觀察記錄的內容不再更動時，研究者的反思就記錄在左方並且標上日期。田野筆記成了研究工作的文件，不斷的被討論再討論，而每一次的討論動作都會再產出新的想法。書寫筆記是想像空間的版面安排，以作為補充記錄，並且可以作為觀察期間的概略性速寫。這種畫面本位的訊息就如同是研究者的**備忘錄**，增進所蒐集到的資訊的品質與廣度。

除了觀察記錄外，研究者也繼續書寫研究者日誌（researcher journal）。這是一種持續反思的文本，研究者可以透過個人書寫的行動與研究產生連結，同時

透過田野筆記與日誌紀錄的並置，讓自己與研究保持適當的距離。從研究者的繪畫，可以發現研究法的藝術本位途徑的想像。這些簡單的線條畫創作，回應田野的經驗有助於對經驗的理解。當以非傳統的圖畫創作的反思性行為方式展現內容時，更進一步影響研究的內容，而且對於每個夥伴研究機構以及個別的研究參與者而言，繪畫所運用的視覺語言，是所有人都相通的語言表現。在田野參訪期間，我們也拍攝了數位照片，這些圖像提供我們更進一步的澄清機會，同時也給予我們更深入進行提問的機會。當再次使用美學的語言與詞彙時，攝影的圖像可以作為資料三角測量的工具。這個美學的語言，對參與研究的實踐者是實踐的語言；對那些參與的以及更廣大的藝術教育觀眾，利用視覺的語言，溝通概念以及研究的想法，使得溝通的內容更易被理解，也更具有意義。

然而，以上所述並非田野文本，而是田野筆記。當研究者反思並且將田野筆記聚攏成為連貫的敘述整體時，田野文本才會開始浮現。對研究者而言，試著在田野文本中找到文體風格與研究者聲音的平衡點，始終是一大挑戰。同時，田野文本的焦點維持在觀察的敘說時，所具有的一些不確定的詮釋，可能讓研究者覺得田野文本的書寫沒有問題。然而，花了相當的功夫去揭露研究者影響田野文本的內容的任何偏見時，研究者才改變其中一篇田野文本的書寫風格，讓筆調變得更有反思性，更能在文本之中聯繫起研究者的田野經驗。這種風格及內容的改變，為研究者以及研究機構有關的代表帶來了獨特的挑戰。挑戰在於參與者對寫作的反應以及研究者對寫作反思風格的投入，兩者之間的一致性。特別是語言的微妙差異以及跨越文化的語言運用是如此的重要。例如，由一個機構的管理團隊正式批准的研究參訪，對研究者看似是個進入田野部分協商過程的合理描述方式，然而假使文本讀者將詞彙「批准」（sanctioned）理解為具有占領政府政治核可的意味，那麼對於文本的實驗對象，文本所代表的可能就有著令人不快的言外之意。

雖然研究者對於這個特別的參與者的回應沒有任何的心理準備，不過研究者與參與者之間所產生的對話，豐富了尋找共同理解議題的過程。在這個特別的例子中，研究者的回應是去承認這樣的擔憂是合理的，並且同意文本不公開，創造類似為其他夥伴所準備的敘述風格的田野文本，原始的反思文本則收存在研究者的日誌中。這樣的插曲提醒我們，覺察語言中文化的微妙差異的必要性，特別是研究者以及參與者各自擁有自己獨特的文化歷史背景時。

研究經驗的視覺表現

對研究者個人而言,為了理解文化與預期的碰撞,必須尊重藝術的實踐。視覺表現有兩個重要的目的,第一個目的是透過創造體現經驗的視覺化手工藝品——視覺化的敘說,讓研究者與實際事件的經驗保持距離。第二個目的是創造視覺隱喻,將議題導入隨後的對話、表現與發表。

研究者以時裝娃娃的繪製開始(如圖8.2所示)。線條畫所表現的是象徵夥伴國家的娃娃,並折納收存在「日式經摺裝」的小筆記本中。這類的裝訂樣式是一長條的紙,折成連續的正反折或是風琴折的方法,接著將頁面向外折成單一長度,紙兩面都可翻閱,可當成平面的全景圖,或是安排成想法相互連結的圓圈。這個筆記本的一項優點是時裝娃娃線條畫的紀錄,可以呈現在筆記本的中央。研究者在「體驗」之前感受的想法可被放在繪畫之前的頁面做探討,而相同的,隨著時裝娃娃繪畫而來的想法可以擺置於其後的頁面。筆記本是進展中的工作記錄,它和研究者一起四處旅行,成了田野工具裡的重要組件。我們規劃筆記本的

圖8.2 研究者線條畫,筆與墨水。東方摺疊書(2005年6月)

本意，在於其實它就是個可攜式的展覽品，不但可以立即陳列於桌面，還能在觀眾間傳閱或者布置在牆上。摺疊筆記本還有記錄的內容，不但是相當吸睛的，也是能夠發揮極大效用的工具。

從開始繪畫之後，或更精確的說，在繪畫期間，研究者開始去探索自己對於他人文化的無知與濫用。圖8.3描繪這種美學表現的探索。運用具蘇格蘭風格的手工藝品，有摺的男短裙，研究者將蘇格蘭打摺男短裙剪下來的部分以夥伴國家文化的（觀光客的）手工藝品代替；反之，從打摺男短裙所移除的織品部分，則與洋娃娃的服裝結合在一起。洋娃娃看起來就像是被強加了蘇格蘭風格，而打摺男短裙則變得與另一個文化的片段交織在一起。

這些信手捻來的材料以及變了樣的手工藝品，是他們對於文化的扭曲以及濫用的不完美溝通。而這些變調的手工藝品是重要的反思創作，它們代表的是參與者自己與田野保持距離的過程，而且它們除了是進入專業知能美學經驗的奇特方式之外，更開啟了田野的對話。

圖8.3 研究者手工藝品：換衣服洋娃娃與蘇格蘭男短裙

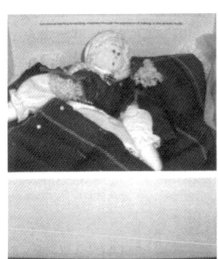 

研究者反思：通往想像力教育的不同通道

專業知能計畫渴望成為進入教師藝術家實踐的通道，並且能適用於任何年齡層學科領域的教師。發表、報告、手工藝品以及出版物是這個概念的通道的有形形式。專業知能計畫長期的成功，總有一天會展露出來，但是目前的旅程已為不同的人開啟了不同的門。研究的觀察、訪問以及創造藝術實踐的歷程，已經在每一個夥伴機構內引起不同的專業對話。假如實踐者認同他們的創造特性並具有信心的話，它會是關於可以如何教學以及學習的討論，而這樣的對話如同軼事一般，當有人說起有陌生女子攝影並且問問題的事情時，影響的範圍就擴大至職員休息室還有參與者的家庭。參與者自我提問關於如何教學以及為什麼的問題，並引導其他人也進行類似的思考與自我提問。這就像是骨牌效應：當想像力之門為一個人開啟時，接著另一扇門也為某個人開啟了。

捕捉人們如何工作與生活的景象——目睹他們教學中想像力的表現，對我們是莫大的榮幸。從工作室的教育工作者清楚表達出自己的教學實踐，以及他們與創意藝術實踐的關係時，我們訪談的參與者透露出教學的敏察度。參與者對他們必須敘說如此多有關教學的情事感到詫異，因為那是他們很少思考的事情。當有了敘說的機會時，這些藝術教師了解到藝術實踐的語言：製作、思考、反思、實踐、研究、解決與批判等，原來與教學的語言有著許多的共通點：促進、反思、示範、練習、探究、解決與批判，而原來只要有人傾聽與了解，一扇通往反思的門就為他們開啟了。

因為共鳴而有所感受，透過研究其他教師，我了解更多自己的實踐並且將其視為各個組成部分的整合，而非單一的學科。這些組成部分就是我的創意藝術實踐，我的研究實踐，以及作為學習者與教學者的需求。專業知能計畫允許我去開啟通向其他人想像力實踐的門，窺見並認識他人撼動人心的熱情，去了解在教育研究的情境中，我也能夠匯聚自己對藝術實踐、研究、學習與教學的興趣與熱情。這些熱情的火花持續點燃了想像力研究的前景。

結語

我們利用書籍的形式整合專業知能專案計畫的經驗、研究發現與圖像（Michael, 2007）。我們以敘述方式呈現教學以及創意的實作方式，以與其他實務工作者分享工作室的教學法。透過影像與文字，出版物提供理論與實踐之間的聯繫，同時讚頌專業知能計畫探究的藝術本位法。這些方法並非一學就會，但是它們別創新格並且吸引你深入妙境。藝術本位敘述的創造性方法，可以連結想像力並且製造轉化學習的時刻，透過與想像力結合的有意義學習，就是專業知能計畫想要透過它的方法以及成果所分享出去的。專業知能專案計畫的夥伴希望能為他人開啟轉化之門。

參考書目

Bluebond-Langner, M. (1978). *The Private Lives of Dying Children.* Princeton, New Jersey: Princeton University Press.

Clandinin, J. D., & Connelly, M. F. (2000). *Narrative Inquiry. Experience & Story in Qualitative Research.* San Francisco: Jossey Bass.

Dewey, J. (1934). *Art as Experience.* New York: Minton Balch.

Diaz, G., & McKenna, M. B. (2004). *Teaching for Aesthetic Experience. The Art of Learning.* New York: Peter Lang.

Efland, A. D. (1990). *A History of Art Education: Intellectual and Social Currents in Teaching the Visual Arts.* New York: Teachers College Press.

Efland, A. D. (2002). *Art & Cognition. Integrating the Visual Arts in the Curriculum.* New York. & VA: Teachers College Press & National Art Education Association, respectively.

Eisner, E. W. (2002). *The Arts arid the Creation of Mind.* New Haven, CT: Yale University Press.

Galloway, Janice (1989). *The Trick is to Keep Breathing.* Edinburgh: Polygon. Greene, Maxine. (1994). Carpe Diem: The Arts and School Restructuring. *Teachers College Record 95.4, Summer 1994*, reprinted in Diaz & McKenna (2004).

Michael, Maureen K. (2007). *About KNOWHOW: Creative Learning and Teaching in the Studio.* Carlisle: Unipress Cumbria.

Project KNOWHOW: www.knowhow.is

Scott, D. (2002). *Ceramic Contemporaries.* National Association for Ceramics in Higher Education & Aberystwyth Arts Centre.

Simpson, D. J., Jackson M. J. B., & Aycock, J. C. (2005). *John Dewey and the Art of Teaching. Toward Reflective and Imaginative Practice.* Thousand Oaks, California: Sage.

Sullivan, G. (2005). *Art Practice as Research: Inquiry in the Visual Arts.* Thousand Oaks California: Sage.

第三部分

第9章

想像力與第一民族文化融合教育：
LUCID計畫的部分剖釋

Thomas William Nielsen

澳洲坎培拉大學（University of Canberra）

摘要

　　本文檢視「為理解而學習：文化融合想像力發展」（Learning for Understanding through Culturally-Inclusive Imaginative Development, LUCID）的研究計畫。「為理解而學習」是由加拿大社會科學暨人文研究委員會（Social Sciences and Humanities Research Council of Canada, SSHRC）所資助的五年期（2004-2008年）研究，並且具體執行的計畫，同時也是西蒙菲莎大學（Simon Fraser University）與加拿大英屬哥倫比亞省內三個地區的合作方案。本計畫目標在協助學校提供更多文化融合（culturally inclusive）與想像力的教育，特別是針對加拿大第一民族（First Nation）的學童。本文應用現場訪視與訪談的資料，審視影響計畫目標的相關因素。即使參與「為理解而學習」的學區背景各不相同，但他們都有著一致的推動核心，像是重視創造畢力同心的社群、產出明確可行的專門用語；要求社群成員間及個人的知識互惠；執行者的角色是「變革推動者」（change agent）；重要的文化中介者（cultural broker）指導並居間促成彼此對禮數的共識；支援達成計畫目標的資源議題；研究計畫對學生學習成效影響評估的困難性；想像力教學本質的不確定性以及它可能帶來的轉化；還有想像力教學運用對學生的適切性。

旅程序曲

　　當飛機搖搖晃晃笨拙的降落在溫哥華機場的跑道時，我懷疑自己是否做了正確的決定：在陌生的國度待上不算短的半年時間。我遠離了家園，遠離了熟悉的

環境。我本來是要利用這段公休假期回澳洲老家。我本來可以再拿起那些因為教學忙碌的緣故,總是抽不出時間完成的計畫。本來,我⋯⋯

話說回來,從其他方面看來,其實我的旅程早從2005年就已經開始了,旅程的起點就是當時加拿大英屬哥倫比亞省的西蒙菲莎大學所舉辦的第三屆國際想像力教育研討會(International Conference on Imagination and Education)。那次的研討會接近尾聲時,我詢問是否可以運用自己將至的公休假加入西蒙菲莎大學的想像力教育研究團隊(Imaginative Education Research Group, IERG)。那時,想像力教育研究團隊的五年計畫(2004-2008年),其中的第二年期研究,便是要將研究具體執行,這個計畫稱為「為理解而學習:文化融合想像力發展」(LUCID)。這個計畫的規劃,在透過大學—社區(university-community)取向的協作方式,改變教師的思考與實踐,特別是為加拿大第一民族的學習者,提供更多文化融合與想像力的教育。

我有段時間對Egan(2005, 2003, 1997, 1992, 1986)的著作興味盎然,他的想像力教育理論形成支持「為理解而學習」(LUCID)研究計畫主要的理論架構,我對於努力結合兩個迥然不同的重點相當好奇:想像力與文化融合。我也想要發掘更多關於這個計畫在改善加拿大受到邊緣化的第一民族教育的潛力,體驗那些就我所知在家鄉澳洲原住民社區也會面對的類似挑戰。而在研討會那幾天受到無條件的殷勤款待之後,我接到了來自想像力教育研究團隊(IERG)的邀請,成為了西蒙菲莎大學的客座學者,同時也擔任2006下半年「為理解而學習」計畫研究協同者的工作。

這就是為何現在我在這裡的前因後果了。在加拿大,我質疑自己是否做了正確的判斷。不過,那時我還不知道,在此地冒險所獲得的豐富收成,還有偶爾出乎意料之外的專業與個人見識的得益(其實更多是後者)。下述分享的觀察剖析代表我們努力的結果,本文提出:(1)「為理解而學習」計畫的背景與說明,(2)研究方法的敘述,(3)研究的發現,以及(4)對別具意義的主題與影響的討論。

LUCID計畫與彼此的理解

大環境

在雄偉的高山與壯麗的河流之間,在今日的南阿拉斯加以及溫哥華島之間,

定居於此的西北太平洋第一民族，與自然共生已有好幾千年了。自然驚人的威力在這裡雕刻出的地形景觀，在人的心中留下永不磨滅的印象，它更提供了豐饒的海陸食物滋養並且撐持著豐富的藝術與傳統文化。居住於此地的原住民就如同這片土地一樣獨一無二，保有不同於其他北美印第安人（Native North American）的社會傳統。三十公尺的圖騰柱、西洋杉建造的長屋、特殊的服飾以及順應季節捕魚的時間表，第一民族為自己空出許多可以創作並且鑑賞藝術的時間，諸如此類襯托出西北太平洋的住民與歷史獨具特色的例子，僅是九牛一毛而已。

　　然而，背景、文化與傳統的獨特性，並沒有免去西北太平洋第一民族遭受與其他的北美印第安人相似的命運。北美第一民族／印第安人，因紐特人（Inuit）以及梅蒂斯人（Métis）原本同樣都擁有從事體能活動、創作手工藝品、敘說故事與舞蹈的傳統風俗，皆在重視讀寫能力與理論知識習得的西方公共教育系統的適應上遇到瓶頸。傳統與現行教育的不協調，反映在具有讀寫素養第一民族的比例上，與孩子完成高中學業的比例，還有重要學科成就測驗的成績，始終都低於加拿大與美國兩個國家的平均成績（國家原住民健康組織〔National Aboriginal Health Organization〕2007；印第安教育辦事處〔Office of Indian Education〕2006）。除了提升所有學生的學業成就，以及個人成效的教育性挑戰之外，這兩個國家的原住民孩童也是健康與行為問題的高風險群。而對於造成這些問題的原因討論，焦點始終都圍繞在學校原住民語的教學時數不足、原住民的背景融入課程不足、原住民教師的短缺，以及原住民教育機構普遍無法發揮影響力（Fettes, 2005; Demmert, 2001; 皇家原住民委員會〔Royal Commission on Aboriginal People〕1996）。然而，任何現狀的逆轉都必須由教育的形式來支持，才能夠滿足原住民學習者的需求，這是基本的共識。不過究竟這個教育會採取什麼樣的形式，以及會由何人提出並且支持，仍是個未知數。

想像力教育與想像力教育研究團隊

　　從山頂俯瞰大溫哥華市，往南邊與華盛頓州的交界處，是西蒙菲莎大學以及想像力教育研究團隊（IERG）所位處的梯形建築物。想像力教育研究團隊是西蒙菲莎大學教育學院裡的一個研究團隊，由該校大學生、研究生、學者以及實習教師共同組成，因為共同的興趣，吸引所有的人聚攏在一起——為所有孩子提供更多具有想像力並且能觸發情感的教育方式。國際知名的教育專家Egan（2005,

2003, 1997, 1992, 1990）的研究成果是想像力教育研究團隊主要的理論架構，期間他也主持北美重要的年會之一——國際想像力教育研討會，讓探索與想像力教育相關的所有通道保持暢通。

《教化的心智》（*The Educated Mind*, 1997）可說是Egan研究成果的代表作，他儼然是影響教育典範轉移的重要人物。想像力教育，不是換湯不換藥或只是又換個方式在看「老掉牙的東西」。如Egan所認為的，想像力教育有其理論的嚴謹性、實務的應用以及最基本的哲學前提：孩子不是只由他們所認識的真實世界開始學習；他們透過與自己所能想像的產生互動，學習得深入而且更深刻（Egan, 2003）。Egan主張，要讓孩子富有想像力並且全心投入學校的課程，教育工作者就必須善加利用「認知工具」（cognitive tools），像是說故事（storytelling）、隱喻（metaphor）以及連結英雄的故事等等。認知工具為數不少，而且它們會隨著孩子成長，益發變得更為複雜精妙，不過這些工具的共同之處都是在刺激想像力，並藉此激發學生投入情感、參與學習。

我們可以將Egan以及想像力教育研究團隊（IERG）的研究成果，視為是循序漸進關注創造力與情感融入教育的一部分（如Glazer, 1999; Goleman, 1998; Eisner, 1998, 1994; Orr, 1999; Palmer, 1999; Gatto, 1997; Miller, 1997; Neville, 1989）。在過去十五年與大腦相關的研究證實，觸發學習者情感領域的重要性（如Damasio, 2003; LeDoux, 1996），顯示出能增進學習行為的注意力程度、記憶與學習樂趣。關乎大腦如何運作的研究，也說明情感的投入與圖像以及想像力有密切的關聯性（見LeDoux, 1996）。當我們在發想時，與情緒有關聯的大腦區塊以及大腦皮層（邏輯運作主要發生的部位）同時都被啟動了。換言之，假使我們讓學生運用想像力的話，我們就是觸發了他們的情感領域，產生了一個更興味盎然以及更令人難以忘懷的學習旅程。這就是為什麼Egan相信，像是說故事等等的認知工具是極其重要的。一個故事不僅僅帶給我們其中所包含的資訊，它也讓我們對內容產生感覺，而且，因為訊息是透過經驗的方式呈現，因此過程中我們運用了想像力以及感覺。[1]

當想像力教育研究團隊（IERG）其一的共同督導，Mark Fettes使用Egan的想像力教育架構設計的五年計畫，配合第一民族的文化融合課程，獲得加拿大社

1　更多想像力教育詳細範例，請至IERG課程網頁www.ierg.net/curriculum

會科學暨人文研究委員會（SSHRC）的可觀補助時，「為理解而學習」（LU-CID）計畫也因此而生。這個可能發揮強大影響力的計畫，將原本在加拿大公立教育系統中欠缺的兩個要素：整合以原住民文化與傳統為基礎的課程，並且提供吸引所有學生學習的教學法。若以質疑的角度切入，「為理解而學習」計畫可能會被批駁為另一個以西方的作法，為所有學生統一制定相同的而且通用的教育理論；而讓人更加半信半疑的是，事實上這個理論應用的接受者是其所屬世界部分已消逝的成員，因為其被邊緣化的弱勢歷史與環境而顯得特殊且與眾不同。本身和諧共存難如登天，那麼「為理解而學習」的核心要素就有必要建構起「彼此的理解」。

研究計畫的設計

　　建構起「彼此的理解」不但是一個挑戰，亦是「為理解而學習」（LU-CID）的一個面向，也可以說是研究計畫設計本身固有的優勢。其本身最令人讚賞的是，不同於一般短期的、完全由大學所驅動的計畫，只憑藉進入研究背景檢索資料，接著產出一些關於事情如何可以做得更好的東西。相較之下，「為理解而學習」是一個長期的研究並且具體付諸力行的計畫，以大學—社區結盟的方式，納入了西蒙菲莎大學教育學院以及三個英屬哥倫比亞省的社區：齊里瓦克（Chilliwack）33學區、夏洛特皇后島（Queen Charlotte Island）50學區與魯勃特王子港（Prince Rupert）52學區，學區內的第一民族分別為斯托洛族（Stó:lō）、海達族（Haida）與赤希恩族（Ts'msyen）。這樣的計畫設計緊密結合加拿大社會科學暨人文研究委員會（SSHRC）的分支「社區—大學研究聯盟計畫」（Community-University Research Alliances Program, CURA）。如前述，本計畫是由加拿大社會科學暨人文研究委員會資助。「社區—大學研究聯盟計畫」鼓勵西蒙菲莎大學將社區組織納入於研究計畫的規劃、實行與評鑑之中，支持和社區成員相關的以及擁有的知識與實踐。

　　「為理解而學習」（LUCID）其他與協作有關的特徵是，它為教師創造機會，獲取參與計畫的正式學術評鑑以及證書。同時依據參與計畫的時間點，教師還可以選擇加入西蒙菲莎大學的想像力教育計畫碩士學位課程——對希冀從事研究工作，卻住在遠離大都會地區的教師而言，這是千載難逢的機會。這個兩年期的碩士課程，教授想像力與融合課程及教學策略，因此為參與者奠定了穩固的理

論基礎，打下達成計畫目標的基底。此外，再結合計畫預算所編列的可觀補助，專門用於學區裡與學區之間的旅行與協同運作，「為理解而學習」計畫成了一個多元層次的實驗，涵蓋參與者的全面網絡，全體具備共同的目標，尤其是要為第一民族的學習者提升學習的經驗。

換句話說，「為理解而學習」（LUCID）不僅代表了我們所假定的一般廣泛理論與特殊背景之間的交會，也是Egan的想像力教育以及第一民族社區的現實之間的彼此理解；「為理解而學習」計畫也是在更廣大的英屬哥倫比亞地區裡廣泛住民結構光譜——西蒙菲莎大學的教授、學生、老師、學區領導者、第一民族委員會、家長以及原住民和非原住民學生的會面。正因如此，「為理解而學習」如它所許諾的，是多面向的計畫。然而，打從一開始我就很清楚：要穿越這個錯綜複雜的教育景象，記錄研究路徑，不會是件簡單的任務。

方法

混合質性研究法

我選擇並結合自己已有實作經驗的質性研究法（qualitative research methodology）：行動者網絡理論（Actor Network Theory）以及「詮釋現象學」（Hermeneutic Phenomenology），並將兩者結合作為理論的窗口，藉此檢視「為理解而學習」（LUCID）計畫中參與者與夥伴關係的複雜網絡。Latour（2005）描述行動者網絡理論可讓研究者將焦點放在所有相關事物的作用上，什麼樣的信念與興趣牽引他們的行動，以及這樣的行動有著什麼樣的理論基礎。行動者網絡理論也有助於將注意力聚焦於人們創造來服務他們需求的社會科技網絡上，強調沒有人是單獨行動的，以及不是所有重要的參與者／因素都是與人相關的（Goguen, 2000, p.2）。尤其「為理解而學習」是以大學—社區聯盟的複雜方式所驅動，創造改變，因此行動者網絡理論可以提供支持的方法，評鑑計畫的成功、困難以及挑戰。

詮釋現象學（Van Manen, 1990）也似乎特別適合「為理解而學習」（LUCID），因為我希望不只是引出「結論」，我也想要**描述**計畫本身固有的一些複雜事物。如此的描述常被人形容是實用的，除非旁觀者自己親身對研究問題感同身受，否則他們不會對最後形成的概念感到滿意。詮釋現象學與行動者網絡

理論相似，兩者都企圖引發行動者以及他們與讀者的網絡，因此如Van Manen（1990）所述，「在文字裡，或者可能不在文字裡」，我們都離真實的世界不遠了。Latour（2005）甚至更進一步主張，假使一個敘述需要之後的解釋，它就不是一個好的敘述。然而，我與這樣的行動者網絡理論觀點相左，我進行這個研究的假定是，描述並且解釋，而且這兩者不但沒有相互排斥，有時兩者的結合反而會比單獨任一個都要來得更完整（Davies, 1998; Geertz, 1998; Polkinghorne, 1995; Zeller, 1995; Van Manen, 1990）。

資料蒐集

本計畫的參訪，為期六週並且區隔分成八次不同的時間，分別至三個英屬哥倫比亞學區。我深知三角檢核的助益，因此選擇了三個通常被認為是基本並且可與質性研究的資料整合的範疇進行蒐集：有訪談、觀察以及作為佐證的文件（Atkinson et al, 2001; Hart, 2000; Woods, 1999），因此資料透過：(1)半結構式訪談（semi-structured interview），對象為教育專家以及更廣泛的學校社群成員組成的焦點團體（focus group）；(2)對於計畫領導者、老師以及學生之間互動的觀察，以及(3)學校政策與文件的分析。

透過半結構式訪談，我們可以引領對話朝向研究目標的方向前進，同時預料外的發現與主動的洞察力得以出現（見表9.1）。多數的訪談以數位錄音，之後再謄寫成文字，而一些非正式的對話／訪談則以手寫筆記的方式記錄。觀察的焦點集中在教師、校長、專案計畫領導者以及學生之間的互動上，在觀察期間或之後，我會馬上寫下筆記，記錄：(1)關乎第一民族融合的教師實作方式，以及(2)依據Egan（如2005）的想像力教學法與教學過程的應用。文件紀錄包含蒐集學生的學習結果、學校政策以及教師課程計畫與寫作。蒐集這些文件的主要目標為，更進一步說明或拿這些文件與訪談，及觀察所取得的資料做對照比較。

資料分析

資料分析包含：(1)訪談以及焦點團體資料的主題式分析，(2)三角檢核不同來源的資料，(3)敏察與成員的檢核（查核感知與成員）。利用混合質性研究法，蒐集每一個地點的資料，並進行每一個地點的起始分析。在與各個學區的成員確認過全部三個學區的發現後，我檢視資料是否能得出與每一學區相關的暫時

表9.1 訪談焦點團體的標準化問題

1	你會參與或者你已經參與了LUCID計畫的哪個面向？
2	你加入LUCID的原因為何？ 主要是因為第一民族融合教育？ 主要是想像力教育的部分？ 兩者皆是？
3	參與LUCID計畫是否改變或提升你的人格特質（感覺／創造力／靈性）的想像面？如果是的話，有哪些呢？
4	參與LUCID計畫是否改變了或提升你對第一民族融合教育的感覺或態度？如果是的話，有哪些呢？
5	參與LUCID計畫是否改變了或提升你目前想像力教育及第一民族融合的教學作法？如果是的話，有哪些呢？
6	支持LUCID計畫的人是誰，或支持的主要元素或關鍵為何？
7	在學校裡，什麼人或什麼事決定操作／教學的過程？
8	有其他的教師對LUCID計畫感興趣，或想要參與其中的嗎？為什麼／為什麼沒有呢？
9	在你看來，和第一民族學生一起合作的教師，扮演的最重要角色是什麼？
10	你能找出什麼是有助於及阻礙LUCID計畫發揮效用的東西嗎？
11	LUCID計畫在透過想像力教育支持第一民族學生學習這方面的成效如何？
12	對於提升教師支持第一民族學生學習的方式，你有什麼樣的總體建議？
13	對於提升教師運用想像力，以吸引學生的教育方式促進第一民族文化融合的方式，你有什麼建議？
14	在LUCID計畫結束後，你想像自己會是在哪裡？
15	LUCID計畫結束時，你將會如何確保與想像力教育，及第一民族文化融合有關的持續性正向的軌跡呢？
16	LUCID計畫結束時，如果可以的話，你會如何確保和第一民族融合，及想像力教育有關專業實踐的持續反思與相互學習呢？
17	有關LUCID計畫或你的參與，你有任何其他的意見嗎？

性結論，是否支持重要的影響以及具有意義的主題。我應用「持續比較分析法」（constant comparative analysis）（Atkinson, 2001; Neuman, 1997; Frankfort-Nachmias & Nachmias, 1992; Strauss, 1987），透過這個歷程確認了主題。因為有了一般性的扎根理論（grounded theory）的發展，持續比較分析法包含了研究者、更廣泛的文獻以及不斷發現的資料之間持續性相互的影響，這樣研究者就可以確認隱含於資料中的主題。這個分析法的三個編碼階段為：開放的（open）、主軸的（axial）以及選擇性（selective）的階段（Strauss, 1987）——被用來辨識並且定義這些主題。

之後的兩個小節，我會呈現研究的發現。第一節包含「為理解而學習」（LUCID）因素／參與者以及參與者的網絡資料，比較真實的資料並且加入極少量的詮釋。在下一節重要的主題與啟示中，我會概述前一節確認出特定主題的有效資料。我也會呈現額外以及相關的資料，討論並詮釋更隱含面向的部分，以及在那個主題之中更廣博的意含。這兩個小節從頭至尾——無論是在資料中、主題以及啟示上，我皆使用假名以保護參與者的身分。

「為理解而學習」的因素／參與者

本節盡可能利用最少量的說明性分析，以呈現有關「為理解而學習」（LUCID）研究分析的因素／參與者及與其相關網絡的研究發現。

學校與學區

海達桂／夏洛特皇后50學區（Haida Gwaii/Queen Charlotte School District）位於英屬哥倫比亞北海岸鄰近的海達桂群島（又名夏洛特皇后群島）。總人口數約五千五百人，主要分布於北島的六個小社區，葛拉翰（Graham）的海達族占了島上居民約四成的人口；海達族的孩童目前占學校入學人數的六成一，但由於該地區的經濟困難，海達族孩童的比例極有可能會再增加（Fettes, 2005, p.8）。儘管島上高比例海達族的孩童，學區卻完全沒有長久與海達族合作的教育措施；官方教育／績效合約也是在2003年時才出現（Fettes, 2005, p.9）。這個學區有四所學校被納入「為理解而學習」（LUCID）的現行階段中。

魯勃特王子港52學區環繞分布於英屬哥倫比亞北部海岸的魯勃特王子港。

這個人口有著一萬四千人的地區，長久以來是漁業及林業的重要匯合點，但是目前正經歷經濟衰退。這個地區將近兩千名學生中，有超過半數是原住民學生。本地最龐大的第一民族是赤希恩族，但也有學生是來自於鄰近的尼斯加（Nisga'a）、吉卡山（Gitksan）、海達及海斯拉（Haisla）族。第一民族教育服務辦公室（First Nation Educational Service, FNES）成立十年以來，贏得了課程與計畫發展的良好信譽（Fettes, 2005, p.9）。當地語言的重點、補救教學計畫提供給落後兩個年級程度或更為落後的學生，而文化融合課程的發展，僅止於由學區所採取的一些初步行動（Fettes, 2005, pp.9-10）。本文在撰寫的同時（2007），這個學區共有五所學校參與了「為理解而學習」（LUCID）計畫。

齊里瓦克33學區位於上弗萊瑟山谷（Upper Fraser Valley），是英屬哥倫比亞省人口最快速增長的區域之一，約有八萬六千人。學區有一萬一千五百名學生以上，其中約有一千三百五十人（11.7%）是原住民（Fettes, 2005, p.7），第一民族學生主要來自於七個「社」（Bands）：齊騰（Tzeachten）、史奎阿拉（Squiala）、艾切利茲（Aitchelitz）、雅魁維吾斯（Yakweakwioose）、史夸（Skwah）、史盔（Skway）以及沁（Cheam）。一直到近來的政治分裂，這些社原本皆屬於斯托洛族中的二十四個成員之一（Fettes, 2005, p.7）。為確保第一民族學習者可以在學業表現上有更好的成就，齊里瓦克學區於1998年與斯托洛族加入正規的教育協議。在現有的幾個措施中，全學區性的重點在識字，以及推動家庭參與孩子的學習，以帶來記憶速度的提升以及學業的成就。然而輟學率（特別是男孩）以及超額代表（over-representation）參加調整課程（modified program），還有持續性的成績差距仍是令人憂心（Fettes, 2005, p.7）。這個學區內目前有兩所學校參與「為理解而學習」（LUCID）的研究計畫，並表現長期投入的承諾。

三個學區——海達桂／夏洛特皇后群島、魯勃特王子港以及齊里瓦克，全部都是由西蒙菲莎大學所選出的，由於這些學區：(1)原住民學生的比例較高，(2)已經發展出教育協議（Education Agreements）以及其他與第一民族合作的決策安排，以及(3)以往有過與西蒙菲莎教育學院合作的經驗（Fettes, 2005, p.8）。雖然這三個學區以及所有的學校都各具特色，不過他們共同創建起有利於探究的權力以及體制的頻譜。沒有大城市的情境，「為理解而學習」（LUCID）捕捉的是英屬哥倫比亞城市聚落的廣大寫照——從海達桂小鎮二千的人口，至一萬

四千人魯勃特王子港的區域中心，至齊里瓦克市，人口超過八萬人。本計畫著眼於四至七年級學生的成績，因為那個階段的孩子必須直接面對不同的學業要求（Fettes, 2005, p.11），還有對學校的選擇條件在於各有不同的政策，以及含有原住民兒童比例的不同等級（海達桂是最少的容納等級，魯勃特王子港則最高，齊里瓦克則介於中間），「為理解而學習」計畫包含廣泛人口及教學情境的寫照，是深入了解加拿大原住民教育的一線曙光。

教師

在六個月的研究期間，參與「為理解而學習」（LUCID）計畫的教師來來去去，從最初的二十一位老師，至結束時的二十位，這期間的流動率大約為30%。而目前還在計畫中的二十位老師群中，有三位是第一民族的教師。

這些參與計畫的教師，每個人的背景、個人信念與興趣各不相同。不過，相同的是，他們都擁有一致的渴望，就是希冀能照顧到所有學生的需求。雖然認知到想像力教育是「極具挑戰性」的，不過許多教師也視想像力的面向為計畫的一大亮點。就如一位老師所說：「『為理解而學習』（LUCID）計畫賦予我們驗證理論及以創造性方式教學的權力，這是一直以來我所渴望的，但同時也因為它不是標準的課程，我也會感到不安。」另一位老師說：

> 「為理解而學習」（LUCID）自始至終對我都非常有助益……以前我會說，我的教學方式是能激發想像力的，但其實它並沒有如此的聚焦，更不同於我現在已經培養起的相同深度的知識，……我想，總體來說，我也成了一個更具藝術性和創造性的人，願意觀看界線在哪裡並且提出疑問，也思索如何延展界線，思考可能性，並試圖在框框外思考。

在他們參與計畫之前，許多非第一民族的教師也認為將第一民族的素材拿來教學是不適當的。就如一位非原住民教師所說的：

> 在「為理解而學習」（LUCID）之前，我覺得這不是自己應該做的事，教授第一民族內容，因為我不是原住民……但是因為（計畫負責人）始終大力鼓吹要讓非原住民教師教授第一民族的內容，在教學的時候，我已經覺得幾

乎像得到了了解……就好像我突然被釋放，第一次自由地投入第一民族的文化與內涵的懷抱一般。

事實上，幾乎所有的教師在談到「為理解而學習」（LUCID）計畫時，都表達出他們所感受到逐漸被授予權力的增長，透過「為理解而學習」（LUCID）計畫的鼓勵與課程合法化，提供教師：(1)更有創造性的教學，以及(2)在課程中運用第一民族的文化內容。教師也對成為想像力與融合教學社群的一部分有高度的評價，他們支持並且驗證「更具系統化取向」的實踐，「文化融合與創造力不被視為僅是『額外添加的附件』」，而是整合入教學與學習之中」。正如一位老師所歸納的結論：

> 建立協作以及形成社群的教師群，一直是「為理解而學習」（LUCID）最具威力，也最重要的部分。能夠看到和聽到其他教師一直都在做的東西真的是令人振奮鼓舞。現在，我們會定期舉行會議，相互討論，協助彼此的班級計畫。

校長

目前參與「為理解而學習」（LUCID）計畫的十一位校長中，其中第一民族的校長有一位。總共有四位校長接受我的訪談。

整體而言，校長們都表達出對該計畫目標的支持。多數人的感覺就如同一位校長所表示的：「第一民族的融合仰賴對孩子具有重大意義的教育，而教育需要緊密的與孩子的文化連繫在一起。」多年來在第一民族社區工作的Robert校長，也表達多數人所共同具有的情感：

> 長久以來，教育都一直以歐洲為中心，但過去十年來，已經開始逐漸有了改變。教育的成功來自於對語言及文化的重視。藉由將老人帶到學校社區，他們會述說有著鮮艷色彩並且刺激想像力的故事。第一民族的學生多數都是觸覺—動覺（tactile-kinesthetic）的學習者，他們需要的是「觀看—實作」（see-do）的方法。我在學校裡一直努力嘗試讓教室四周的牆壁消失，透過戶外活動進行課程探究，例如透過釣魚，探討距離的特性、生物學、比率和

比例等等。

由校長的報告所透露出的重要問題是，有些教師和他們的學生已經脫節了，他們欠缺對學生的了解與同理心。同樣的，Robert校長的意見也歸納出一個共同的圖像：

> 有些老師確實具有種族的偏見，除非他們真的有巨大的改變，否則教學將永遠帶有這些偏差觀點的色彩。對我而言，努力成為社會的一部分就是關鍵所在。我們自己本身可能多少都會有某些出於種族動機的因素，但假使我們接納這個社區，就能自動培養出對於居住在該社區的人的認知與理解。而因為了解，才促進了同理心的思考。我曾應邀到某個第一民族的社區，並在那裡住了一段頗長的時間，這有助於建立起我現在的同理心。

雖然，一些教育工作者也表現出善意，但Robert校長也敘述，在原住民社區本身，宗教和政治仍是一個問題：

> 即使我具有同理心，並且一直試圖竭盡所能的包容社區的所有部分，不過我還是非常難以調和與權力相關的緊張局勢，不讓對方感覺到你在選邊站……有的家長來親吻我的手，也有人朝我扔石頭劃破我的頭……原來，我們每個人所想的不全都一樣。對我來說，這個道理是個很大的領悟。

一般說來，所有「為理解而學習」（LUCID）的參與者都對計畫的目標有著共同的信念，但是約有5–10%的人表現出不同程度的投入。這些利害關係者似乎覺得把重點放在第一民族的內容，可能會對整體的學生族群帶來傷害。如同一位老師所說，「我擔憂如果把第一民族的教育當作焦點，可能會讓原住民學生被邊緣化的情形再加劇，……我很害怕會發生種族孤立的情形」。然而，其他多數人則強烈感覺透過融合課程，協助第一民族學習者的必要性，因為，如同一位校長所說的，「……原住民社區被邊緣化了這麼久，它需要學校特別的努力，以糾正過去所造成的傷害」。

即使因為不同的理由，只有一小部分受採訪的參與者，表現出對「為理解而

學習」（LUCID）計畫較少的投入，但是值得注意的是，由於校長在學校社區所占有的關鍵位置，學校團體內不同程度的投入，似乎顯著影響了更廣泛的學校社群。例如，如果校長對「為理解而學習」目標抱持著贊同的態度，學校的教職員似乎很少有人不接受，或者可以說全體幾乎毫無保留的接受本計畫。但是對於將重點放在第一民族內容上存有疑慮的校長，老師們在開展計畫目的時的行動就顯得孤立也得不到任何支援。

其他校長反映出的問題，包含學校資源的普遍缺乏，以及他們處於想要能有更多的想像力教學與學區責任之間的緊張關係，這常常使得教師將焦點放在結果，而非教學的方法上。

計畫領導人

除了「為理解而學習」（LUCID）計畫的主任Mark Fettes之外，寫作本文時（2007年）的計畫領導人還包含了四位西蒙菲莎大學的人員（學者與研究生），以及四位學區的領導人所組成（一位在海達桂，一位在齊里瓦克以及兩位在魯勃特王子港）。更多西蒙菲莎大學的「領導人」一開始納入研究的規劃考量，以擔任本計畫主要的大學研究學者，但是這些學者在本研究進行時，都還未參與計畫——這也是目前計畫領導人覺得可惜的部分。當時所有參與計畫的領導人都接受了訪談。

所有計畫領導人都覺得學區與西蒙菲莎大學之間的合作，已經有了許多正面的效應與結果。學區領導人說道：「『為理解而學習』（LUCID）計畫藉由納入大學—社區的聯盟，帶來了學術性的第一民族文化融合的信度。」西蒙菲莎大學的人員說道，「與學區一同合作最要緊的就是創造社區的變革」。

由於學區領導人所占有的核心地位，如同校長對學校的影響，只是範圍更廣泛的，具有指標性的學校社區。在教師高度重視學區領導人的學區，全體都能享受和諧的工作關係。但有的學區中有些教師對學區領導人的某些作法不甚滿意，甚至在某些情況下會擔心領導人要評斷他們，因此工作關係時有緊張的情形。

大多數的難題似乎是由於個性的迥異。與此相關的還有禮數（protocol）的議題：有些老師認為學區領導人過於刻板重視禮數；相反的，一些學區領導人則覺得有些教師「關於禮數方面，還有很多東西有待學習」，而因此必須「不時給予修正及明確的指導」。Pam，第一民族的學區領導人，提供我們對她所處立場

的困難性的一些洞察：

> 要讓老師覺得興味盎然一點也不難，但要持續那樣的對話卻難如登天。主題
> 的本質（想像力與融合教育）就是困難的。而要把某個複雜的東西塞到另一
> 個功能性不佳的東西裡頭，更加不容易。系統化的理論是非常重要的。在那
> 裡（英屬哥倫比亞省）需要有東西被建立起來，才能處理功能不彰的問
> 題……我不清楚所有的阻礙到底有多少。很多人不喜歡你。要當個「另類」
> 真的不是件易事。

　　關乎禮數的爭論也造成了學區領導人之間的緊張關係。例如，有些學區領導
人認為，自己應被邀請觀看碩士課程學生完成課程前的綜合口試。而另一方面，
西蒙菲莎大學團隊則認為，碩士課程部分的教師雖然也參與了「為理解而學習」
（LUCID）計畫，然而碩士課程在學術上的要求與「為理解而學習」計畫是不
相干的。有些教師感激西蒙菲莎大學做出如此的區隔，他們認為「……假使學區
領導人在考試中現身的話，他們就會覺得因為要完成學業，自己有必要在其他方
面讓步妥協」。另一方面，學區領導人覺得社區—大學協作本位的計畫中，林林
總總與「為理解而學習」相關的教師以及學區大小事情，都應該要集中管理並且
透明化。

　　其他一些學區領導人報告的，普遍是與時間和學校資源缺乏相關的問題。一
位學區領導人說道：

> 這些都是小型的學區，我們必須要事必躬親──時間至關重要。全職聘用的
> 計畫領導人將會很有幫助，否則其他的事情會讓你分身乏術。如果一個孩子
> 搗蛋起來的話，「為理解而學習」（LUCID）的目標很容易就跑掉了。

　　在其他學區，「一人分飾多角」的壓力，如其中一位學區領導人所表示的並
沒有那麼明顯，這說明了學區與原本的領導方式，及內在支持結構相關的一切背
景，在「為理解而學習」（LUCID）計畫開始之前就是截然不同的。

　　儘管面臨諸多挑戰，所有的計畫領導人一致認為，西蒙菲莎大學、第一民族
社區以及英屬哥倫比亞學區之間的夥伴關係，是協同合作的關係，目標在幫助學

生「學習」。西蒙菲莎大學領導人發現，學區領導人具備的專業知識，以及擔任「文化中介者」的角色，對計畫而言是非常寶貴的，而學區領導人也認為西蒙菲莎大學團隊的參與，發揮了重要的作用，讓教師獲得更穩固的對話語言，以及規劃與實行的架構，提供課堂有更具吸引力以及文化融合的學習。而其他也被提到的還有「要跨越長距離的協同合作真是一大挑戰」。

學生

如同前述，參與該計畫的學生主體包含非原住民，和來自許多社區以及第一民族的原住民兒童。這三個學區也提供了廣泛的能力頻譜，據說其中一個學區比其他兩個學區平均具有較多高功能的學生。這不同的能力範圍也經由資料結果顯示出，想像力的教學成效，隨著學生的能力可以有所不同。

例如，一些教師對較高程度學習能力的學生描述道：「……想像力教學一開始實作時有適應上的困難」，然而中等學習能力的學生則被描述為，「……真的是跟著思考進行活動」。另一方面，低階學習能力的學生與普遍學習動機較低的學生，據一些教師描述，對於想像力的學習實際上遇到了瓶頸，不過，有些老師反而說他們表現出眾。我應該再說明原本錯綜複雜的數據又再添上一筆的是，在想像力教學適得其所的低學習能力的孩子，是來自平均學習功能較高的學區，而由此可推測其他的學區，想像力學習陷入困境的學生，也比較可能是較低學習能力的學生。根據一些老師的報告，女生比男生更想要「經常性的」教學，而男生「……通常當正規課程告一段落了，才會提出要繼續的要求」。

評估想像力教育與學業結果之間的關係困難重重，而且由於教師對想像力教學的詮釋和方法也相去甚遠，更進一步加重評估的困難性。解釋「為理解而學習」（LUCID）計畫對學業結果的影響，以掌握有多少改變來自文化融合的要素，或是多少是來自想像力教學的元素，讓解釋變得更有挑戰性。控制許多其他與一般教學有關的變因，像是教學技巧、師生的配合默契、全校的支持與教學的方式等，也讓解析這個領域中彼此相關、並且發現因果關係的任務更為龐雜。另一個交錯複雜的議題是，想像力教育自身固有的特性，讓許多「為理解而學習」的參與者認為這是棘手的，因為它包含了學生（和教師）不熟悉的範疇。想像力教育在教育理論和實踐上是個相當新的現象，如同一位學區領導人所說的，「一般而言，……你在教師培訓時所做的準備，不是為了能在課堂上實施富有想像力

的教學」。結合第一民族學生的傳統教學，事實上更多是經驗式的學習，「……孩子透過積極參與社區生活來學習」（Campell, 2005, p.66）──這個頗具有難度的方法，被認為不但與教育環境不相符，也與目標學習者的學習風格不一致。

然而，整體而言，報告透露出「為理解而學習」（LUCID）計畫對學生及老師都帶來了正向的影響。特別是與教師的訪談顯示，最受人矚目的是學生書面作品的增加，以及比起「為理解而學習」計畫推動之前學生學習參與程度提升的評價。例如，現在學生很常運用日記來進行寫作，「……因為他們以不同的方式在理解學習的內容」。此外，一些教師的社區取向教學法，據報告，對學生如何敏察自我的學習及對完成學習任務時所擁有的樂趣程度，皆具有正面的重要影響。

值得關注的是，由於「為理解而學習」（LUCID）是一個相對較長期的計畫，如何擷取學生學習成果的量化數據，全部取決於學校是否仔細記錄參與「為理解而學習」計畫前後學生成就評量分數的報告。同時我要大聲疾呼的是，我們不應該有看到對標準評量數據造成顯著影響的預期心理，因為在計畫之中，已經有太多要透過可量化數據查明表面關係的議論雜音。

家長

從與家長的訪談，以及由教師以及計畫領導人的說法顯示，家長似乎普遍都對「為理解而學習」（LUCID）計畫的目標以及所做的努力表示支持。在某個舉辦孩子作品展示的活動之夜，家長報告說，「……我對孩子們所實現的，感到高興和自豪」。確實，雖然想像力教育的要素對有些家長是陌生的，不過大多數家長對孩子能夠學習自我文化的根源感到驕傲，並且也很高興得知，這還是以吸引孩子運用創造性方法進行的學習。

然而這過程並非完全沒有對立、衝突。有關我們對於文化的重視，似乎也喚起了以往家長不情願、甚至是在某些情況下不願意參與的一些面向。在計畫的某部分，老師讓學生進行訪問家長有關家庭歷史的學習任務。第二天，有個學生回報說：「我父親不願意參與，他不想要談論他的過去。」

老師問男孩，他是否有向父親提到課堂上所討論的一些不錯的東西，可以成為他們談論的議題。學生回答道：「有啊，但是他仍然不想要做。」把焦點放在傳統及文化，對一些家長而言似乎也是個挑戰，喚醒他們寧可遺忘的過去。

然而，「為理解而學習」（LUCID）的文化要素處理的是第一民族社區過往的各個面向，因此同樣的，它也可能對孩子的家庭以及父母有療癒的效用。如上所述，多數家長認同文化融合的重點，都覺得「這件事早該有人做了」。而家長對於教師關心他們孩子的背景和文化，表現出讚賞與感激，稱頌如此超越了「有效的學校教育」。有位家長在女兒班上看到了老師與學生之間的互動，給老師寫了一封電子郵件說：「……你的關愛以及考慮孩子們需求所做的付出，將會幫助他們在生活上成功……請對他們在未來可以實現的事懷抱希望。」對許多父母而言，「為理解而學習」計畫代表和他們自己在學校教育中所失落的達成和解，所以他們更深刻重視「為理解而學習」可以在孩子的教育中發揮作用。

支持網絡

在「為理解而學習」（LUCID）計畫中有五個非人為的因素：(1)西蒙菲莎大學提供想像力教育碩士課程給參與計畫的教師；(2)期中「為理解而學習」研討會，展示教師的課堂教學計畫和計畫領導人的研究；(3)促進參與成員協同合作的正式會議，例如「為理解而學習」諮詢委員會（LUCID Advisory Committee）；(4)教師討論並協助彼此班級和計畫的非正式會議；(5)「為理解而學習」網站，提供通訊刊物，分享素材與資源。

經由參與「為理解而學習」（LUCID）計畫的教師證實，西蒙菲莎大學所提供的想像力教育碩士課程，是個舉足輕重的鷹架。研究所課程讓教師更深刻理解「為理解而學習」的想像力教學，因此，他們比起沒有參與碩士課程的教師在運用想像力教學策略上更具有信心。其實，據報告，因為並非所有的教師都參與碩士課程，因此也出現了一些問題。根據計畫領導人的理解，「……參與碩士課程的教師確實比較好一些」。

在研究進行期間，為期兩天的「為理解而學習」（LUCID）期中研討會議舉辦於愛德華港（Port Edward, 近魯勃特王子港），匯集了所有的教師與計畫領導人。所有參與成員一致認為會議是個有用的方式，分享並慶祝他們迄今所達成的目標。聽到別的老師在班級中所做的以及計畫領導人所彙整的研究資料，許多教師發現了靈感。「看到別人所做的東西，給了自己要用於課程的新想法」。參與者在兩天的時間同在一起吃住，如此背景中的社會面向，進一步強化了由社群驅動本計畫的精神。

雖然所有學區皆有成立「為理解而學習」（LUCID）諮詢委員會，但只有其中一個學區功能最強大。諮詢委員會是各地區定期主動召集學區領導人、第一民族議會（First Nation Council）代表、校長以及教師的會議，經由定期對話，持續評估「為理解而學習」計畫相關的短程與長程目標。據計畫領導人表示，委員會認為定期的對話是「協同合作以及解決問題」的有效工具。其他兩個委員會似乎較沒有穩定發展，事實上，聚會也較不頻繁，雖然目前還不清楚因果關係為何，但值得注意的是，這可能與偶爾出現的不和諧工作關係是有關聯的。其中一個學區的意見顯示，教師與計畫領導人之間更頻繁的正式會議確實是全體所期望的，也證實了正式網絡的重要性。「和現在相較起來，『為理解而學習』一開始的時候，我們確實有更多的聚會」。

因為「為理解而學習」（LUCID）諮詢委員會的權威性，讓學區更加添協同合作的增效作用，有些教師每週會自行舉行非正式的會議，持續對話並且協助彼此的班級計畫。其他學區似乎沒有建立類似的非正式集會，部分原因可能是由於學區的幅員較為遼闊。然而，教師非正式聚會的效用立竿見影「……讓火花繼續燃燒，同時可以從彼此身上得到新的想法」。

「為理解而學習」（LUCID）網站目前提供計畫相關的資訊給參與者[2]及其他人。網站包含定期更新的動態消息、通訊刊物、教師資源以及研究論文，同時也包含「為理解而學習」計畫的資訊與結果的宣傳與分享。儘管計畫領導人以及教師們皆表達想要有個網路的資源，俾利於建構且分享資源，但來自計畫領導人的評論卻指出「……要讓教師加入（數位空間）是很困難的，因為他們總是在各教學事務間疲於奔命」。

主題與啟示

根據上一節所呈現的研究結果，本節討論一些隱藏於資料中，但支配一切的首要主題。我們以前一節研究發現的摘要開始每個主題的討論，證實主題包羅萬象的本質。我們也利用額外的以及相關的資料為主題，作為廣泛影響中較隱晦面向之討論的發端。

---

2 詳情請參見網站：www.ierg.net/LUCID

社區與冬季贈禮節的創造／再現

上一節「為理解而學習」（LUCID）因素／參與者的討論表現，特別是對教師而言，建立一個以想像力教學以及文化融合為焦點的社群，是成功地執行計畫目標的要素。透過討論並建立起一致性目標的教師會議，對於社群的成功與挑戰的克服是至關重要的，而且反過來又能夠激勵並鼓舞個別教師在自己的課堂實踐這些作法。隨著「為理解而學習」計畫社群的創造，教師在實施創意教學時不再感到孤立，同時也不再覺得教授第一民族的課程內容是不恰當的。此外，他們獲得談論想像力以及融合教育的共同語言，也有了以此進行溝通並且形成網絡的機會。

資料中強烈的跡象顯示，學區、第一民族議會以及西蒙菲莎大學研究人員之間所建立起的道德思想，轉化成影響更廣泛學校社區的潛力。Charlotte，一位年輕的女教師，就和許多參與「為理解而學習」（LUCID）計畫之前的教師一樣，經歷過幻想破滅，說到自己的班級計畫進行期間對學生帶來的重大轉變，她說道，會有如此的改變是因為自己在課程中納入了更廣泛的社區面向：

> 在班級課程中，參與社區的學習是至關重要的……這可以降低隔閡並且提升學生的自信。孩子需要進行自發性的學習計畫並且投身於學習之中。孩子需要與更廣大的社區學習產生連結，但問題是這裡沒有共同的社區感受。（本區的第一民族原住民）他們有著存在已久的社區傳統，但是現代生活並不支持這個傳統。現在藉由讓學生與更廣大的社區合作，在許多面向上，我們都是在朝著重建這個傳統的方向而努力。

Charlotte的評論反映了一些讓學生與更廣泛學校社區互動的可能性。然而其他人則說，與社區合作是「為理解而學習」（LUCID）計畫中最困難的面向之一，他們列舉許多社會問題，而「惰性」甚至有時連「憤慨」都被逐一臚列。所以到底是什麼讓Charlotte與眾不同？

> 我（我的教學）的理想教學途徑是社群取向的。我喜歡學生不是在為老師——我，完成作業，而是為更多的觀眾，如此一來，學生的投入程度增加了，寫作品質也提升了，還有學生會致力於更精進自己的作品。這些都是因

為他們清楚這些作品的終點站不是進了老師批閱的作業匣，而是要遞交給整個社區評閱時，他們會有更多的得失評價。當我為八年級學生籌辦社區典範角色展示會時，這是頭一次以這個方法讓我獲得能量的推進。我寄出了大約五十封信給社區裡的成人，向他們解釋這個計畫的願景。徵得了他們的同意之後，接著學生會與一位社區成員配對，他們將進行訪談並且撰寫報告，強調出社區成員彌足珍貴的特徵。我們有一筆經費可以聘請專業攝影師拍攝照片，購買相框。最後，我們在（慶典期間）社區博物館內舉辦了展示會。後來展覽還被移進高中，作品在那裡陳列展示了好幾年。

接著，Charlotte描述當她的學生投入這個計畫以及更廣泛的社區時，對她而言所代表的意義：

這個過程給了我一個推進力，因為以前任何的教學單元都從未有過如此多的讚美。社區內的許多人，有些甚至是我不認識的人，都來恭賀我在這個工作上的表現。我認識了這些參與的成員，而我自己也獲益良多……當我讀到社區給我的回饋時，我哭了……四年來，這是我第一次感覺自己所做的工作是很美好的。

這段話與某個有趣的論點雷同：當學生有機會為自己的社區付出，貢獻一些超越自己所能給予的東西時，他們會改變自己執行學習任務的態度。這個價值本來就在原住民文化裡頭，而教育碩士學位的某些課程也將此置於首位。同時，它呼應了新穎的「服務學習」（service learning）概念（Furco & Billing, 2002），或我在更早研究中概念化的「施予的課程」（curriculum of giving）（Nielsen, 2005）。服務學習或是施予課程結合學生行動本位（action-based）的學習活動，學生學以致用，應用課程所學，展現給他人或社區的直接服務中。它亦結合建構主義學習的原則，投入真實的情感，奉獻自己或促成有價值的社會改變形式。這類學習的樣貌或形式沒有一定的輪廓，而且它可能產出的結果也沒有定論。不過，課程要與利他行動結合，並貢獻超越個人所能，付出行動，才可說是符合服務學習的概念。

然而，施予不只是理想主義的想法。研究告訴我們，對他人付出，使我們更

健康、更快樂，甚至某些案例顯示，我們能因此活得更久（Post, 2007）；教師報告參與服務學習的學生，在學業成績上的進步。研究也發現**付出**的行動，可以釋放腦中的多巴胺，而那通常是當我們得到某個渴望已久的東西時，腦中才會釋放的化學物質。因此施予的課程可以帶來的影響，遠超過我們給學生學習的獎勵；假使付出讓施予者與受惠者兩者都更為快樂的話，那麼它真的是社區的最佳促進劑。

同樣的，透過社區服務，喚醒對社區的共同感受，並且釋放內在的潛能以及自我的實現，大致也填補了孩子以及青少年的空虛，抵消他們嘗試以酒精、毒品、過早的性行為來彌補表面上的空虛感。給予或服務是否可能是目前教育理論中所缺乏的「基本需求」呢？不同的理論提供滿足個別學生學習需求的見解，然而，在家庭中以及全球化的教育背景中，反社會的行為屢見不鮮，部分原因可能是我們普遍很少給予學生機會，讓他們能為他人付出或提供服務。嚴格說來，施予的課程可能不僅只對第一民族社區的青少年有益，它也能為未來的世代創造出呈現指數性成長的正向動力，促成社會的變革。

如此一來，服務的行為或付出，當然不會只局限於「為理解而學習」（LUCID）計畫裡的學生，不過大致上它相對未被開發的教育潛力，可從Charlotte的聲音以及其他「為理解而學習」計畫成員的心聲中被發掘出來。「為理解而學習」最真實的意義是社區取向的價值，大學教師、學區以及第一民族議會全體皆能**奉獻**、提供服務，最終形成更廣博的社群。同樣的，要能構成綜效的整體，參與施予課程的學生也是這環環相扣事物中不可或缺的連結。無疑的，文獻探討支持學校文化與社區文化兩者對一致性的要求（Bowman, Donovan & Burns, 2001; Cotton, 1995），但是據我所知，目前沒有明確的論點，告訴我們施予或服務是促成這一致性的關鍵要素。嚴格說來，學生施予可能不只是目前教育理論中所謂「失去的鏈結」（missing link），同時也是「為理解而學習」能夠達成建立共同體並完全實現計畫潛能的重要元素。

最耐人尋味的是，所有西北太平洋第一民族都共有一個古老的傳統典禮——也就是「冬季贈禮節」（potlatch）。這個詞彙據信是衍生自努特卡族（Nootka）的族語pachitle，意思是「施予」（Lips, 1986）。許多的場合和時機都可以是舉行冬季贈禮節的原由：重要的快樂事件、冒犯他人之後的重修舊好、新生兒的降臨等，這些都能讓社區成員穿上傳統禮服，籌辦起備有豐盛饗宴的慶典，而

且最後總會以餽贈禮物的儀式為慶典畫下完美的句點。

在研究期間的某個時間，我受邀參加了一場冬季贈禮節，那時恰好是Charlotte的學生影展專題的展示會，對象是全社區所有的成員。那是個令人感動的經驗。有位學生的發表，表現出他敏銳且充滿溫情描繪社區某成員以及他的木雕工作；另一位學生的發表主題是舞蹈；還有一位是有關第一民族的傳說。在所有的案例中，學生都展現自己正在為社區**付出**的努力，分享他們對自己以及對於社區洞察力的行動。

傳統的冬季贈禮節獻祭品包含了獨木舟、毛毯、動物甚至是奴隸——不是因為他們的資源取之不盡，而是社區成員相信他們必須將其中的一些贈予他人。雖然破壞資源與宰殺活祭品的方式已被加拿大政府所禁止，不過冬季贈禮節仍以和平的社區集會方式延續了下來。嚴格說來，「為理解而學習」（LUCID）有潛力成為這個傳統典禮的額外助力，復興這個古老的「有多的資源就有必要將其中的一些轉贈出去」的行為表現。獨木舟以及奴隸過剩的時代早已消逝，多數人也都認同不再有這樣的必要性。但是反觀現代的世界，卻似乎需要學習施予的意義，因為將過度消費視為理所當然，不必多久我們就會自食惡果。

如同Ayaawx般的領導方式

在「為理解而學習」（LUCID）因素／參與者一節中的資料顯示，要成功實現「為理解而學習」計畫的目標，學生的知識、社群以及符合社群所希冀互動方式的禮數等要素，缺一不可。尤其重要的是，這種作法必須由領導階層示範。假使計畫領導人，包括校長，由於某些因素未能體現這些作法，那將會影響整個學校的校風以及個別教師的課堂。

各方提出的建議包括，計畫應給予更充足的資源與時間，實現領導階層擔任「變革推動者」的想法。而其他的建議包含了全職聘用學區領導人以執行計畫、舉行更多的定期會議，並調整「為理解而學習」（LUCID）參與者網絡的方式。學區領導人通常被視為是重要的「文化中介者」，他們也說道，為教師預留明確的教學討論時間是必要的，因為一旦有時間不足的壓力時，會使得有些教師覺得備受威脅。

如上述資料所指出的，與領導階層有關的議題層次不一。教育領導階層的籌

劃、經營，有著諸多面向而且錯綜複雜（Leithwood & Riehl, 2003; Goleman, 2000; Sernak, 1998），而「為理解而學習」（LUCID）計畫，更因截然不同的文化與傳統交會的情境而增添其複雜性。當然，這也正是「為理解而學習」計畫目標的一個面向——在文化以及傳統的分歧處，透過共享的領導群以及夥伴群，搭建起通往彼方的橋樑。但是，不只有正確的體系（時間、資源、會議、禮數等等）要到位之外，同樣的，這還要取決於領導階層以及研究人員所示範的態度。要如何依禮數但又不使教師對此感到焦慮之間取得平衡呢？還有雖然有著一群熱切參與「為理解而學習」的教師，但是校長卻不表現同等程度的興趣時，該怎麼做呢？相反的，對於不想參與「為理解而學習」的教師，甚至可能會對第一民族學生冷漠以待，或更甚於此，表現種族主義的偏差態度的話，校長又該怎麼做呢？

Ayaawx（是赤希恩族族語「規則」的意思）傳統上形成了西北太平洋第一民族社會組織的基礎與領導方式。Ayaawx被視為是古老的準則，統治文化組織的方式，以確保文化的延續性。嚴格說來，Ayaawx透過遵循著法律以及人們的習俗，連繫了現今與過去，並且讓未來的世世代代都得以保存文化的完整性（Campell, 2005, p.35）。根據史實，假使有人不知道自己的傳統以及習俗的話，他們應羞愧到無地自容才是（Campell, 2005, pp.35-36）——這也說明了為什麼禮數直至今日仍然在第一民族文化中是如此重要的一個面向。西北太平洋第一民族傳統上有著清楚界定的社會階層，因此，Ayaawx也確保社會層級以及家系得到擁護與支持。

然而儘管規則、傳統以及社會階級體系在西北太平洋第一民族中具有重要的地位，但規則還是保有彈性以及異議的空間。例如，某人在階級化的社會體系中的權利，並非源於出生權，而是取決於他或她的行為。就以一個低階的平民來說好了，技巧超凡的雕刻家，因為對村落的貢獻功不可沒，就能獲得超越合乎其階層的禮遇。反之，一個高階層的人落得不得村落權威人士人緣的話，只會得到少之又少的基本權利（Minister of Indian Affairs and Northern Development, 1996）。因此，平衡點取決於規則與實際應用時，所以Ayaawx就實用意義以及讓傳統延續而言，是有幫助的。它是一個領導方式，有人可能會說，那是「有系統的」或是「活躍的」。

今日「為理解而學習」（LUCID）的挑戰，不在於只找出同時可滿足人們

以及傳統需求的平衡點；大體說來，最根本的挑戰是，在現代的情境與目前第一民族社區的現實生活中，傳統作法的調整幅度應為何？例如，有些第一民族的傳統派者，他們反對避孕，因為他們認為這「違反自然」。然而，實際上要調和這樣的觀點談何容易，因為青少年的高懷孕率、輟學以及與貧窮和酗酒等重重問題都有關聯。有些傳統派者也相信只有第一民族的人民，才具有敘說第一民族的文化以及歷史故事的能力。如果是這樣的話，「為理解而學習」計畫的目標永遠不可能實現，因為參與計畫的教師，多數都非原住民。

　　因此，「為理解而學習」（LUCID）特別需要的是領導的方式，因為它具有左右整體的重大影響力——如同Ayaawx的例證表現出的彈性與平衡的要素。隨著「為理解而學習」的進展，逐漸出現的共同承擔的責任，如果沒有可以犯錯與制訂「規則」的機會範圍，就無法建造出雙方皆贏的橋樑。例如，我們目前對地球資源的過度消費，以及越來越多的支離破碎的家庭，第一民族的傳統以及文化就如他山之石，可以攻錯。但是假如這樣的傳統以及文化與當下的現實無法緊密配合的話，那麼這樣的結合注定困難重重——甚至有人認為兩者能夠結合是個天方夜譚。這個不言而喻的道理，不是只有第一民族的情境裡頭才會出現；通常，刻板的傳統主義（traditionalism）趨向將自己與外界隔絕，而在某些情況中甚至被視為基本教義派（fundamentalism）。然而，「為理解而學習」是一個當前的、具體的範例，為了讓「有生命的」卻面臨存亡絕續關頭的傳統，符應人類的需求並且綿綿不息。

　　為了這個理由，我們應該要確認「為理解而學習」（LUCID）除了在計畫本身裡頭，還有整個共同體裡面，它表現領導方式的可能性有多少。要改變種族主義者或基本教義派陣營的觀點絕非一蹴可幾，不過舉例說明並塑造對立觀點的模型是有可能的。第一民族的傳統，如同在Ayaawx所見到的，必須繼續存在並且成為構成整體的一部分，以讓自己符應人類的實際需求。禮數、領導者的能力以及協同合作，都是「為理解而學習」保持活躍的潛力，滿足所有的參與者——計畫領導人、教師、家長還有學生的需求。

　　本節最後的註記以及對我們自己的重要提醒就是，我們不可忘記和學生相關的領導方式還有「原則」的議題，核心都是學生。他們所繼承的不只有傳統，還有未來。因此，孩子就是希望。在三年級的教室中，我見證了一個說明孩子就是希望的時刻：

教室裡有的是舒適的氛圍。孩子緊靠著彼此坐在地毯上，老師坐在接近孩子的椅子上，她正在朗讀一個關於殖民地開拓期間，這塊土地上的事物所產生劇烈變化的故事。教師不時停下來與孩子討論故事裡的不同面向。

在某個部分，教師說明殖民者的來到，如何對自然環境造成負向影響。停頓了一會兒之後，有位原住民小朋友自信的說著：「假使殖民者沒有來的話，我們就不會有全部的這些了。」他張開手臂好像要擁抱整個學校一樣。後來，在故事另一個短暫停頓處，有另外一個非原住民男孩打破了沉默，他輕聲但同樣自信的回答：「不過也有很多不好的事情發生了。」

老師一開始是震驚，但也趁勢抓住這個時機點說：「真的很有趣，你們兩個人各提供給我們一個不同的觀點。」又停頓了一會兒，似乎是以沉默表示認可對方的觀點，老師接著繼續回到了故事。

這個小插曲象徵了「為理解而學習」（LUCID）對學生以及教師的普遍影響：創造對傳統歷史的以及對文化的認識，並且建立起過去與現在之間的療癒與和解的橋樑。綜合來自教師與學生的評論，我們的觀察與分析顯示，學生從「為理解而學習」計畫不只有在「學業上」，還有其他更多的領域都受益。結合教學策略以及文化融合課程，給了孩子希望、驕傲以及榮譽感，他們也因此具備面對過去第一民族家庭與歷史悲劇的基礎。同樣重要的是，這個小插曲也說明了「一個平衡的觀點」是孩子所需要的，也是成人所需要的最佳示例。在這個特別的時刻，孩子是「變革推動者」。

想像力、Adaawx與展望

「為理解而學習」（LUCID）因素／參與者的那一節討論，由於「為理解而學習」想像力教育主題本身固有的複雜本質，使得參與者覺得實行時問題重重。想像力在很大的程度上屬於情感，自古以來，培養或鼓勵教育情緒的領域史無前例。除此之外，再加上「為理解而學習」額外的文化包容性的「成分」，這意味著要評估想像力的教學，文化包容性的課程與學生的學習成果之間的聯繫，是前所未有的挑戰。「為理解而學習」的影響力可能最初是來自於全面性的方法，而利益已經是顯而易見的。所以，只要某個要素還在運作的話，要在某個層

次細分有多少最終改變是歸因於「為理解而學習」的文化包容性或想像力教學的元素，這都沒有多大的意義。儘管如此，值得我們更進一步思考的是，想像力教學與第一民族文化融合課程間的關係本質，可以增進我們對提升兩者實作方式的理解。

某學區的一位年輕男老師，Grant，在許多方面就像是參與本計畫的年輕男老師的代表。他教學有數年的時間了，但始終在對抗幻想破滅的感覺。他覺得有時社會的問題，我們是無能為力的。

> 社會問題在很大的程度上，逐漸啃蝕想像力教學的目標。學校有龐雜的教職員人事變動，還有很多不滿意的聲音。在社區中，有酗酒以及吸毒的問題。孩子沒有成就感，他們沒有真的領會學習的重要性，他們沒有看到學校與生活中的關聯。教學的作法取決於天氣、時機、心情，而不是它是否富有想像力。

Grant甚至覺得，因為許多學生所處的現實，讓想像力教學總是達不到預期的目標：

> 對這些孩子而言，學校是一個安全的處所。有時候它是唯一安全的地方，他們不用對年幼兄弟姐妹或家庭負責，擔當超越他們本來年齡的責任。所以，當他們來到學校時，他們不想被帶離自己的舒適區，當然大部分的學習是必要的。這是他們的書桌，他們的學習任務——即使他們沒有做！他們覺得安全，學校是最可能安定情緒的地方。當你試著把他們推出他們的安全處所時，他們甚至會對你感到憎恨。就有孩子說過：「為什麼你要叫我做這個！」

Grant又再提供了另一個不情願投入情感內容的範例，這一次是家庭的成員（我先前在討論有些家長對回想過去的感覺如何時，已用過這個引文，目前它與這個部分相關，因為它也描繪了某些關於想像力本質以及情感的內容）。

> 在計畫的某個階段，我給孩子進行訪問家長有關家庭歷史的學習任務，作為

我們正在進行的更大計畫的一部分。第二天，有個學生回報說：「我父親不願意參與。他不想要談論他的過去。」我問男孩，他是否有向父親提到課堂上所討論的一些不錯的東西，可以成為他們談論的議題。學生只是回答道：「有啊，但是他仍然不想要做。」

Grant概述他的憂慮：

在我們學校，教師最重要的角色是，對學生發揮安定的功用，並且幫助他們相信自己可以從事某些與生活有關的活動。教師挑戰以想像力及吸引情感投入的教學形式，常常不符合學生對生活安定的需求。

Grant的評論具有重大的意義，不只是因為這些代表了計畫內其他教師也有的評論，而是因為Grant就如同我們所觀察到的其他教師一樣，是深切關心孩子們的好老師。他與其他人所描述的問題一樣，是真實的、社會的問題，就教學的全部面向而言，它確實有部分的關聯性。就如Egan自己所說的，想像力教學是有效的，正因為它在學習內容中包含了情緒的部分。但第一民族社區的問題是，許多學生在生活中並不想要更多的「情緒」，因為他們有的情緒已經夠多了——儘管那些情緒不同於想像力教學所要試圖助長的情緒。然而，當你變得怕水的時候，那些情緒是否來自於相同的海，對他們而言，並無不異。

想像力教學可能看似矛盾，雖然無疑的，對任何教育工作者而言都是挑戰，甚至對第一民族學習者的教師們會是更艱困的挑戰。傳統上第一民族文化以及歷史終究仰賴運用想像力，透過Adaawx將故事代代相傳。Adaawx是赤希恩族的詞彙，意思是「真實的講述」或是「神聖的歷史」（Campell, 2005, p.8），Adaawx在正式的慶典上講述，受邀的賓客以及酋長會一邊享用主人家或領地上的食物，一邊聆聽歌曲並且觀賞以舞蹈所重現的故事。因為Adaawx從未以文字書寫記錄，除非這些故事在聽眾的想像力與記憶中仍保持生動鮮明，否則它們就會灰飛煙滅。換句話說，第一民族文化以及歷史並不依賴這類將資訊具體化，記載在史書或古代捲軸中，而是利用人們的記憶以及再想像的能力。

因此我們的問題：為什麼結合情緒以及想像力對某些第一民族學習者會有阻礙呢？可能必須換個方式並且反過來詢問：從古至今，激發想像本質的教育模式

必備的特質為何？因為在第一民族的文化中時有如此富有詩意的表現。將問題轉向可以幫助我們改變觀點，並且讓我們理解在想像力以及第一民族學習者之間看似矛盾的歧異。然而要轉向這個觀點之前，我們必須先折回原處，檢視傳統上想像力在班級裡是如何不受歡迎的一個客人。

對我們自己有用的提醒像是，現在的學生只被視為是知識與資訊的容器。如John Dewey（1934, pp.140-141）所指出，「學徒」這個詞的意思指的是一個人，沒有參與有意義的投入，只有知識的吸收而已——一個僅止於習得知識的心智只是觀眾而已。Dewey看見了「感覺」（feeling）與「投入」（engagement）如何受人側目，並視之為入侵者、討厭鬼，必要被鎮壓才能釋放學習的心智。他也指出學生在學科學習上出現困難的主要原因是，教師花費大量的時間在抑制學生「投入」，教師認為唯有如此，心智才不至於被阻擋而無法吸收學習的內容。然而，學生帶著自己的感覺以及心智來到了學校，我們防堵這類能量的自然來源，不只壓抑了人類的需求，更是減少學生對理論的、抽象的推測的體驗。受到忽視的「感覺活動」（feeling-activity）的生活，沒有一個好的宣洩出口，最終將爆發成為無意義的躁動，以及無來由的叛逆行為。

無疑的，過去二十至三十年的研究，使得全人的學習者——身體、情緒、思想——全部必須投入有效的學習才得以發生，如此的觀念已蔚為共識（Lovat, 2005; Kohn, 1997）。但是從歷史的觀點，重要的是要明瞭我們現在才剛慢慢轉向截然不同的一方，從原本朝向智性的、科學的以及理性的學校教育——是有著五百年來逐漸增加的威權勢力，最終賜予我們「無感」教育的現代科學。有些十九世紀的學校甚至禁止色彩的使用，因為他們覺得色彩太過「愉悅感官」，而且「富有吸引力」，會引起輕佻的舉動與造反（Freedman, 2001, pp.34-36）。我們已經見證了，像是蒙特梭利（Montessori）以及華德福（Waldorf）另類的教育形式。儘管如此，如Neville（1989, pp.10-12）所說，我們必須承認無論有多少的學校教育作法異於普遍的教育趨勢，現代西方社會長期以來仍是推舉阿波羅（Apollo, 希臘神話裡的神祇，支配理性與科學的心智）作為學童的完美典範。

從這個比較廣泛的觀點，我們更清楚看到為何Egan的想像力教育架構既是問題，也是解決之道。對教育而言，情緒是一個相當新穎的領域，它難以駕馭，而且在第一民族的背景中，時有心理受創的案例。不過，雖然情緒似乎是燙手山

芋，但同樣的，他們可能也會是現狀可以被改變的領域。第一民族學習者傳統的教育方式，如同我們在Adaawx所看到的一樣，是透過想像力的工具以及故事的敘說。其實根本的問題不在於第一民族的學習者無法適應想像力的教學；第一民族的文化**本來**就是一個神話般的，意象的文化。即使，目前第一民族的文化是古代與現代複合的綜合體，內在本來就存有許多的矛盾與衝突，我們卻認為問題的癥結在於教育本身，而事實上再造任何的教育新形式，都取決於：(1)積累的知識本體，以及(2)情緒穩定而可運作的情境——在「為理解而學習」（LUCID）的情況中，這兩者的程度明顯不足。我們是否可以考量「為理解而學習」是先驅型的研究計畫，所以期望它不會有與「想像力」相關的問題嗎，因為本來就史無前例可循啊？甚至，我們是否可能在學生的情緒具有某種程度的穩定性之前，進行充滿想像力的、引發情緒的內容的教學呢？無疑的，因為這兩者大相逕庭，所以無法相提並論。

因為這些原因，「為理解而學習」（LUCID）以及想像力教育裡頭除了有「問題」，也有解決方法。就如同所有的先驅型研究，本計畫要穿越荒蕪之地鋪出一條路徑，不是為了自己的方便，而是為那些跟隨它道路的人。在心靈多少需要療癒的社區背景中，從事一個迄今未受重視的教育領域，注定困難重重，但其轉化的潛力卻無止盡。如同其他先導研究所做的努力，「為理解而學習」將會帶給我們嶄新的知識，無論其「結果」如何，單純為了這個理由，我們就將受益無窮。

此刻，值得一提的是，選擇「為理解而學習」（LUCID）的教師似乎也擁有上述的「願景」，即使這個願景是直覺的，或有時是下意識的選擇。許多教師似乎了解他們參與了「……某件從未有人做過的事情」，雖然他們不一定能夠清楚說出是什麼讓「為理解而學習」如此的明顯不同。而有一位教師簡述道：

教師必須對學習以及改變充滿熱情，才能成為「為理解而學習」（LU-CID）的一部分。他們選擇了想像力教育，就是因為他們想要改變——或者希望有任何這方面的變化。改變是痛苦的。實施想像力教學是痛苦的……我們需要很多的勇氣才能對抗主流。

他的說法讓上述幾節所陳述的重點更具說服力：任何夥伴群體的成功或是網

絡的建立，有賴於眾多的參與者選擇成為計畫的一員；同樣的，計畫本身能否成功也取決於此。當密切合作的參與者確實聚集在一起共享信念與興趣時，創造出真誠的社群或網絡，綜效就產生了。反之亦然，當有些參與者，特別是位於網絡內主要關鍵位置的人，並沒有與全體的意圖一致的時候，那麼，負向的影響反而會加速產生。言外之意就是，假使我們希望參與者網絡與目標一致時，那麼我們必須（盡可能的）審慎選擇與我們共享願景背景的「變革推動者」，如此，儘管與常態不一致，但卻仍與計畫的目標產生共鳴。

在某些第一民族社區中，巫醫（Shaman）偶爾會進行幻象探索，他會傳達對全村落的天意指示。以這樣的方式，他建立了一個靈界與人民所在的俗界的溝通橋樑，因此村民就有了神授的介入來引導他們。同樣的，「為理解而學習」（LUCID）必要包含許許多多的願景，以創造提供第一民族學習者的更佳條件，同時也必須要有具備能力且有意願的參與者共同「發掘」這個願景。這個願景與「為理解而學習」的問題相關，不只有社會性的目標，更以教育為宗旨。

旅程的結束……

本文一開始，我敘述自己初來乍到加拿大時，心中所充滿的疑慮感受。在異鄉半年的時間，我不只對於自己是否做了正確的決定憂心忡忡，其實我下意識似乎對於任何與「文化」有關的事情，多數持有保留且根深柢固的看法。我在1970年代的丹麥長大，我覺得自己深深感染了文化差異所帶來的負向影響。在1960年代，有為數不少的土耳其移民，接受政府的邀請來到了丹麥，填補我們的勞動人力缺口。文化的衝突意指，我們學校的土耳其孩子被譏笑為「異類」；反過來，丹麥家庭被一些移民指責缺乏家庭的價值。對我而言，「文化」總是代表衝突與動盪不安。

自然而然的，童年的經驗讓我在成人生活的智性追尋中，始終在找尋人類這個大家庭裡所共享的東西，那就是融合與共通性。我們有許許多多的共通之處：都在追尋快樂、安全、物品的供應與教育等等。當文化以及文化和宗教的信念，似乎是造成今日世界許多戰爭與動盪的罪因時，為什麼學校的教育焦點還要放在文化上呢？為何不創造一個新的教育，我們只要單純的教學生，所有人呼吸的是相同的空氣、行走在同樣的土地、啜飲同樣的水，並且一同分享心中對快樂、安

全、教育等等的熱情呢？

這就是我到加拿大的旅程，它不只是正式的研究探討而已，也是我個人的旅程。我對所造訪的第一民族社區充滿感激之情，因為經由他們分享的智慧，還有透過與教師及計畫領導人在「為理解而學習」（LUCID）計畫上的共同合作，我對自己的文化以及對尊重他人的重要性，都有了更深一層的認識。

事實上，我不是很喜歡學校的歷史課。學習丹麥國王與皇后的名字與日期，還有對我自己的歷史以及文化根基的認識，並不足以點燃我的想像力。身為丹麥人代表的是什麼？還有現在住在澳洲的丹麥人代表的又是什麼？我最近才聽過了丹麥瑪格麗特皇后（Queen Margaret）的新年演說，她強調關注並且認識自己文化根源的重要性。她談到了移民與丹麥人之間仍然存在的緊張關係，也說到了丹麥人必須讓移民在新家園延續他們多數的傳統文化。「假使一棵樹的根基網絡穩固的話，」她說道，「要再次將它種在別的地方一點也不難」。

樹的隱喻在許多面向上，都是強而有力的隱喻。而「根」可以被視為是我們的過去，表示我們是從哪兒來的，「皇冠」可以表示我們所渴望的未來。就如「為理解而學習」（LUCID）的計畫領導人Mark Fettes博士所說的：「教育必須植基於我們是什麼以及我們可能成為什麼之上。」在這些語句中，我們可以感受到與「為理解而學習」計畫目標的強烈關聯：文化代表我們的根源，是我們尤其重要的基礎，我們所來地方的泥土與環境；想像力教育代表的是重新想像新世界的必要，原住民社區不再因殖民地化以及城市的力量而被邊緣化——那也就是我們可能會成為什麼。

換句話說，透過「為理解而學習」（LUCID）研究計畫，我個人終於理解到，對原住民學習者而言，重新獲得文化根源的驕傲感與認同感是多麼重要，而這值得我們以想像力以及引人入勝的教育方式來實現。當我還小的時候，我的歷史課程如果更富有想像力的話，可能我就不會一直到現在才在人生中認識這個非常重要的課程：基本上，並不是文化的差異性造成了今日世界屢見不鮮的戰爭與衝突；相反的，缺乏接受、理解以及稱頌的能力，才是罪魁禍首。

的確，文化差異不只是我們的地理位置與歷史的根源不同——我們是誰——也是我們必須認識的更小的部分，如此我們才能見到根與更龐大「樹幹」的關聯——我們的共通性與靈魂的起源。我後來才知道這也是第一民族的思考方式。發現共通性、「生命之樹」，我們必須認識那棵樹的根源，它成長的土地與根基。

如此，我明瞭了我來到加拿大不只是學習「**關於**」第一民族的事情，而是學習「**來自**」第一民族的文化與智慧。探討「為理解而學習」（LUCID）計畫令人欽佩的努力以及成果，就是達到那目標的最美好開端。

> 人類有著塵世的根，心靈的翅膀。
> 向身為大地之母孩子的血統致敬
> 我藉由夢的編織，找到心靈的根源
> 我們的心靈和身體，兩者都能奔放聯翩。
> ──〈西西愛笑烏鴉〉（Cisi Laughing Crow, Sams, 1999, p.163）

致謝

我要特別感謝「為理解而學習」（LUCID）計畫的參與者，協助檢核本文所列出的成員，也感激想像力教育研究團隊（IERG）提供評論以協助我們改進先前的草稿，並且謝謝Julia Smith編輯本文最終版的草稿。最後同樣重要的是，我要對第一民族的社區、學校、教師以及孩子們，讓我在社區中備受禮遇表達感激之意。

參考書目

Atkinson, P., Coffey, A., & Delamont, S. (2001). *Handbook of Ethnography.* London: Sage.

Bowman, B. T., Donovan, S., & Burns, M. S. (Eds). (2001). *Eager to learn: Educating our preschoolers.* Washington, DC: National Academy Press.

Campell, K. (2005). *Persistence and change: a history of the Tsimsyen Nation.* Prince Rupert: Friesens.

Cotton, K. (1995). Effective schooling practices: a research synthesis. Available: www.nwrel.org/scpd/esp/esp95.html

Damasio, A. (2003). *Looking for Spinoza: joy, sorrow, and the feeling brain.* Orlando, Florida: Harcourt.

Davies, A. (1998). Thinking about 'Narrative Reasoning' as a Methodology: A Response to 'Narrative Reasoning and Teacher Development: A Longitudinal Study', *Curriculum Inquiry*, v.28, no.4, pp.473-490.

Demmert, W. G. (2001). Improving academic performance among Native American students: a review of the research literature. Available: www.ael.org/eric/dem-mert.htm

Dewey, J. (1934). *Art as experience, John Dewey, volume 10:1934, The Later Works, 1925-1953*. ed. Boydston, A. Carbondale: Southern Illinois.

Egan, K. (2005). *An imaginative approach to teaching*. San Francisco: Jossey-Bass.

—. (2003). Start with what the student knows or what the student can imagine, *Phi Delta Kappan, the Professional Journal for Education*, February.

—. (1997). *The educated mind: how cognitive tools shape our understanding*. Chicago: University of Chicago Press.

—. (1992). I*magination in teaching and learning*. Chicago: University of Chicago Press.

—. (1990). *Romantic understanding: the development of rationality and imagination, ages 8-15*. New York and London: Routledge.

—. (1988). *Primary understanding: education in early childhood*. New York and London: Routledge.

—. (1986). *Teaching as story telling*. London, Ontario: The Althouse Press.

Eisner, E. W. (1998). *The Enlightened Eye: Qualitative Inquiry and the Enhancement of Educational Practice*. Upper Saddle River, N.J.: Merrill.

—. (1994). *The educational imagination: on the design and evaluation of school programs*. 3rd ed. New York and Toronto: Macmillan.

Fettes, M. (2005). Imaginative engagement in culturally diverse classrooms: changing teacher thinking and practice within a Community-University Research Alliance. In V. Stead (Ed.), *International Education Dynamics - Their Influence and Dynamics within the Canadian Academy*. Toronto: Canadian Society for Studies in Education. Available at http://www.csse.ca/CCSE/CCSEProceedings11Fettes.pdf

Frankfort-Nachmias, C., & Nachmias, D. (1992). *Research methods in the social sciences*. New York: St Martin's Press.

Freedman, K. (2001). 'How do We Understand Art? Aesthetics and the Problem of Meaning in Curriculum,' in *On Knowing Art and Visual Culture*. eds. Bracey, T. & Duncum, P. Christchurch: Canterbury University Press.

Furco, A., & Billing, S. H. (2002). *Service-learning: the essence of the pedagogy*. Greenwich, CT: Information Age Pub.

Gatto, J. T. (1997). Why Schools Don't Educate. *Nexus* [n. vol.] June-July, pp.13-16 & p.81.

Geertz. (1988). 'Thick Description: Toward an Interpretive Theory of Culture'. *Contemporary Field Research*. ed. Emerson, R. Prospect Heights: Waveland.

Glazer, S. (1999). *The heart of learning*. New York: Penguin Putnam.

Goguen, J. (2000). CSE275: Social theories of technology and science. Available: http://www.cs.ucsd.edu/users/goguen/courses/275/s6.html

Goleman, D. (1998). Working with emotional intelligence. New York: Bantam Books.

Goleman, D., Boyatzis, A., McKee, A. (2002). The new leaders: transforming the art of leadership into the science of results. London: Little, Brown.

Hart, P. (2000). Requisite Variety: the Problem with Generic Guide-lines for Diverse Genres of Inquiry. *Environmental Education Research*, v.6, no.1, pp.37-44.

Sams, J. (1999). *Dancing the dream.* NY, NY: HarperCollins.

Kohn, A. (1997). How not to teach values-A critical look at character education. Phi Delta Kappan, February, pp.429-439.

LeDoux, J. E. (1996). *The emotional brain.* New York: Simon and Schuster.

Leithwood, K. A., & Riehl, C. (2003). *What we know about successful school leadership.* Philadelphia, PA: Laboratory for Student Success, Temple University.

Lips, E. (1986). *Sie alle heissen Indianer (They are all Indians).* Berlin: Der Kinderbuchverlay.

Lovat, T. (2005). Values education and teachers' work: A Quality Teaching perspective. (A version of this paper can be found in *New Horizons in Education*, volume 112, 2005).

Miller, R. (1997). *What are Schools for?* Brandon: Holistic Education Press.

Minister of Indian Affairs and Northern Development (1996). First Nations in Canada: Pacific Coast First Nations (in section on 'social ranking', paragraph 13). Available: www.rlc.dcccd.edu/Mathsci/anth/104/pacific.htm

National Aboriginal Health Organization (2007). Broader determinants of health in an Aboriginal context. Report available at: www.naho.ca/publications/determinants.pdf.

Neuman, W. L. (1997). *Social Research Methods.* Needham Heights: Allyn & Bacon.

Neville, B. (1989). *Educating Psyche: Emotion, Imagination, and the Unconscious in Learning.* Melbourne: Collins-Dove.

Nielsen, T. W. (2005). Values education through thinking, feeling and doing. *The Social Educator*, vol.23, no.2, pp.39-48. (Article is republished with permission at the Australian Government website on resources for Values Education: www.valueseducation.edu.au/values/val_articles,8884.html)

Office of Indian Education (2006). National Indian Education Study. Report available at: http://nces.ed.gov/nationsreportcard/nies/

Orr, D. (1999). 'Reassembling the Pieces: Architecture as Pedagogy,' in *The Heart of Learning.* ed. Glazer, S . New York: Penguin Putnam.

Palmer, P. (1999). 'The Grace of Great Things: Reclaiming the Sacred in Knowing, Teaching, Learning,' in *The Heart of Learning.* ed. Glazer, S. New York: Penguin Putnam.

Polkinghorne, D. (1995). Narrative Configuration in Qualitative Ana-lysis, *Qualitative Studies in Education*, v.8, no.1, pp.5-23.

Post, S. (2007). *Why good things happen to good people.* New York: Broadway Books.

Reassembling the social: an introduction to actor-network-theory / Bruno Latour. Oxford : Oxford University Press, 2005.

Royal Commission on Aboriginal Peoples (1996). *Gathering Strength* (vol.3) and *Perspectives and Realities* (vol. 4). Ottawa: Minister of Supply and Services Canada.

Sernak, K. (1998). *School leadership: Balancing power with caring.* New York: Teachers College Press.

Smith, D. C., Leake, D. W. & Kamekona, N. S. (1998). Effects of a Culturally Competent School-Based Intervention for At-Risk Hawaiian Students. *Pacific Educational Research Journal*, v.9 n.l p.3-22.

Strauss, A. (1987). *Qualitative Analysis for Social Scientists.* New York: Cambridge University.

Van Manen, M. (1990). *Researching Lived Experience.* New York: The State University of New York.

Woods, G. B. (1999). Creative Teaching and Qualitative Research Methods [Seminar], La Trobe University, Bendigo, VIC, November 3rd & 15th.

Zeller, N. (1995). Narrative Strategies for Case Reports, in *Qualitative Studies in Education*, v.8, no.1, pp.25-35.

第10章
以視覺圖像創作開展肯納卡毛利原住民的教育途徑

Herman Pi'ikea Clark
紐西蘭馬塞大學（Massey University）

摘要

　　「海市蜃樓理論」（Kauhale Theory）是視覺本位研究（visual based research）的教育哲學，其理論依據的是夏威夷肯納卡毛利原住民（Kanaka Maoli）的文化隱喻。「海市蜃樓理論」目標在為長久以來受州制教育邊緣化的肯納卡毛利原住民，發展出另一可行的教育替代方案，提供夏威夷學生在教育情境中，學習肯納卡毛利原住民知識的機會，將理解以及表達知識的方式列為優先，並以探究與研究為主要的媒介。

　　本文敘述我們透過源自於文化的觀點、價值觀，以及肯納卡毛利原住民對教育的渴望之圖像創作，發想與發展「海市蜃樓理論」的歷史背景，達成有利於肯納卡毛利原住民學習的情境目標。

背景

　　我身為夏威夷先民——肯納卡毛利原住民的後代子孫，同時也是教育家與藝術家，透過視覺藝術以及圖像創作，發展出以肯納卡毛利夏威夷原住民的文化觀點出發的教學途徑，始終是我的研究工作重點。

　　將肯納卡毛利原住民的文化觀點、價值觀以及他們的渴望，與教學法和課程法串連的期望，構成本研究的基礎。積極發展肯納卡毛利原住民教學途徑的期盼，激發了本研究的發展。希冀以本研究，抗衡國家以及州政府規定的教育政策下，長期造成夏威夷本土知識邊緣化的過程（Benham & Heck, 1998）。除了抵抗州政府及聯邦教育政策的同化目標外，過去夏威夷因受美國百年占領，導致肯納卡毛利原住民知識發展中斷，因此它的存續、進化，也是本研究工作企圖推動

的重點。

　　我的研究工作要面對的有：全世界所有教育階段皆奉為圭臬的美學、視覺本位教學領域的藝術，以及藝術教育的學術準則。我的研究將作為本土研究的整體反思，異於西方學術傳統以及認識論的傳統手法，努力嘗試連結先民的知識，並依此建立起以夏威夷本土文化為基礎的教學途徑。

夏威夷的視覺藝術教育

　　在夏威夷學校中，視覺藝術教育課程的內容及角度，長期將歐洲及美國藝術、藝術史及美學的觀點奉為圭臬。夏威夷的學校就如同美國國內其他地區一樣，灌輸給學生的視覺藝術內容，全部都是由美國藝術教育理論與實務所定義的名詞、價值觀及條件。主要原因在於長久以來存留的藝術作品，是由歐洲及美國藝術家所創作，教師以及教育理論者，在視覺藝術教育領域上，除了反映出歐美文化觀點及價值外，別無他法。無視於如此的文化偏見，教育政策普遍頌揚藝術教育，讚頌它的包容力，其陶冶感官、鼓勵高層次思考，肯定它提供學生邏輯與情感間的具體連結。尤其，夏威夷迎合這樣的教育措施由來已久，在學校及師資教育課程中，亦採納國家所發展的計畫，如此的視覺藝術研究正向效應，別具說服力。

　　然而，與美國勢力擴張於夏威夷的歷史背景並列在一起，視覺藝術教育積極且有益的意圖所具備的特質，可就一點也不正向了。歐美的語言、價值觀及文化觀點的入侵，儘管聲稱是多元文化的融合，但夏威夷的視覺藝術教育可說是全面的淪陷了。

　　如同世界其他多數地區，夏威夷的藝術及藝術教育實踐，幾乎沒有給予自己文化提出「不同」觀點的機會，讓自己的聲音能藉由多元看法、價值觀及知識的融合，真正影響並主導藝術課程及教學法的發展。我的研究工作最憂心的就是，這片土地的原住民肯納卡毛利的文化觀點及表現，其被夏威夷的藝術及藝術教育實踐給摒除在外。

　　過去一百多年來，肯納卡毛利原住民的文化，完全無法影響夏威夷的藝術及藝術教育環境，無法引用本土的方式來認識藝術、觀看藝術。夏威夷人民已習慣透過引進的殖民觀點來感知並表現世界，這就如同特洛伊木馬（Trojan horse）

屠城計文化版的重現。

　　透過美國社會傳遞的價值觀、審美觀以及視覺教學法，視覺藝術教育在夏威夷是一個微妙卻別具說服力的文化同化工具。

　　本文特別指出，肯納卡毛利原住民知識被摒除在視覺藝術教育外，其實正象徵著肯納卡毛利原住民知識，普遍被排除在夏威夷的教育之外。肯納卡毛利原住民知識——這個超過一千五百年的文化所衍生的知識基礎，不僅止於藝術課程之中，而且幾近夏威夷教育的所有面向，其認知的以及美學的面向，事實上差不多都已淪喪了。

藝術與肯納卡毛利原住民文化

　　在西元十八世紀的西方歐洲社會，現代的「藝術」概念，因美學物件匯流成一個獨立的範疇。自這個時期以降，「藝術」的概念是單獨以及自主的類別，包含了作為審美用及市場交易的物件及圖像（Shiner, 2001）的明確用途。我幾乎能確定的是，世界上沒有其他工業化前的社會或文化，會如西方歐洲社會一般，為美學物件建立一個分離的範疇。全球所有國家普遍採用這樣的藝術概念，說是藝術對一致性的呼籲嗎？更有可能是因為歐洲殖民計畫成功的因素吧！（Shiner, 2001）

　　藝術的教育，無論是應用於歐洲、亞洲、美國、非洲或太平洋的課堂中，都是由現代主義（Modernism）所主導，其持有的理念為，藝術是自我參照（self referencing）的，重點是美學，是與社會之相互關聯性脫節的個體表現。

　　肯納卡毛利原住民文化儘管對創作視覺作品的素材、技法以及形式表現極度重視，卻不同於西方世界概念化「藝術」的方式來生產「藝術」。事實上，在肯納卡毛利原住民語中，沒有一個詞彙符合今日我們給「藝術」所下的定義。即使美學是主要的考量，肯納卡毛利原住民文化環境中創作的物件與圖像，全都是設計用於相互關聯的社會情境中以發揮其功能。肯納卡毛利原住民文化環境中所創作的物件與圖像，不僅具實用性，還時常被用來作為識別符號，以及宗系歷史與知識的視覺表徵。肯納卡毛利原住民社會的特性與本質，透過這些物件與圖像，展現的是一個有著相互關聯性的整體。神聖的酋長羽毛斗蓬（`Ahu`ula），就是這樣的一個範例，它扮演的是肯納卡毛利原住民社會與文化裡，視覺圖像與物件

的角色。酋長斗蓬，由數千隻原生種鳥類身上精選出的羽毛縫製而成，亦是肯納卡毛利原住民社會最高的織物成就之一。由於它優雅的設計，以及運用珍貴媒材精心的建構，酋長斗蓬最可能符合一般藝術作品的定義。然而不同於西方的藝術，酋長斗蓬不只是精美的工藝美學品，它在肯納卡毛利原住民社會的情境中，其功用除了表現以及證明穿戴它的酋長的神聖不可侵犯性之外，還有他或她要擔負的集體意識以及神力。相對於西方藝術以及藝術史，會將酋長斗蓬的設計定義為手工藝品或部落的物件；在肯納卡毛利原住民的圖像與物件系統中，酋長斗蓬具有構成教化意義的要素，顯示酋長的神聖不可侵犯性以及其在世俗間的權威。

讓我簡短的說明，對於西方藝術以及藝術教育的批判，不代表我摒棄它對人類經驗的價值和貢獻。相反的，身為進行視覺藝術實踐者以及藝術教育工作者，我尊重西方藝術的歷史發展以及成就，也重視其影響世界美學觀的獨特貢獻。然而，我所反對的是國家以及州立的教育政策，其利用歐美藝術史的理論以及傳統手法，全面影響夏威夷的藝術以及美學教育的教學。我們的祖先了解並且重視知識多元觀點的重要性，正如知名的 `Ôlelo No`eau 或諺語 A`ole pau ka ike I ka hâlau ho`okahi 所表達的，「即使是學校也無法教你所有的知識」。

為了夏威夷以及世界各地有著如此多所謂的前殖民地，我會善加運用這個古老隱喻所隱含的智慧去反觀藝術教育學科，但卻毫無根據，以為只要一個學派就可涵蓋與視覺印象、物件以及視覺教育相關的所有知識。而那個學派就稱為西方藝術史、美學以及藝術教育，它的守門人就是州批准的教育政策。透過本土的教育研究工作，在我們今天所行走的狹隘的學習道路上，我們要用傳承世代的先祖智慧，來培育所有的學童（本地以及非本地的學童皆是如此）。

我不僅只關切施行標準本位教育的同化效應而已，我也質疑目前的藝術以及藝術教育領域的包容力，是否能適切的結合並表現出肯納卡毛利原住民知識的複雜性、其跨學科的本質以及其認知的視覺方式。

在透過視覺圖像及物件創作以發展本土教育途徑的研究工作裡，我發現了機會。透過肯納卡毛利原住民語言中所欠缺的「藝術」字彙或概念，我跨越那個由西方藝術史、美學以及藝術教育勢力所建構並占領的範圍，標示出新的知識創作領域。

肯納卡毛利原住民的文化，大部分以口語為主，所有的知識以及歷史都是透過口語的組織而被記錄並且傳承，像是`Ôlelo No`eau或諺語，或Mo`olelo或故

事，都是傳統價值及文化觀點的寶庫。`Ôlelo No`eau現今就提供了當代肯納卡毛利原住民契機，與他們先祖的文化信念與價值觀建立連結的方法。

即使如西方文化情境中所認識的藝術概念與地位，在傳統肯納卡毛利原住民文化與社會中是不存在的，但視覺文化卻仍扮演著舉足輕重的角色。與十八世紀之後，歐美社會中藝術的純化地位相較起來，肯納卡毛利原住民的視覺文化在社會中主要提供服務的功能，有時是提供作為資訊的視覺紀錄、編纂以及傳遞的重要方式。肯納卡毛利原住民的視覺文化，不僅是扮演寶庫的角色及知識傳播的媒介，它也被視為是其自身文化情境中具有重大價值的工具，可以探索文化情境，更可以建構知識。

這句`Ôlelo No`eau出自於可愛島（Kauai），微妙的描述圖像以及物件在肯納卡毛利社會中，發揮提供新概念以及構想知識時的重要功能。

Ho'onohonoho i Waineki Kauhale O Limaloa是一個傳統的諺語，描述肯納卡毛利原住民的幻象創作神祇——Limaloa的活動方式。根據這個諺語，以建造海市蜃樓或房屋。知名的Limaloa會在清晨時分，沿著可愛島的Waineki平原活動。Limaloa一旦完成他建造的海市蜃樓，他會讓它們在還未破曉的天空中消失。在夏威夷語中，有著如此多的Kaona——「隱含的意義」，組成肯納卡毛利原住民語的語言重要功能。Kaona挑戰聆聽者，與肯納卡毛利原住民語中意義的複雜性產生連結，並挑戰獲得諺語意義的訊息象徵。

這個可愛島諺語的內在意義，在於以Limaloa海市蜃樓的創作行動，來類比發展想法與排序計畫的智能與創造性活動。我自己對諺語的詮釋則為，Limaloa藉由建構以及安排海市蜃樓的活動，就如同人透過模型、心智圖或繪製概念圖來運用想像力的實現目的並且澄清概念。Limaloa在清晨時分的Waineki平原上忙著構造建築物，安排海市蜃樓的結構，就是透過圖像以及物件，視覺化詮釋並賦予概念及想法來表現形式的行為。

Limaloa在Waineki的平原建造海市蜃樓，提供肯納卡毛利原住民文化中，傳統視覺圖像及物件的另一個功用之證據：一個能從事新概念及知識發展的工具。在諺語的情境中，Limaloa建造的海市蜃樓，讓他的思想得以傳遞、表達，因此提供他透過應用並且發展新知識的視覺基礎過程。從這個諺語的觀點看來，透過海市蜃樓的建造與組織，讓概念得以出現的過程才是重要的，而不是創造海市蜃樓的成果。

如此一來，肯納卡毛利原住民的教育就可走出自己的途徑，它異於繼續緊握住現代主義原則的傳統藝術教育重點──其核心從未以藝術作為社會化情境的實踐，而是個體藝術家創造力及靈感的表達。在這樣的知識論架構之內，藝術的創作即是藝術家的物件。即使後現代主義影響藝術教育對多元觀點的接受度，對經驗主義（empiricism）以及形式主義（formalism）的批判，以及其固有對勢力與威權的挑戰，但藝術教育的終極目標與焦點，仍然（絕大部分）都還是藝術圖像／物件。

海市蜃樓理論

海市蜃樓理論以肯納卡毛利原住民知識創造的隱喻為基礎，透過圖像／物件的創作並以思考歷程為優先，讓學生專注於社區的發展，關注社區內住民的相互關係。雖然這個方法所關切的是個體的成就與成長，但是個體的成長就是組成社區的重要元素核心，也是構成這個本土哲學方法的基礎。

肯納卡毛利原住民族由宗譜所串連，擁有源自於古老時代神祇先民的共同知識源。詮釋世代以來，所建立並傳遞的這些知識，證明肯納卡毛利原住民不論是個體或群體或社區，皆是以各形各色的方式去認識並且了解這個變化不停的世界。這個透過意象與物件創作的本土教與學途徑，激勵學生以及老師引導自我的視覺研究，朝向往宗譜內所蘊含的知識方向，進行探究與知識的轉化。相較於指標本位課程的均質化目標與成效，宗譜本位的本土教學法，提供學生建構個人獨特的方法，重新建立起與土地、與家庭歷史以及與社區的連結。學生理解他們與社區環境的關係，以及他們在其中的責任與義務，達成對自我的認識與了解。透過圖像的思考歷程，給了學生探究、轉化並溝通自己故事的空間，有助於形成回想宗譜知識的記憶圖像以及物件。不同於藝術物件，這些視覺物件以及圖像的主要創造目的，是作為「理解的手段」，且用來回想與保留蘊含於宗譜內的所有知識。

肯納卡毛利原住民的教育途徑，必須利用西方文化所缺乏的概念，像是肯納卡毛利原住民語言以及文化中的藝術，結合自己的視覺本體論（ontology）以及認識論（epistemological）的方法，才能發揮作為承載本土知識工具的功能。如此，肯納卡毛利原住民的藝術以及藝術教育才能在西方文化的偏見之外得到發

展，以真實的聲音反映島嶼的地理、歷史及文化的真實性。

　　要在被西方哲學以及學術架構占據的地盤之外，奮力的找出自我的知識以及意義的道路，肯納卡毛利原住民以及其他本土教育研究的倡議，全面性的目標是顧及由此所延伸出去的社區需求。如此，即便是在全球新自由主義教育情境內，除了漸增的知識均化與商品化之外，本土的教育研究還可提供這個世界一個確實可行的替代性作法。

參考書目

Cahan, Susan., and Kocur, Zoya. (1996). *Contemporary Art and Multicultural Education.* New York: Routledge.

Cary, Richard. (1998). *Critical Art Pedagogy, Foundations for Postmodern Education*, New York: Garland Publishing, Inc.

Cajete, Gregory. (1994). *Look to the Mountain, An Ecology of Indigenous Education*, Skyland, North Carolina: Kivaki Press.

Cazimero, Momi., de la Torre, David., Meyer, Manulani. (2001). *Na Maka Hou: New Visions, Contemporary Hawai`i an Art.* Honolulu Academy of Art.

Clark, Herman Pi`ikea. (1996). *The Reassertion of Native Hawaiian Culture in Visual Art.* MFA Thesis: University of Hawai`i at Manoa,.

Clark, Herman Pi`ikea. (2003). Na Maka Hou Hawaii. *Third Text*, *17*(3), pp.273-279.

Coffman, Tom. (1998). *Nation Within*, Honolulu: Epicenter Press. 1998.

DeSilva, Kauka. (2001). Discussion on Kanaka Maoli Art Education.

Dudoit, Mahealani. (1998). Carving a Hawaiian Aesthetic. 'O'iwi, *A Native Hawaiian Journal*, Honolulu Vol. One (December).

Freire, Paulo. (1973). *Pedagogy of the Oppressed.* New York: Seabury Press.

Hooks, Bell. (1994). *Teaching to Transgress, Education as the Practice of Freedom.* London: Routledge.

Giroux, Henry A. (1983). *Theory and Resistance in Education.* New York: Bergin and Garvey Publishers.

Kamakau, Samuel M. Ka Po'e Kahiko. (1976). *The People of Old.* Trans. by Mary Kawena Pukui, Arr. and ed. by Dorothy Barrere. Honolulu: Bishop Museum Press.

Kamehameha Schools/Bishop Estate. (1983). *The Native Hawaiian Educational Assessment Project.*

Kosasa, Karen. (1997). *Pedagogical Sights/Sites: Producing Colonialism and Practicing Art in the Pacific.* FATE.

Malo, David. (1903/1951). *Hawaiian Antiquities*, 2nd ed. Translation: Nathanial Emerson. Honolulu, Bishop Museum Press.

Meyer, Manulani, Aluli. (1998). *Native Hawaiian Epistemology: Contemporary Narratives.* EdD. Thesis, Harvard University, 1998.

Ong, W. J. (1982). *Orality and Literacy: The Technologizing of the World.* London: Methuen.

Peters, Michael. (2000). *Education and Culture in Postmodernity: The Challenges for Aotearoa/New Zealand.* Macmillan Brown Lectures.

Pukui, Mary K. (1983) *ʻŌlelo Noʻeau: Hawaiian Proverbs and Poetical Sayings.* Honolulu: Bishop Museum Press.

Sheehan, Norman. (2003). *Indigenous Knowledge and Higher Education: Instigating Relational Education in a Neocolonial Context.* Doctoral Thesis in Education, University of Queensland, Australia.

Shiner, L. E. (2001). *The Invention of Art: A Cultural History.* London: University of Chicago Press.

Smith, Graham. (1997). *Hingangaroa. The Development of Kaupapa Maori: Theory and Praxis.* PhD Thesis for the University of Auckland.

Smith, Linda, Tuhiwai. (1997). *Decolonizing Methodologies, Research and Indigenous People. Dunedin*: University of Otago Press.

United States Department of the Interior. (1983). *Native Hawaiian Study Commission: Report on the Culture, Needs and Concerns of Native Hawaiʻians.* Washington D. C.

第11章
自然科學課程的科學與藝術

Patricia Monzón
布宜諾斯艾利斯國家學院（Colegio Nacional de Buenos Aires）

布宜諾斯艾利斯大學（University of Buenos Aires）

阿根廷國家大學（Universidad Tecnológica Nacional）

María Vinuela
阿根廷貝爾格蘭諾大學（Universidad de Belgrano）

摘要

本文目的在揭開科學與藝術可能的關係。對自然科學課程而言，讓學習更有意義，並且在情感的情境中思考一個不同的世界，是有其必要性的。我們呈現教學的經驗，分析藝術創作在課程中的兩個功能：理解知識並且引發自我調整學習（self-regulated learning），這兩者都是學習歷程的重要元素。我們發現藝術創作讓學生得以利用自我調整的策略，轉化知識概念的某些面向，組織他們的知識並理解物理。

> 這運動的源泉，這隱晦的力量注入
>
> 是通過自然的萬物，先知者
>
> 是你，偉大的牛頓
>
> 大衛・梅利特（David Mallet）
>
> 漫遊（The Excursion）
>
> 從我的枕席處，凝視亮光
>
> 那是月亮和相互映照的星群，我看見了
>
> 雕像站立的教堂門廳處
>
> 是牛頓稜角分明的靜默的臉
>
> 大理石是永恆心智的象徵

航行穿越奇異的思想海，超然獨立

——華滋華斯〈序曲〉（Wordsworth, The Prelude）

前言

如同我們在其他文章（Monzón, 2003, 2005）所討論過的，許多的研究者與教師的看法一致，認為學習物理絕非易事。認知的闡述以及轉化，需要學生的活動以及對學習的投入。學生必須參與自我的**學習歷程**，才能夠重新安排或調整先備知識，以獲取新的資訊。我們的高中教學經驗顯示，許多學生都覺得物理是艱澀的，這門學科的學習是困難重重的。造成學習困難的部分原由是學生的年齡因素。青少年經常缺乏學習動機，對自然科學不感興趣，注意力也無法集中。同時，他們對自然科學的知識性概念（Giordan, 1995; Pintrich, 1997），常是學習歷程中的絆腳石。

在本文中，我們想要討論一些想法，證明班級裡的想像力活動正是解決這些問題的可能方法。我們相信這些想法會深化自2001年就在阿根廷高中實作的教學經驗結果的分析[1]。

此外，我們已分析兩個範疇：**知識的理解以及自我調整學習的發生**。學生「**創作藝術作品**」（production of artistic work）是這個教學提議裡最重要的元素[2]。

科學學習：我們的模式

科學教育的研究說明了要轉變學生對科學的天真想法，是困難重重的。

我們的物理學習模式（如同在Zusho & Pintrich, 2003; Giordan, 1995），在精緻化的歷程以及知識的轉化中，有著重要的地位。物理學習包含更高層次的心智發展歷程（Vygotsky, 1987），而文化工具（cultural tools）的使用（媒介工具），互為主體性（inter-subjectivity），學習的動機（motivation in learning）

1　教學經驗的描述以及範疇的分析在Monzón（2006）的論文報告中：《藝術創作與物理學習》（*Artistic Productions and Physics Learning*）。
2　本文其中一位作者是教師。教學經驗的描述於Monzón（2003, 2005）。

（興趣、動機）以及後設認知歷程（metacognition processes）（思考自我的心智歷程）等，這些都與精緻化的面向有關。我們的模式包括個人的特質與誤解、對科學的態度、信念以及「五種理解能力」（kinds of understanding）（Egan, 1999）。

如Giordan（1995, 2005）所寫道，知識信念[3]以及態度可能會是科學知識的絆腳石。我們認為教師應該學習這兩個與學生個人特質相關的面向。

另一方面，亦如Vergnaud所說：

> 概念無法只以結構單獨定義：概念的全面分析需要我們思索概念的特性、概念被使用的情境以及主體用來思考以及談論概念的符號系統。（Nunes, 1999, p.67）

根據Caravita與Hallden，在學生與科學家之間的類比是「限制，而非授予在教室裡探詢與解釋學習歷程的權力」（1994, p.89）。

學習者有個人的需求，而如Bruner（1986）在《真實的心智，可能的世界》（*Actual Minds, Possible Worlds*）裡所說的，有些學生喜歡「**實用的方法**」（pragmatic approach），其他則偏好**敘事性的方法**（narrative approach），這些需求可以引導個體通往學習的歷程。

此外，我們想要加入學習的情感面向，使我們的學習模式更為完整。我們認為情感歷程能催化思考歷程朝向精緻化發展，並且帶來轉化。

最後，物理的學習意指物理的概念、程序以及擁有科學史的知識（Wertsch, 1998）。

由下頁圖11.1中可以看到我們的**學習模式**結構。

綜上，教師與研究者皆認為學生必須投入自我的學習歷程。此外，要描繪個體的學習以及社會的面向，必須具有互為主體性、情感要素及自我調節策略的使用，例如，後設認知與思考自我心智歷程，以及文化工具的掌握。

我們確認社會與個體的學習構成要素之間有相互關聯性。個體面向的組成包含個人的知識性概念（態度、誤解）、五種理解能力（Egan, 1999）、個人的動

3　關於知識與學習的信念。

圖11.1 我們的學習模式

學習模式

個體
- 知識性概念
- 先備知識
- 興趣、動機
- 自我調節策略
- 情緒語彙

文化
- 物理
- 文化工具（中介工具）
- 互為主體性
- 情緒語彙

科學知識與知識概念的精致化以及轉化

機與興趣，以及從參與活動所獲得的意義。學習的社會面向涵蓋物理與個人歷程在知識精致化時的互動（知識與概念的活動與轉化）。

在學習的個體面向與社會面向之間的動態**聯繫**，就是與上述的所有要素都有關聯性的學習情緒。

因此，在學習的個體面向與社會面向之間存在著緊張的關係。這個模式並不單純。其中有許多一個個緊密相扣的要素，不過我們無法簡化這個模式。**我們認為學習的複雜性應經由教學（didactic）的觀點詳加思索。**

此外，根據Giordan（in Astolfi, 1989）所說，活動需要不同的邏輯（例如我們的情況是科學與藝術），如此可使物理學習的歷程更輕鬆自如。

現在我們的目標是深化這個架構，以說明開啟這個學習歷程的方式。

藝術創作與想像力

Vygotsky（1987）建議，為了發展高層次的心理學功能，使用中介的工具——社會互動，可提升自我敏察與控制歷程。還有，經深思熟慮後的自主性調整，也是不可或缺的。

在這個情形中，個體的控制與調整的發展，與社會互動以及可使用的中介工具緊密聯繫在一起。物理是文化的產出；文化工具像是故事、詩等等；互為主體性的要素與學習的社會面向都有關聯。

Gajdamaschko（2005）說道，Vygotsky認為想像力與思考歷程形成特殊的

整體，幫助孩童理解世界：「……在他們發展的歷程——想像力與思考是相對的，它們的結合本來就存在於最初的推想，是人們形成的初始概念。」（Vygotsky, 1987, Vol.1, p.78 in Gajdamaschko, 2005）

而且，由於這兩者的結合，我們不能將想像力置於孩童的發展之前。想像力蘊含在孩童的思考與有意識地產出意義的發展歷程中，隨著思考的逐漸成長而發展。延續這個討論的主軸，Vygotsky概述言語的發展是如何與想像力的發展有所連結，他聲稱：

> 想像力的發展，如同其他更高層次心智功能的發展，與言語的發展相連結，與圍繞在孩子身邊的社會互動相關聯，與孩子覺察的集體社會活動的基本形式相關。（Vygotsky, Vol.1, p.346, Gajdamaschko, 2005）

因此，想像力的發展與思考歷程的發展創造了「四種類型」的功能，雖然更加複雜但卻是科學學習所不可或缺的。

Vygotsky相信想像力活動在文化中被具體化了，這些活動透過將相對應的文化形式的心理工具內化，且逐漸發展。為了理解想像力，我們需要去分析促成想像力活動的認知與心理的工具。Vygotsky告訴我們：

> 以下提及的，可作為心理工具與他們複雜系統的範例：語言、計數與計算的不同形式、記憶策略（mnemotechnic）、代數符號、藝術作品、書寫、圖略、圖表、地圖、藍圖、各式各樣制定符號等等。（Vygotsky, 1987, Vol.3, p.85）

對我們的概念而言，這論點舉足輕重：代數符號的使用、科學概念的系統以及藝術作品等，都是文化的傳播工具，也是文化的工具；還有這些工具的使用能培養起學習物理所必須具備的更高層次的心智功能。

Gajdamaschko（2005）提醒我們：「透過文化工具的內化與取得使用，促成社會化的（人際的）活動，孩子建構起他自我內在活動的心理工具。」

Egan（1997）說道：「（Vygotsky主張）藉由中介智性工具（intellectual tools）的使用，讓我們得以理解世界，繼而它也深刻的影響我們所理解的意

義。」（p.29）

他補充說道：

> 那麼，我們可從個別掌握工具與符號系統的程度，例如，語言的系統，辨識
> 智性發展的歷程。智性工具的發展帶來不同性質的理解方式：符號系統重組
> 整體的心理歷程。

法國文化心理學家Meyerson在Bruner（1996）的著作中，論及「**作品**」
（oeuvre）是文化運作的結果。這些作品包括了藝術與科學。那些由小團體所製
作的成品，可以稱之為「**作品**」，只要它能帶來驕傲與認同感。簡言之，具體化
將認知活動從隱晦之中解救出來，讓它更公開且可以被討論，同時，也讓之後的
反思與後設認知，更易提取認知活動（Bruner, 1996）。

Ong（1993）提出一個關於文學作品創作的有趣反思。他提醒我們，偵探
故事的布局有其內在的結構，角色得以發現具有邏輯性的解決方法。一般說來，
偵探故事對讀者展現心智的歷程，當偵探嘗試解決案件的時候，孤獨與個人反思
是必要的。角色需要進行這個活動的時間。

另一方面，我們認同Ivic（1994）參照Vygotsky的理論所做的補充：「……
發展的決定性因素不是各個個別功能的進展，而是在不同功能之間轉變的關係。
換言之，發展包含了複合功能的形成。」（p.4）

換句話說，根據Wertsch（1985, in Egan, p.23, 1997）的觀點，我們可以
「**就中介形式的出現或轉換**」來思考發展。

Egan（1999, 西班牙文）申明想像力與知覺（perception）、想法產出、情
緒以及隱喻有關。想像的力量來自於理性也來自於情感。

Warnock（1976）告訴我們，想像力的功能可以帶來更多意義的產生。

Alan White（in Egan, 1999）得出的結論是，**想像**就是去思考事情可能會是
如何。而在有關意義建構上**情感面向的重要性**，Bruner（1996）則補充道：

> 情緒和情感當然會表現在建構意義以及我們建構現實的過程中。無論你採用
> 的是Zajonc的觀點，認為情感是直接的、非中介的，並且是以隨後的認知來
> 回應世界；或是Lazarus的觀點，認為情感需要有先前的認知推論的結果，否

則只會停留在原地。（Bruner, 1996, p.12）

此外，Vygotsky也說明：

（思想）本來就不是源自於其他的想法。思想有其源頭，刺激意識的領域，包括我們的傾向和需求，我們的利益和衝動，我們的情感與情緒的領域。情感和意志作用的傾向都是隨思想而生。（Vygotsky, 1934/1987, p.232）

因此我們不能將情緒的面向摒除於學習之外。

藝術作品與科學

要說連接科學和藝術是個新想法呢？或是創新？譫妄？或矛盾？如同de Asúa（2004）充滿趣味的著作中所說的，要看見科學與藝術之間相輔相成的關係並非不可能。

這兩個文化領域間的關係有諸多的實例可以說明。Tito Lucrecio Caro在《論物性》（*De natura rerum*）中提出，說教式的詩作運用了科學議題的例子。現今，戲劇也被用來讓大眾反思我們對科學的態度，例如，Michael Frayn所創作的「哥本哈根」（*Copenhaguen*），1998年在倫敦開演，2000年於紐約以及2002年於布宜諾斯艾利斯公演，該劇以虛構的情節講述有關二位科學家，Bohr與Heisemberg在第二次戰爭期間的會面。在劇中，一般民眾可以知道有關特定的物理問題或涉及於此的倫理問題。

許多年前，William Blake（1757-1827）表達了對科學的負向觀點：

「哦！神聖的靈魂，用你的翅膀支持我，
即使可能會把阿爾比思從漫長而寒冷的安息中喚醒；
培根與牛頓，被插入慘澹的鋼劍中，垂掛著的恐懼如同對付阿爾比恩的鐵刑具。」[4]

4　William Blake的《耶路撒冷》（*Jerusalem*）。

Victor Hugo（1802-1885）在〈深淵〉（L'abîme）詩中描述某個人既擁有科學，也具備技術基礎的力量。[5]

裝置藝術被用來表現物理的現象。例如，在美國劍橋肯德爾站（Kendall Station in Cambridge, United States），民眾可以透過把玩由不同尺寸的擺錘所構造出的系統，並且反思不一樣的結果，而了解共振力學系統。

科學課程中的創造性作品

在這個**教學方案**設計的主要假設是，「創造性工作」（creative work）的情感面向有助於學生參與學習的過程。Ribaud（引述自Vygotsky, 1972）提醒我們，當創造性的行動出現時，必定包含情感的元素。此外，根據Vygotsky，積累經驗的豐富性與創造性想像力相輔相成。

我們要求學生以自己所選擇的物理學習內容，運用與物理相關的特定語彙，創造出虛構的作品。他們每人都有一本「歷程檔案夾」（process folder），在其中他們要寫下自己的選擇、疑惑以及和物理學習內容相關的問題與想法，同時也要記錄自父母、朋友、同儕及教師那裡所得到的協助，以及有關創造虛構作品的歷程。

「作品」是個別的創作，但是學生可以加入其他同學創作的行列，或者請教老師與家人。

Egan（1997）說道，人類有「五種理解能力」：身體的（somatic）、神話的（mythic）、浪漫的（romantic）、哲學的（philosophic）和批判的（ironic），根據習得的認知工具而有不同的發展。與學生共同進行學習工作時，認識這些理解能力對教師而言是相當寶貴的。

本研究以Erickson（1986）的質性說明方法進行，也就是我們所稱的**行動研**

---

5 Prométhée, au Caucase enchaîné, pousse un cri,
   Tout étonné de voir Franklin voler la foudre;
   Fulton, qu'un Jupiter eût mis jadis en poudre,
   Monte Léviathan et traverse la mer ;
   Galvani, calme, étreint la mort au rire amer ;
   Volta prend dans ses mains la glaive de l'archange
   Et le dissout ; le monde à ma voix tremble et change.
   （Victor Hugo, *Oeuvres complètes. Poésie. La légende des siècles*）

究法（action research approach）：

> 行動研究是一個由參與者在社會情境中，簡單的進行自我反思探究的形式，提高自己實作的合理性與正當性，參與者自己對這些作法被實現的情境理解。（Carr and Kemmis, 1986, p.162）

考慮到藝術在學習中的創造性作用，我們組織學生檔案夾中的資料並分類：後設認知、自我調整策略、對科學知識的理解、學生對科學的具體表現、信念和態度、物理是靈感的來源、情感和情緒的世界、互為主體的、取用與阻力。我們始終專注在由Monzón（2006）所發展出來的這些範疇之中。

結語

我們在本文中，分析這些範疇中的其中兩種：**後設認知與對科學知識的理解**，思索和科學以及藝術相關的架構。

1.**藝術作品作為後設認知以及自我調整策略的發動機，亦即文化工具的後設認知功能**：藝術作品會引發學生自我調整的歷程，他們在創作的過程中，控制自我的學習。有一些人表示，在開始藝術創作之前，他們會先確認自己確實理解了內容。

Bárbara在她的第一個故事的版本告訴我們：「寫作故事讓我更深入探究主題。」Nicolás開始創作腳本，「對我而言，發展故事最困難的事情是，要把物理與故事連結在一起，那真是難如登天。我不得不理解定律（阿基米德定律〔Archimedes law〕），以便能夠開始創作自己的漫畫作品」。

我們可以看到，Nicolás需要對自己的理解有自信後，才發展他的藝術作品。這似乎是自我調整學習裡頭才有的機制。在努力了五個星期之後，Nicolás明白，這個物理的故事是有缺口的。於是他說明，「我另外發展出了偵探的想法，因為我希望讀者能夠了解偵探的懷疑和思維的過程」。

Ignacio在他的漫畫中（請見下頁圖11.2），表現出偵探在思考解決案件的方式。偵探說：「指南針偏轉，就表示劍受到了磁場的影響……」

圖11.2 Ignacio（14歲）偵探漫畫故事──磁力

2.對科學知識的理解：學生在故事中展現了如何利用科學知識解決日常生活問題。他們在故事或漫畫中應用明確的主題，表現出要理解科學知識的渴望。

有些學生使用這類的作品為物理現象的應用舉出實例。例如，Julieta告訴我們一個國王與三個兒子的童話故事。其中一位兄弟，最小的那個，明白「**摩擦**」的要旨，而這個概念讓他從兄弟手中贏得了王國。

Andrea在她的歷程檔案夾中寫道：「當我思考作品的原型時，我已經決定了要以一個閃過腦海的想法作為故事的基礎。它會是科幻類的小說，故事裡的衝突則會由**表面張力**的概念來獲得解決。」

創造性的工作讓Andrea得以想像一個她可以應用一直以來學習物理內容的場景。因此，藝術作品的功能就是提供新的學習內容可被應用的場景。也就是說，藝術作品讓Andrea得以理解任務，也理解了新的物理學習內容。

討論

在本報告中我們討論了科學與藝術，以及想像力和藝術之間的關係。我們認

識到，在科學的歷史中，藝術與科學是不相違背的。

我們想要指出，我們確認了科學與藝術創作歷程之間的一些差異性。但在本研究中，我們將它們應用於教學的情境中，分析特定的歷程。

根據我們的科學學習模式，我們分析了科學課程中藝術作品的兩種功用：**後設認知與自我調整策略**以及**理解具體的知識**，這兩者對我們的學習模式而言都是重要的元素。我們認為學生可以理解他們被灌輸的新知識，因為他們可以將其組織在一個藝術作品中，經由活動而運用先備的知識。

我們發現在書寫語體風格中，學生通常堅稱他們想要對物理知識的理解有了自信後，才開始創作藝術作品。另一方面，產出藝術作品像是故事、詩、繪畫、雕刻，以物理作為一個起點是個引發自我調整的策略，以及學習動機面向的模式。文化工具介於個體與社會之間，這些文化工具的產出，以它的兩個面向展開了學習的歷程。

我們認為這類與物理學習及教學相關的活動，可以是創作的發動引擎。我們得以思考學生不同的個人特徵，而應用需要不同能力的活動，促進學生投入於學習的歷程之中。

根據Egan（1997），我們知道文化傳播與文化中的創造力之間的教育目標是矛盾的，但是我們認為想像不同的場景、創造開啟問題的解決途徑，並且引發新的事物等等的可能性，應該是新的教育核心之一。

最後，兩個需要考慮的重要因素：首先，要提升教學的實踐，學生的聲音就必須被納入考量。再者，人類的整體教育要有所提升，我們應給予學生發揮想像力，將具體學習內容整合於創造性歷程的經驗。

致謝

感謝我的老師與同僚Juan Carlos Imbrogno以及Graciela Perciavalle，因為他們分享藝術能與物理學習和教學產生聯繫的教學法的可能性，才引燃了我碩士研究最初想法的火花。

參考書目

Astolfi, J. P., et Develay, M. (1998). *La Didactique des Sciences.* Paris: PUF.

Blake, W., and Donne, John., and Blake, William (1946). *Complete Poetry & Selected Prose of John Donne & Complete Poetry of William Blake.* New York: Ed. Silliman Hillyer.

Bruner, J. (1996). *The Culture of Education.* Cambridge. Ma: Harvard University Press.

—. (1986). *Actual Minds, Possible Worlds.* Cambridge, Ma: Harvard University Press.

Carr, W., and Kemmis, S. (1986). *Becoming Critical. Education, Knowledge and Action Research.* Lewes: Falmer.

de Asúa, M. (2004). *Ciencia y Literatura. Un Relato Histórico.* Buenos Aires: EUDEBA.

Egan, K. (1999, in English, 1992). *La imaginación en la Enseñanza y el Aprendizaje. Para los Años Intermedios de la Escuela.* Buenos Aires: Amorrortu.

—. (1997). *The Educated mind, How Cognitive Tools Shape our Understanding.* Chicago: Chicago University Press.

—. (1994, in English, 1986). *Fantasía e Imaginación: su Poder en la Enseñanza.* Madrid: Morata.

—. (1991, in English, 1988). *La Comprensión de la Realidad en la Educación Infantil y Primaria.* Madrid: Morata.

Elliot, J. (1991). *Action Research for Educational Change.* Buckingham: Open University Press.

Erickson, F. (1998). Qualitative Methods for Science Education. In B. J. Fraser and K. G. Tobin (eds) *International Handbook of Science Education.* Dordrecht: Kluwer Press.

—. (1986). "Métodos Cualitativos de Investigación sobre la Enseñanza" en *La Investigación de la Enseñanza II* de Wittrock, M. Barcelona: Paidós.

Falk, D., Brill, D., and Stork, D. (1986). *Seeing the Light. Optics in Nature, Photography, Color, Vision and Holography.* New York: John Wiley & sons.

Gajdamaschko, N. (2005). Vygotsky on imagination: Why an understanding of imagination is an important issue for schoolteachers. *In Teaching Education.* March 2005.

Hofer, B., & Pintrich, P. (1997). The Development of Epistemological Theories: Beliefs about Knowledge and Knowing and their Relation to Learning. *Review of Educational Research*, 67, 88-140.

Ivic, I. (1994). "Lev Vygotsky in Prospects: the Quarterly Review of Comparative Education " Paris, UNESCO: *International Bureau of Education*, vol XXIV, no.3/4, p.471-485.

Giordan, A. (2005). Lecture *"Science Teaching and Learning"*. Colegio Carlos Pellegrini: Buenos Aires.

—. (1995). Les Nouveaux Modèles sur Apprendre : pour Dépasser le Constructivisme. *En Perspectives*, vol. XXV, nro 1.

Meyerson, I. (1995, 1ere ed, 1948). *Les Fonctions Psychologiques et les Oeuvres.* Paris: Albin Michel.

Monzón, P. (2006). "*Artistic Productions and Physics Learning*". Thesis Report. Facultad Latinoamericana de Ciencias Sociales.(FLACSO)

—. (2005). "*Why is it important that students create artistic works even in a Science Class, throughout their Imagination*" in Third Conference on Imagination and Education, Imaginative Education Research Group, Vancouver at: http://www3 .educ.sfu.ca/conferences/ierg2005/papers/098-Monzon.pdf

—. (2003). "*Fictional products in Physics Learning*" in First Conference on Imagination and Education, Imaginative Education Research Group, Vancouver, at http://www.ierg.net/confs/2003/proceeds/Monzon.pdf

Nunes, T. (1999). in Schnotz, W., Vosniadou, S., & Carretero, m, Eds. *New perspectives on conceptual change.* Oxford: Elsevier.

Ong, W. (1993, orig en ingl 1982). *Oralidad y Escritura. Tecnologías de la Palabra.* Mexico: Fondo de Cultura Económica.

Warnock, M. (1976). *Imagination.* London: Faber.

Wertsch, J. (1998). *Mind as Action.* New York: Oxford University Press.

—. (1991). *Voices of the Mind: A Sociocultural Approach to Mediated Action.* Cambridge, MA: Harvard University Press.

—. (1985). *Vygotsky and the Social Formation of the Mind.* Cambridge, MA: Harvard University Press.

Wordsworth (1936). *The prelude*, III ("*Residence at Cambridge*") in *Poetical Works*, ed. Ernest de Selincourt, Oxford: Oxford University Press.

Vygotsky, L. (1934/1987). *The Collected Works of Vygotsky: vol.1. Problems of General Psychology.* New York: Plenum.

—. (1972). *La Imaginación y el Arte en la Infancia.* Madrid: Akal.

Zusho, A., and Pintrich, P. (2003). "Skill and Will: the Role of Motivation and Cognition in the Learning of College Chemistry." *International Journal of Science Education*, vol.25, No 9, pp.1081-1094.

第12章
數學教育的記憶與理解

Leo Jonker
加拿大皇后大學（Queen's University）

摘要

　　建構主義論者（constructivist）的隱喻（metaphor），是數學教育最常見的隱喻，常被用來表示學習的發展始終是由熟悉的情境到抽象的概念，而發現（discovery）的歷程比起技能（competencies）的習得更被看重。在本報告中，我們將表明，其實事情比我們所認為的還要複雜——有的情況是記憶發揮了比我們所以為的還要強大的功能，而有的時候在發現之前，必須先具備技能。我們依照Lakoff與Núñez（2000）的概念隱喻（conceptual metaphors）研究以及Dubinsky等人（2001）的「行動、歷程、物件與基模」（Actions, Processes, Objects and Schemas, APOS）模式，檢視一些這樣的矛盾情境並加以說明。

三個矛盾現象

　　數學的教學重視理解更甚於記憶，重視自主能力（autonomy）更甚於技能。這是絕大多數的職業數學家所認為的數學學習；這也是多數人自己學習數學的方式。但是對其他人而言，當回想起他們的數學課時，「理解」（understanding）可能不是第一個出現在腦海中的字。事實上，數年前理解可能還不是學校數學的主要焦點，學生在一知半解的情況下，要經歷複雜的機械式步驟的學習，相信至今仍然是許多人難以忘卻的夢魘。今日，數學學習的情況已經大不相同，由具有影響力的「國家數學教師協會」（National Council of Teachers of Mathematics, NCTM）發布之六個原則與標準（2000），其中之一便是「學習的原則」（Principle of Learning）：

學生必須從經驗與先備知識中，以理解、主動建構新知識的方式學習數學。

「國家數學教師協會」（NCTM）更早（1991）的文件「數學教學專業標準」（Professional Standards for Teaching Mathematics）指出，由教師設計、規劃，協助學生數學學習的五個觀點轉變，其中二個轉變的觀點為：
- 朝向數學的推理思考，避免記憶步驟；
- 朝向推測、創造以及問題解決，避免強調機械式找答的教學。

身為一位教師，我對於這些準則中的見地重要性深信不疑，而實際上今日所有學校的數學課程也都反映了這些觀點的轉變。然而，教育極其複雜，所有立意良好的想法都有可能因有人存疑或者異議而遭到駁難。在本報告中，我會檢驗一些因為「國家數學教師協會」（NCTM）所發起的數學改革運動而帶來影響的實例，藉此說明我們的觀點可能必須再做調整，或至少要有些微的改變。接著，我會利用其他人，尤其是Lakoff與Núñez（2000）討論「概念形成」（concept formation）的著作，以及Dubinsky等人（2001）的數學學習研究成果的面向，清楚表現想像力、理解以及記憶之間的關係，還有其關聯性對數學教學的可能意義為何。

發現與技能

我在同一所學校指導七、八年級學生每週一次的數學充實課程，迄今已經超過二十年的時間了。在充實課程的計畫中，我試著介紹學生認識與課程相關，但在課程中不一定會涵蓋的開放性、多樣化以及充滿想像力的數學。我試著介紹詭異且互相對立衝突的概念——開展他們的世界並且引發浪漫的動力（Egan, 1997）。因此，我會和學生一起探索，為什麼有些分數會產生重複的小數，而其他分數運算可以產出整數。我們也會探討為何畢氏定理（Theorem Pythagoras）能夠成立。我們研究可被3整除的數字其竅門為何。我們討論，如何可能在無限多房間的汽車旅館內，容納來自一輛有著無限多座位公車上的乘客。

在過去十五年間，那時我也在學校裡教授充實數學課程，由「國家數學教師協會」（NCTM）開創的改革改變了數學教學的方式。新的教學法更強烈相信應由學生自行發現意義，較少在技巧的熟習演練上。我贊成這樣的改變，因為假

使我們沒有給予學生充裕的時間並且提供機會，建構起他們必要學習的技術性材料意義時，就算技巧再怎麼熟稔，學生還是麻木遲鈍的。然而，矛盾的是，我發覺和十五年前的學生享受充實課程裡準備的豐盛佳餚比起來，現在的學生卻都還未預備有基本能力，也因此無福消受。

令人費解：JUMP計畫的成功

在學校體系裡頭，總是會有一些學生因為無法跟上穩定加深的數學課程，而放棄了學習。這裡頭許多學生的困難點，經常都是出現在開始學習分數的時候。一般說來，要教學生「分數」的概念，我們會先向學生提出「某個東西必須被平均分配」的問題，例如，一片披薩要被分成四等份，你得到其中的一份；或者是二十顆的聰明豆巧克力要分成五等份，你拿到二等份。視覺輔助用具以及操作性材料，可以協助學生從圖示的展現，過渡到符號象徵的表述（Bruner, 1966）。到了某個時間點，才會再呈現給學生加總披薩全部片數的問題，例如，三分之一片披薩加上二分之一片的披薩。學生被敦促操弄披薩的圖片或是剪開紙盤，並且被鼓勵更進一步去想像均分的片數，接著重新安排，直到它變得明顯到可得出同樣片數的披薩，假使你將一個披薩均分成六等份並且拿走五份的話。只有在這類的大量發現之後，學生才再被鼓勵去確認相等分數的符號表徵，並以分數（分母及分子都要）乘於2，另一個乘於3，以得出兩個分數的分母都是6。我覺得，這樣教是正確的。從理解再帶到演算法，這是邏輯建構理解的方式。假使有的學生沒有學會如何對付分數的話（而確實有這樣的情形），我們會告訴自己，應該要更仔細的帶孩子再走一次過程的每個步驟，再不然我們也可能會告訴自己，這些學生真的學不會除法，不過，還好還有計算機，因此也無關緊要了。

多倫多總督獎（Toronto Governor-General's Award）的得主，John Mighton，是一位劇作家也是數學家，發起了「發掘青少年數學天才」（Junior Undiscovered Mathematics Prodigies, JUMP）的計畫。數年前，那時他還在待業中，Mighton答應了一個請求，擔任起嚴重學業風險學生的義務數學輔導教師。由於義務教學帶給他的正向經驗，「發掘青少年數學天才」數學輔導計畫才得以出現。目前這個計畫的運作是由一個網站、一個研究部門以及一小組的加拿大以及海外的「發掘青少年數學天才」輔導教師來支援。（http://www.jumpmath.

org/）。

「發掘青少年數學天才」（JUMP）輔導計畫運用的方法與數學教育公認的許多準則背道而馳。例如，對四年級學生而言，計畫的輔導重點在「分數」單元。可是，我們在課程及教材中幾乎看不到圖像或是操弄性的材料。反而，其中涵蓋了被解構的細微步驟，和大量程序性技巧的反覆練習。雖然從Mighton所寫的東西，我們明白他與我們一樣都關切理解這回事，不過在「發掘青少年數學天才」的作業簿中，幾乎沒有一個單元的重點是在幫助學生認識運算的意義。例如，分數的加法教學：

$$\frac{1}{3} + \frac{1}{2}$$

學生一開始就先學習一系列幾乎相同的練習題，把乘法符號放在分數旁邊：

$$\frac{1}{3} + \frac{1}{2} \quad \rightarrow \quad \frac{\times 1}{\times 3} + \frac{1 \times}{2 \times}$$

一旦學會這個技巧之後，再次透過反覆練習，他們學習把另一個相對分數的分母寫到乘法符號旁邊，就像這樣：

接著，再給他們一系列的問題，並要求他們算出乘法結果：

$$\frac{\times 1}{\times 3} + \frac{1 \times}{2 \times} \quad \rightarrow \quad \frac{2 \times 1}{2 \times 3} + \frac{1 \times 3}{2 \times 3}$$

之後，他們可以在另一組的問題中，同時寫出乘號以及乘數兩者。最後，再

$$\frac{2 \times 1}{2 \times 3} + \frac{1 \times 3}{2 \times 3} \quad \rightarrow \quad \frac{2}{6} + \frac{3}{6}$$

要他們將現在已有相同分母的分數，相加起來完成問題。當然，在這全部發生之前，學生已完成許多頁相同分母的分數加法練習題。而在練習單中，你幾乎都看不到任何的說明、解釋。

這對學生不會有效才是呀！或至少學生不會因此就理解分數的概念了吧，或

至少這對學生是枯燥、無樂趣的吧！在這點上，雖然部分的證據是非正式紀錄，亦不夠詳盡，但它顯示出的情況確實與上面的描述相去甚遠。安大略教育研究院（Ontario Institute for Studies in Education, OISE）所做的研究重點為學生的數學學習態度（Hughes, 2004）；以及布拉克大學（Brock University）研究焦點為數學測驗成績的改變（Luckiw, Shuve, Miggiani, and Mellamphy, 2005），都指出「發掘青少年數學天才」（JUMP）計畫有著重要且正向的結果。Hughes發現：

在學生的數學自信以及「發掘青少年數學天才」（JUMP）計畫之間有重要的意義關聯。此外，從問卷的簡答題收集而來的質性資料，顯示學生在接受過「發掘青少年數學天才」課程後不但喜愛課程，且對自己的數學學習更具信心。（Hughes, 2004, p.2）

Luckiw等人（2005）也有類似的敘述：

這個試驗性研究的初步結果顯示，「發掘青少年數學天才」（JUMP）數學課程的分數單元，對學生在分數單元的前後測驗成績有顯著正向的影響。（p.6）

中國數學學生的矛盾

我所集矛盾現象之大成，第三個關注的是東亞學生的數學。可能是因為美國、英國以及加拿大的學生，在國際性學生理解比較研究（TIMSS與PISA）上都表現平平，因此興起了一股強盛的跨文化教育比較的熱潮。東亞學生在比較性研究的表現特別突出，即使這些國家某些教學經常被北美觀察家不假思索的列為機械式學習的形式。許多早期研究（Oxford and Anderson, 1995; Dunbar, 1988）也都有相同的結論。Kember與Gow（1991）寫道：

作為一個初來乍到香港的學者，我們接收到許多對於所要指導學生的非正式描述。這些敘述反映，香港學生在很大的程度上，依賴死記硬背的學習與記

憶，但有趣的是，我們的新同事大多堅持他們都是優秀、甚至非常傑出的學生。此外這些說法也暗示，比起西方學生，香港學生更為被動也不積極。但同時，他們也被描述為非常敏銳，而且具有競爭意識。（p.117）

意義還是技能

這三個矛盾現象的例證，全部都在暗示對於在數學教育的討論裡，經常不被認可的記憶、演練以及技能的功能，我們可能還有更多需要再檢討的。

我的充實課程案例是其中最薄弱的例子，因為它純粹為非正式的紀錄。即使如此，它還是發人深省，對於從「發現」，再逐步「由熟悉材料中建構意義」的過程所主導的教育，我們是否相信它會自動導向由更傳統方法就能達成的技能階層呢。假使合適的數學概念不會成為學生技能工具箱的一部分，那要期望學生以有趣的、有想像力的方式運用這些概念，根本就毫無道理可言。

「發掘青少年數學天才」（JUMP）輔導課程的成功顯示，對某些學生而言，在意義可以到位之前，機械式的技能是必須的，因為頭腦要同時包含意義，還要有機械式的規則，對學生而言談何容易呢。

東亞學生在數學上的成功也表示出，反覆演練，不只會帶來對機械式過程的精熟，有時甚至可以促成意義的建構。

對中國學習者更微妙的評判

比起先前所述關於中國學習者的例證，近來不計其數的研究（Kennedy, 2002; Kember, 1996; Leung, 2001; Leung and Park, 2002; Wong; Wen and Marton, 2002; Cooper, 2004; Leung, 2005; Marton, Wen and Wong, 2005）所指出的情況則更為複雜。許多人得到的結論，都與最先區別出深度學習與表層學習之間差異性的Marton與Saljo（1976a, 1976b）相同，指出表層學習常被誤用與勉強記憶連結在一起。Leung與Park（2002）寫道：

學習的歷程，常常都是因為在步驟中獲得了技能，才逐漸開展，而且之後還要再透過反覆練習，學生才開始明瞭步驟背後的概念。（p.127）

Kennedy（2002）描述中國學生對記憶的認識如下：

記憶本身從未被視為是一個目標，而是作為更深層理解的序幕──心智「複印」（photocopy）文本，「記得」內容，讓「學習者」之後能體會、反思內容，而且，最後將之與他／她先前的學習與經驗整合。（p.433）

這讓我們聯想到，為什麼有些人偶爾會背一些美妙的詩作，因為如此，他們才得以一遍又一遍的細細品味文字，並且在每一次品味時，都看到詩的新意。詩因此成為我們想像力的智性工具，創造多樣變化，幫助我們詮釋周遭的世界。

記憶、隱喻與意義

為了更深入探討本研究報告開頭的三個矛盾情境，我們將以探討數學教育文獻所發現的兩個概念為背景，逐個檢視這些矛盾情境。這兩個概念分別清楚顯示學習數學的方式，第一個概念是在Lakoff與Núñez（2000）的研究中所描述的**概念隱喻**。其次是在Dubinsky等人（Asalia et al, 2004; Dubinsky, 2000, 2005a, 2005b）研究報告中的「**壓縮**」（encapsulation）概念。

Lakoff與Núñez（2000）聲稱，數學是藉由隱喻在這世上運作。他們將隱喻解釋為心智工具，以對映（mapping）的形式來回於兩個範疇──來源域（source domain）與目標域（target domain）──之間的認知機制。在多數的情況中，尤其是被用來賦予演算象徵意義的隱喻，來源域相對的具體，建立在基本的基模（schema）之上；而目標域較為抽象，是一組我們用於操作的數字規則。在個別的隱喻中，從來源域至目標域的方向，似乎指出事情被學會的順序。例如，「物件的集合就是運算」的隱喻（由Lakoff與Núñez所提出的其中一個「基礎隱喻」〔grounding metaphors〕），由於我們收集與分類物品的經驗（來源域），讓我們得以理解加減法（目標域）。與估算測量條狀物品有關的隱喻（另一個基礎隱喻），讓我們得以賦予分數操作的意義。但弔詭的是，他們在對代數的討論中，從熟悉情境進入至理論或象徵性描述的順序，卻顛倒而行。在代數的情況中，作者假定「代數如本體」（algebra as essence）基本隱喻的存在，他們向後聯繫起希臘哲學中的本體概念。他們表示，在自我的世界，我們偏

好看見結構（「本體」〔essence〕），這個傾向表現出的就是建構以公理為本（axiom-based）抽象理論的渴望。在這個例子中，不同於我們所認知的具體例子賦予抽象理論象徵的意義，這也表現出隱喻之間關係的建構不夠慎重：

> 代數實體（例如，一個群組）的認知結構，本質上不屬於其他數學實體的認知結構（如循環的集合），循環的概念化與群組無關，而群組**的概念化也與循環沒有連帶關係**。（Lakoff and Núñez, 2000, p.119）

我不解為何群組概念化的發生與循環無關，當作者大費周章，只根據物件集合、物件建構、測量以及運動的隱喻，要強調分數概念的意義來自於這些隱喻，我懷疑它要表示的是我們憑直覺就知道的事實，亦是本報告一開頭就描述的矛盾現象所暗示的：學習不只有一種方式。

假使Lakoff與Núñez（2000）概念隱喻的方向，指出認知結構發生的方式的話（也就是，來源域以及隱喻建構的能力，共同引致目標域得到理解），他們的討論就說明了，代數可以完全用抽象的方式來教導，之後再映照到更具體的範例上。的確，有的時候代數是以那樣的方法來進行教學，但是大多數的情況，我們會認為這不是合適的教學法。另一個極端是，在介紹學生容易感到困惑的群組概念之前，就先介紹這麼多迥然不同的群組範例是可行的。大體而言，結合審慎、明智的範例的提供，以及理論架構與語言的建立，這樣的中道，才是最佳的選擇。以下這兩個情況皆有可能：以純粹的象徵形式建構理論，之後再建構與特定範例連結的隱喻；或者，觀看範例，發現其中的一些結構，之後再用那些結構建立形式上的理論。

假使包含在抽象代數結構的隱喻實例，其從來源域至目標域的意義連貫不甚明確的話，那麼應該也可以想像在分數的情況中，隱喻建構會出現顛倒錯亂的情形。就概念隱喻的例子來看，對於數學理解的描述，沒有什麼可以阻止我們從形式上的分數操作，朝向包含物件建構與均分的應用前進。我們很難想像強加或發現「結構本質」（structure essence）的期望，能對分數理論的成立發揮什麼樣的作用。

「發掘青少年數學天才」（JUMP）課程的成功說明了，如果學習動機議題也被列入考量的話，那麼分數的學習可以是形式上的系統，而且對某些學生而

言，也只有用那樣的方式才能學會分數。形式上的分數理論，對幼童而言是相當困難的，而以視覺化的或是物件的操作，說明分數的等值，其實也是相當複雜的。有的學生覺得不可能在腦中同時容納這兩者；事實上，對他們而言更好的作法可能是，暫緩要他們把意義與符號的關聯拉在一起的要求。這並不是說意義可以被忽視，即使Mighton（2003/2007, 2007）聲稱意義會緊接在後，而且不費吹灰之力！這也不是說，這種學習分數的方式，不需包含經驗或不以經驗為基礎。畢竟，使用學習單上被切分成夠細微的運算步驟，完成一套形式上的分數加減法，甚至低成就的學生也可以發現模式並且學會方法。這套系統本身就是物件經驗，藉由反覆性，在腦中創造具體化的改變。我們所有人，當我們實際在做分數運算時，焦點只集中在數字的模式，乘法的符號以及分數線等進行演算。直到運算產生結果之前，我們都沒有理會背景中的概念隱喻，我們試著連結演算法以及所要解決的問題。

雖然這種教導分數的機械式方法，在一開頭就沒有提供所有的意義要素，不過也沒有必要視其違反了數學教育的建構主義論隱喻，即使它確實違反了在正常情況下分數被學會的方式。當木匠建造房屋時，他們最常採用的方法，就是先將一道道牆個別組合後，再將牆固定在地基上。同樣的，理論可以依照用過去的樣子所做的預製構件，進行組裝，最後再把它與賦予其意義的概念連結在一起。

在中國學習者的實例中，事實似乎也是如此。在一個強調死記硬背學習法的課堂中，不會先注意隱喻，教學重點都在目標域的建立。一旦目標域變成學生可理解且能掌握的部分，固有的隱喻性思考傾向就可接手。目標域的結構，以經驗作為理解的標準。最後，結果所產生的連結，既賦予了目標域意義，而且被映照於其上的具體物件也得到了意義。

壓縮

Dubinsky與其研究夥伴等，在一系列的論文中，發展出他們所稱之為「行動、歷程、物件與基模」（APOS）的數學教育理論（Dubinsky, 2000; Dubinsky and McDonald, 2001; Dubinsky, 2005a, 2005b），而APOS四個英文字頭分別代表的是行動（actions）、歷程（processes）、物件（objects）及基模（schemas）。Dubinsky等人視這四個為數學理解開展的（反覆性的）步驟。歷程如他

們所描述，是重複抽象概念的過程。他們視抽象概念為數學必不可少的，同時也是在現代的世界中達到不同理解的關鍵（Dubinsky, 2000）。

當學生學習一個數學概念的歷程一啟動，他們可以做的只不過是用非常具體的方式操作物件而已：

> 數學概念的理解始於已建構好的心智或物件的操作，形成行動。（Dubinsky, 2000, p.293）

第一個階段是發現期。當學習者察覺外在物件，同時外在線索也指出這個物件時，便出現行動。當學生開始對行動進行反思，能描述行動而且不須實際執行操作時，學生就是正在形成行動的歷程概念（process conception），而歷程概念被認為是學習者固有的、可掌握的。Dubinsky與Asalia等人（2004）把這個由行動至歷程的活動稱之為「內化」（interiorization）。當學生持續這個行動的反思，他會開始視歷程為一個整體，可以結合許多過程，也可再對行動作用。當這個整體出現時，歷程已成為了學生的物件，Dubinsky說這個歷程已被「壓縮」成為認知的物件了。「數學知識的建構」就是行動變成歷程，歷程再變成物件的循環過程，繼而再被物件作用的影響，如圖12.1所示，本圖依據Asalia等人著作（2004）裡的圖2。

根據作者所述，數學的學習透過這些階段的循環，以順時針的方式而開展。一個數學概念涵蓋許多的行動與歷程，都必須被連結、組織成為一個連貫的架構，這個架構稱為「基模」。一旦數學學習具有了意義，學生在解決問題時，看起來就像是在物件與歷程之間前後移動，依情況所需壓縮以及解壓縮（de-en-capsulating）。

在「行動、歷程、物件與基模」（APOS）的理論中，學習數學的方式似乎比起Lakoff與Núñez（2000）所呈現的分析更單向、明確。概念隱喻，似乎給予隱喻形成的方式太多彈性。Dubinsky是一位經驗老道的數學研究者，他的目標在於描述數學所產生的連續性的抽象階層的歷程，以及教導這些肯定會碰到的困難，尤其是教授大學學生。在其所呈現的分析中（Asalia et al, 2004）的抽象歷程，似乎是受到被感知的物件得來的意向所驅動，並非是由已存在的認知意向，亦非由人類心智的潛力來驅動這個抽象歷程。Dubinsky如此表達：

圖 12.1 數學知識的建構

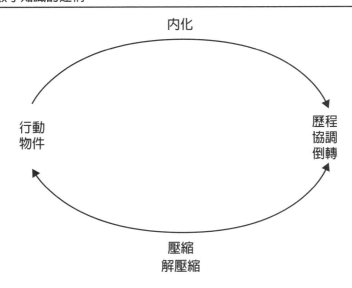

一般說來，抽象概念是一個已知情境中的判定，可能是一個數學物件、一個程序或兩者的結合，是構成情境不可或缺的要素。數學的抽象，通常以某個系統化的方式表現這個要素，就如同形式上的語言或是一組定理。（Dubinsky, 2000, p.291）

他們對抽象概念開展的歷程描述，是深刻透徹見解的表現。特別有啟發性的是，壓縮歷程創造出物件，之後可再被學生覺察為外來的物件，並且繼而再起作用，這個過程的重要性（與困難）也是他們特別著重的。特別是，假使學生的活動總是在發現的階段時，數學就無法成長；技能是進入更高抽象層次的必要步驟。當我的數學充實課程裡的七、八年級學生，對呈現給他們的概念出現操弄困難的時候，我相信關鍵就在於欠缺適合的壓縮歷程。例如，假使學生無法把長除法看成是一個物件，或是假使他們還未壓縮小數擴展的概念，他們就無法從討論分數，以及重複或終止的小數相互的關係中受益。

但是，Dubinsky等人在關於基模建構的部分，並沒有形成令人滿意的分析。可能是較近距離檢視什麼是建構基模所需要的，同時也暴露出要依照完成先

後順序的許多自由。我想，要包含對Lakoff與Núñez和Dubinsky等人的共同理解，我們應該尋找概念性的隱喻，扮演建構基模的角色。特意的思考我們學習分數的方式，兩個獨立的「動作—歷程—物件」的順序，可以被視為相互沒有關聯。然而，當物件是表示披薩的紙圈圈時，學生可以將這些當成物件並對其作用，透過裁剪，以將一個完整披薩均分成兩等份、三等份。學生可能也被給予兩個紙盤，一個均分成兩等份，而另一個均分成三等份，再把第三個均分成六等份，接著問他們第三個披薩要有多少片，才會和第一個披薩的一片等量，或才會等於三分之一。從分數至等量分數的轉換，已成為學生的認知物件。學生正在實際學習有關等量分數，以及如何將兩個不同分母的分數加在一起，即使以前從未使用過一般的詞彙與符號。當然，通常不會在沒有介紹符號的情況下，達到目前的進度。

要不，學生可以學習形式上將這樣的分數相加的規則，如同「發掘青少年數學天才」（JUMP）課程，將所有意義都摒除。一開始，學生遵循「發掘青少年數學天才」手冊中所敘述的極為精確的步驟：寫下乘法符號，填入正確的乘數等等，這是動作。學生正在進行由外在線索（輔導教師或練習本）所提示的陌生事物。在做了大約一頁左右的練習，學生發現如何完成所有步驟，並且有所思考：「首先我必須去做這個，接著那個……」最後，當學生已學會將不同分母的分數相加在一起時，以及那些有著一樣的分母，還有特別的情況是，當一個分母除另一個時，學生可以思考不同的可能性：「當一個分母除另一個時，那麼我就必須……」歷程就成為了物件。即使學生沒有將意義添加到任何一個步驟上，還是有可能想像這些歷程的發生。

因此，（可能的）兩組獨立的物件（形式上的分數以及分割的紙盤）個別在學生的腦海中成了一個理論。在某個時候（在多數的情況中比我描述的時間要快多了），這兩組物件會被組合入一個基模中。這是符號接受意義的地方。要注意的是，假使符號正確的被映照的話，它扮演的角色就如同分割並且再重組的紙片一般。Lakoff與Núñez在隱喻的討論中，沒有太多描述有關書寫符號的功能，但是連結概念與符號，似乎也包含了一種概念性的隱喻。在多數教學情境中，我們會把這個隱喻與內化和壓縮的歷程建立在一起，但在一些情況中，為了教學法的緣故，我們會決定不這麼做。

將數學理解為接續性的抽象是可能的，藉由內化與行動的壓縮，有助於澄清

為什麼比起以更傳統的方式教學的學生，我的數學充實課程裡的學生，可能在理解充實數學的內容上，會遇到更多的困難。我們需要大家所接受的用來行動的認知物件（譯註：指的是我們日常生活中使用的符號等等），以有樂趣的、具有想像力的方式，建立起與數學的關係。這些物件必須由內化的歷程與壓縮所創造，而非被摒棄在歷程之外；記憶可作為一個手段，在歷程中發揮重要的功能。在學習的情境中，無論採用什麼樣的方式，教師必須決定是否有了合適的動機，但是目標必須是技能以及理解。

在其他領域，如西洋棋（Ross, 2006）以及語言教學（Myles, Hooper and Mitchell, 1998）的作者，同樣也承認記憶以及刻意的記憶學習材料，對於理解所扮演的角色舉足輕重。

記憶與想像力

想像力這個詞彙有著多種用途。通常，我們把它跟新穎、創造性力量以及形成心智圖像的技能聯想在一起。我相信多數想到關於想像力最能發揮效用的方式，就是出乎意料且豐富的連結心智建構與經驗的能力。這個能力不啻讓我們得以詮釋經驗，更是詮譯能力的基礎。哲學家Nigel Thomas如此定義想像力：

> 想像力讓我們的感官經驗變得有意義，讓我們得以詮釋經驗並且產生意義，……它讓感知不再只是感覺器官的生理刺激而已。

Gibbs將想像力思考所做的連結視為隱喻：

> 人類的想像力也是一個無意識的歷程，使用隱喻把長期記憶的面向，映照至當前的經驗之上。（Gibbs, 2005, p.66）

其他人指出心智結構（mental structure）（以Dubinsky等人的話來說，是認知的物件）的重要性讓映照成為可能，而且他們偏好將這些認知結構本身視為是圖像：

近來一些作者建議，「意象」（imagery）這個字不應該被理解為指涉主體經驗的形式，而應更確切的說它是某種的「基本表徵」（underlying representation）（Block, 1981a, 引言, 1983a; Kosslyn, 1983; Wraga & Kosslyn, 2003; Dennett, 1978）。這樣的表徵，在意義上是心智的，而現今於認知科學是普遍的：也就是說，他們被認為是體現大腦的狀態，但因為他們在認知上的功能性（與運算性）的角色，他們也被視為是獨立的。（Nigel Thomas）

記憶並不會妨礙想像思考（imaginative thinking）；它是想像思考不可或缺的。沒有了技能（即使是機械式的技能），就不可能有想像思考的能力。而在數學中想像思考所必要的長期記憶，必須包含許多相互連結的概念隱喻，在課堂情境中，這些隱喻被建構的方式大多取決於情境，特別是學習動機的要素，同時也取決於隱喻的本質。尤其，實際上根本沒有建構它們的不二法門。

參考書目

Asiala, M., Brown, A., de Vries, D. J., Dubinsky, E., Mathews, D., & Thomas, K., (2004). A *Framework for research and curriculum development in undergraduate mathematics education. Research in collegiate mathematics education II* by Kaput, Jim, Schoenfield, Alan H. & Dubinsky, Ed (Eds.), CBMS Issues in Mathematics Education, 6, 1-32.

Block, N. (Ed.) (1981). *Imagery.* Cambridge, Mass.: MIT Press.

—. (1983). Mental pictures and cognitive science. *Philosophical Review*, 92, 499-539.

Bruner, J. (1966). *Toward a Theory of Instruction.* Cambridge, Mass.: Belknap Press.

Cooper, B. J. (2004). The enigma of the Chinese learner. *Accounting Education*, 13, 289-310.

Dennett, D. C. (1978). *Two approaches to mental imagery.* Brainstorms. Montgomery VT: Bradford Books.

Dubinsky, E. (2000). Mathematical literacy and abstraction in the 21st century. *School Science and Mathematics*, 100, 289-97.

Dubinsky, E., & McDonald, M. A. (2001). APOS: A constructivist theory of learning in undergraduate mathematics education research. In D. Holton (Ed.), *The Teaching and Learning of Mathematics at University Level.* An ICMI Study (273-280). Dordrecht: Kluwer Academic Publishers.

Dubinsky, E. (2005a). Some historical issues and paradoxes regarding the concept of infinity: An APOS-based analysis: Part 1. *Educational Studies in Mathematics*, 58, 335-359.

一. (2005b). Some historical issues and paradoxes regarding the concept of infinity: An APOS analysis: Pt 2. *Educational Studies in Mathematics*, 60, 253-266.

Dunbar, R. (1988). Culture-based learning problems of Asian students: some implications for Australian distance educators. *ASPESA Papers*, 5, 10-21.

Egan, K. (1997). *The educated mind: How cognitive tools shape our understanding.* Chicago: The University of Chicago Press.

Gibbs, R. W. Jr. (2005). Embodiment in metaphorical imagination. In Pecher, D. & Zwaan, R. A. (Eds.), *Grounding cognition: The role of perception and action in language, memory and thinking.* Cambridge: Cambridge University Press.

Hughes, K. (2004). *Effects of the JUMP program on elementary students' math confidence.* Retrieved May 22, 2007, from http://jumpmath.org/research/research-initiatives.

Kember, D. (1996). The intention to both memorise and understand: Another approach to learning? *Higher Education*, 31, 341-354.

Kember, D., & Gow, L. (1991). A challenge to the anecdotal stereotype of the Asian student. *Studies in Higher Education*, 16, 117-128.

Kennedy, P. (2002). Learning cultures and learning styles: mythunderstandings about adult (Hong Kong) Chinese learners. *International Journal of Lifelong Education*, 21, 430-445.

Kosslyn, S. M. (1983). *Ghosts in the Mind's Machine: Creating and Using Images in the Brain.* New York : Norton.

Lakoff, George and Núñez, Rafael E. (1997). Metaphorical Structure of Mathematics: Sketching Out Cognitive Foundations for a Mind-Based Mathematics. In *Mathematical Reasoning: Analogies, Metaphors and Images* by English, Lyn D. (Ed.), Mahwah, N. J. : L. Erlbaum Associates.

Lakoff, G., & Núñez, R. E. (2000). *Where mathematics comes from: How the Embodied Mind Brings Mathematics into Being*, New York: Basic Books.

Leung, F. K. S. (2001). In Search of an East Asian Identity in Mathematics Education. *Educational Studies in Mathematics*, 47(1; 1), 35-51.

一. (2005). Some characteristics of East Asian mathematics classrooms based on data from the TIMSS 1999 Video Study. Educational Studies in Mathematics, 60, 1 99-215.

Leung, F., & Park, K. (2002). Competent Students, Competent Teachers? *International Journal of Educational Research*, 37, 113-129.

Luckiw, G., Shuve, J., Miggiani, L.,& Mellamphy, N. B., (2005). *JUMP Math-Brock-IEE Pilot Study.* Retrieved May 22, 2007: http://jumpmath.org/research/researchinitiatives.

Marton, F., & Saljo, R. (1976a). Learning processes and strategies-II. On qualitative differences in learning-II. Outcome as a function of the learner's conception of the task, *British Journal of Educational Psychology* 46, 115-27.

Marton, F., & Saljo, R. (1976b). On qualitative differences in learning: 1- outcome and process, *British Journal of Educational Psychology* 46, 4-11.

Marton, F., Wen, Q., & Wong, K. (2005). ' Read a hundred times and the meaning will appear...' Changes in Chinese University students' views of the temporal structure of learning. *Higher Education*, 49, 291-318.

Mighton, J. (2003/2007). *The myth of ability: Nurturing mathematical talent in every child.* Toronto: House of Anansi Press.

—. (2007). *The end of ignorance: Multiplying our human potential.* Toronto : A. A. Knopf Canada.

Myles, F., Hooper, J., & Mitchell, R. (1998). Rote or rule? Exploring the role of formulaic language in classroom foreign language learning. *Language Learning*, 48, 323-63.

N C T M. Commission on Teaching Standards for School Mathematics. (1991).

Professional standards for teaching mathematics. Reston, VA : National Council of Teachers of Mathematics.

N C T M. (2000). *Principles and standards for school mathematics.* Reston, VA: National Council of Teachers of Mathematics.

Oxford, R., & Anderson, N. (1995). A cross-cultural view of learning styles. *Language Teaching*, 28, 201-215.

Ross, P. E. (2006). *The Expert Mind.* Scientific American, 295(2), 64-71.

Thomas, N. J. T. (2004). Retrieved May 22, 2007: http://www.imagery-imagination.com/

Thomas, Nigel J. T. (2005). Mental Imagery. *Stanford Encyclopedia of Philosophy.* [Electronic resource]. Retrieved May 22, 2007, from https://proxy.queensu.ca/http/0/plato.stanford.edu/entries/mental-imagery

Wong, K., Wen, Q., & Marton, F. (2002). The Chinese learner in Hong Kong and Nanjing. *International Studies in Educational Administration*, 30, 57-79.

Wraga, M., & Kosslyn, S. M. (2003). Imagery. In L. Nadel (Ed.) *Encyclopedia of Cognitive Science*, (Vol.2, pp.466-470). London: Nature Publishing/Macmillan.

第13章

以想像力教育促進學生對基礎數學課程的學習參與

Pamela Hagen

加拿大英屬哥倫比亞大學（University of British Columbia）

Irene Percival

加拿大西蒙菲莎大學（Simon Fraser University）

摘要

　　對學習的參與以及缺乏學習的參與感，是過去二十年來無數研究的焦點。本報告探究應用想像力的課程內容，對學生數學學習參與的影響。本研究運用「情感參與—學習投入」（Participatory-Affective Engagement, PAE）的新式架構，分析依據Kieran Egan的「想像力投入」（Imaginative Engagement）所設計的活動，如何在由作者所辦理的工作坊中吸引學生投入學習。我們的主要論點為，教育工作者建設性關注學生對數學的情感反應，是促進數學學習參與的先決條件，而我們認為「情感參與—學習投入」正是探索這個論點的合適架構。

布置舞台

　　根據詞源學，「投入」（engagement）這個詞彙指的是「因誓約而結合」（to bind by a pledge）（Skeat, 1993, p.168），因此「學習投入」的議題，關切的是學生對學習工作所表現出的投入程度。教師在自己的課堂中，一定都有見過顯著的學習參與範例；然而，與學習投入、學校及學習脫節（disengagement）相關的研究，卻不乏其例（Marks, 2000; Mullis et al, 2000; Smith et al, 1998; Wilms, 2003）。作家如Michael Fullan（1991, 1993）和John Goodlad（1984）就描寫了加拿大學生與學習脫節的景況，「就拿一般的學生族群來說，其中三分之一的人撐不到畢業就先輟學了，而另外有三分之一左右的人，則是得過且過繼續他們乏味、被動的學習生活」（Fullan, 1991, p.182）。Robitaille等人的研究

成果（1996, 1997, 2000）以及Nardi與Steward（2002, 2003）的研究工作中的具體例證也說明了，數學對許多學生來說，不是個有趣味的學科或是學習的選擇。

我們在有關學習投入這個主題的早期研究工作中，發現兩種不同的取向。Finn與Voelkl（1993）明顯偏向以行為主義者（behaviourist）的觀點來探討學習投入：

> 學習投入是指孩子經常投入在課堂和學校活動的程度，課堂學習投入的重要性不言而喻，對於更廣大的學校環境更是如此；可能會被描述為「學習投入」的行為，是投入還是積極投入，這些都還未被分析或未有教育研究人員展開系統性的研究。（p.143）

另一方面，Newmann、Wehlage和Lamborn（1992）在處理學習投入時則較偏向心理學的角度：「學習投入涉及對於學習或知識的掌握、技能和工藝等方面的心理投資。」（p.12）我們相信學習投入是心理學與行為主義兩者觀點的混合，這個觀點在之後我們描述「情感參與—學習投入」（PAE）的架構時，將進一步闡明。

最早期一些關於數學的學習投入方面的研究是由McLeod（1988, 1989, 1992, 1994）還有McLeod與Adams（1989）所完成。McLeod（1994）認為，學生感受對數學強烈的正、負向情緒反應，同時他也指出，學生的文化與社會情境的重要性：「『學生』對數學的看法不能被孤立考量，而是必須在情境中以整合性的方法分析，審度所有影響學生的信念和激勵力量的因素。」（p.644）Hannula（2002, 2006）以McLeod對情感與數學教育領域的研究成果為基礎，他於2002年發表的論文，提出了一個切合實用的框架，可用於分析態度，透過與成就和情感結果相關的數學態度為前提，因此情緒也是其中的一部分。更具體的說，Hannula表示「情緒比起認知更能左右學習的態度」（2002, p.28）。因此，情緒的反應，成為數學學習參與的主要組成部分。

Hannula（2006）的數學學習動機的研究，探究何謂動機，以及動機可以如何被調整。Hannula將動機概念化為「透過情緒控制的機制，導引行為的能力」（2006, p.165），並藉以表示透過學生的需求與目標，動機得以被組織、調

整。因為要直接觀察動機是不大可能的，所以必須要藉由蒐集關於動機如何「在情感與認知清楚顯示自己」這方面的證據（p.165），這將必然的涵蓋情緒的反應。這裡動機的行為表現方面，被視為學習參與的發生。這項研究就如Hannula所呈現的，具有重要的啟示，情緒確實影響學生數學表現的能力。

Malmivuori（2001, 2006）以McLeod和Hannula在情感領域的研究為基礎，他已有能力將研究的局面推進到更進階的情感反應。Malmivuori（2006）提出的模式認為，學生在學習數學時，情感是個人發展的一個重要面向。學生被視為「主體（agent）……不斷解釋和評價自我的經驗並且調整行為，與數學的學習環境產生互動」（2006, p.1）。

雖然McLeod、Hannula和Malmivuori的研究結果，存在著一些歧異，但他們都共同提出學習數學要將情感納入考量的強烈呼籲。謹慎利用情感的特徵與情緒，並結合知識創造或學習經驗的學習參與，不僅形成有意義的學習（meaningful learning），更是有意義學習的先決條件。這更進一步獲得Egan（2005）觀點的支持，「成功的教育確實需要一些情緒的投入……而達成的最佳工具便是想像力」（p.xii）。

想像力教育理論

Egan的「想像力教育」（Imaginative Education）理論（1997, 2005）包括將教育視為培養**「五種理解能力」**（kinds of understanding），而不是個別的知識項目。這可以透過逐漸的內化，以及對於社會及文化工具的接受，如語言與溝通系統來達成。當個體循序漸進達成所有想像力理解的能力時，這些都將成為認知工具（cognitive tools），成為社會／文化與教育發展之間的媒介。依據先前的社會和文化的發展為基礎，不僅是理論本身，學習者的世界也成為了部分的學習經驗，促進學生的想像力和感情的連結，並且對課程和題材有所回應。

Egan提出五個循序漸進安排的「理解能力」：**身體的**（somatic）、**神話的**（mythic）、**浪漫的**（romantic）、**哲學的**（philosophic）以及**批判的**（ironic）理解能力，逐步培養個人達成對這個世界的理解。對於每一種類型，他制定了一套學生能掌握自如的認知工具。在小學階段，較鮮明的是**神話的**和**浪漫**類型的理解能力，但有些學生可能開始發展出**哲學的**理解能力，甚至發展出超越該階

段的認知工具。雖然學生的整體發展是依循著各階段順序而進展，但是也可能到了下一個階段，仍保有前階段的本來一些特徵。

Egan熱切的認為，要永遠保持對知識的追求與永續學習的關鍵，就是要激發想像力。而開始的最佳時機是當學生進入「**神話理解**」階段的時候，因為就是在這一個階段，孩子們的想像力開始增長，他們逐漸對故事內容出現情緒的反應。在這個階段，強調二元的對立和故事的結構尤其重要。Egan（2005）把故事視為「用內容定向人類情緒的工具」（p.10），並認為故事是這個階段理解類型的重要特徵。情緒與想像力的交織是想像力教育的重要特徵。

在「**浪漫理解**」階段，獨立自主的意識不斷增強成為核心重點。透過搜尋吸引學生學習的英雄人物、英雄特質和圖像等的人性化主題，協助**浪漫理解**特點的發展。這個階段從頭至尾，學生使用的語言和理解會變得日益複雜，並逐漸將他們帶往**哲學的**階段。

我們可以合理預期小學或中學學生，在上述最後提及的哲學的**理解能力**階段，讀寫能力會有更高度的發展，培養起審視各式各樣選擇與談話的能力，並獲得各種基模和理論的理解。在這個階段，學生的想像力繼續扮演關鍵的角色，讓學生能夠靈活的思考問題，找出諸多解決問題的可能方式。這個階段的特徵工具包括範圍日益擴大的符號象徵，例如數學的、心理學的測試以及語言分析。

我們使用上述三種類型的理解作為理論框架，規劃工作坊（在下一節中說明），如我們所預期的，參與者（十一至十四歲的資優學生）表現出**神話**和**浪漫**理解類型的特徵，並能覺察到**哲學**階段某些的認知工具。

「情感參與—學習投入」架構

在所有的學習情境中，學習者和活動或學科之間，有某種參與、投入的形式出現，而這個互動的發生，來自於學生的反應。我們把這種學習投入的形式，稱為「**情感參與—學習投入**」（PAE）（Hagen, 2007），並將其定義為學生在能引起情緒回應的課程或活動中的參與、投入或行動。學生的投入可以是主動的或被動的，並且結合了某種程度的正向或負向的感受或情緒（圖13.1）。

「情感參與—學習投入」（PAE）以McLeod（1988, 1992, 1994）、McLeod與Adams（1989）、Hannula（2002, 2006）以及Malmivuori（2001,

圖13.1 情感參與—學習投入模式

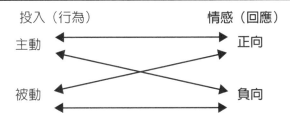

2006）的研究成果為基礎，關切學生的情感領域對於數學學習的重要性。然而，這個嶄新的架構也考量學生參與學習的活動方式：學生的投入和情感的學習參與融合在一起，形成堅實的基礎，之後認知的理解與發展才有可能發生。

教育工作者可以輕易的觀察到學生**積極投入**（active engagement）的情形。這時學生會表現出某種易觀察的參與活動或課程的行為形式，藉由聲音、身體動作、文字書寫或視覺方面的表現。學生可能對於學習活動的參與、投入，會有**積極—正向的**（active-positive），或**積極—負向的**（active-negative）感受。學生**積極—正向的**參與是有跡可尋的，透過他們出於自願的參與課程或學習：學生可能會表現出興奮之情與愉悅感，並展現出繼續投入活動的渴望。另一方面，**積極—負向的**參與，則會出現對與課程或學習活動直接相關的不穩定或破壞性行為。一般說來，必須要有與學習活動直接關聯的存在，否則無關活動或課程的破壞性或負向行為，不會被視為積極—負向的參與。

在參與頻譜的另一端，學生可能仍然在從事活動，即使他們沒有表現出明顯的行為：例如最微小的學習行動，或至少沒有退出活動，我們將此稱為**被動投入**（passive engagement）。**被動—正向的**（passive-positive）投入，在那些正在密切關注同儕或老師的對話或活動的學生身上顯而易見，他們的臉上往往出現鮮明的專注神情。**被動—負向的**（passive-negative）投入，是最低限度的活動形式：一旦學生已決定不再關注他們的學習任務，他們的行為就會退出「情感參與—學習投入」（PAE）架構。雖然**被動投入**一開始需要教育工作者更細心和廣泛的基礎觀察與探索，但這麼做能確實讓教師有機會思考學習者經驗的更多面向。

我們認為在為學生設計的以及呈現的活動中，「情感參與—學習投入」（PAE）需要被積極納入考量，因為學習者的參與、投入和情緒反應的混合，能

奠定認知發展的基礎。後者要到學習者以某種方式投入活動或課程後才有可能發生，而這又必須先有情緒的或情感的回應。

如果一個學生主動或被動地與學習脫節，經歷了負向的情感或情緒反應，那麼他們就不容易對積極的認知發展有所感受。在總結各種研究後，Nardi與Steward（2003）相關的數學教育工作者發出嚴重警告：「缺乏與個人需求相符的數學經驗，亦無隨之而來的成功和自尊的情況下，學生會開始疏遠這個學科，最終做出打退堂鼓的選擇。」（p.5）

培養認知發展與概念之間的連結極為重要，如同下一節所描繪的數學學習參與的具體範例。認知發展和學習投入一定要有「情感參與—學習投入」（PAE）後，才有可能發生。如果欠缺了「情感參與—學習投入」，要體驗認知發展與學習投入就會陷入瓶頸。

將「情感參與—學習投入」列於首位

衡量「情感參與—學習投入」（PAE）架構，協助教育工作者將重點更集中於學習投入的程度上，這反過來幫助他們選擇、設計和實施活動。如同以Egan的想像力理論為基礎的活動，激發學生積極回應，所以當研究者規劃兩組十一至十四歲資優學生數學充實工作坊時，也納入了Egan的想法。這個階段的學生表現出**神話**、**浪漫**和**哲學**類型理解的學習特點，所以我們以「故事」（**神話理解**）的基本理念作為課程的起點。使用過去與現在的二元對立，我們帶著學生進行「時光旅行」（time-travelling），如同研究者所呈現的，圍繞在這個概念的課程計畫，最後證實能激發學生高度的學習動機（Percival, 2003, 2004）。在每次為期兩個小時的工作坊中，學生「參觀」古埃及，研究金字塔與埃及的數字系統，利用二進制數字系統作為橋樑，跨越連接古代世界與近代，而之後他們被款待參觀最先進的計算機技術，並邀請成為未來的數學家和公民。第一次工作坊期間，我們仔細觀察，以決定每個活動進行時學生的參與、投入程度，這讓我們可以為之後第二組學生的工作坊內容做一些細微的調整。

「海綿活動」（sponge activity）（選擇用來讓早到的學生有事可以忙碌）設計用來刺激學生的視覺想像力，而當學生頓時領悟解決方法時，也提供「啊哈」的驚歎時刻（**浪漫期**）。學生拿到單張的二維拼圖時（如圖13.2a），必須

決定哪條線要切割和／或摺疊，以形成一個三維模型（如圖13.2b），範本被展示在教室前方。這個活動設計用來引發對於難解事物的「**神話理解**」，就如學生一開始的反應是「那怎麼可能辦得到！」雖然只要一旦掌握「絕竅」的話，三維模型很容易就做出來，這項任務挑戰了許多學生的空間感，但是在第一次的工作坊中，我們察覺到有些學生放棄了這個任務，陷入「情感參與—學習投入」（PAE）的**被動—負向**的階段。於是，在第二組的工作坊中，我們強調數學工作坊是小組活動的想法，我們鼓勵學生互相幫助，結果，所有的學生都進展到了**積極—正向**的階段。

下一步的任務是，要將兩個這樣的模型組裝在一起，製造出如圖13.2c中所呈現的物體。這比起製作單一的模型還要困難得多，但在成功完成較簡單的活動之後，即使是無法解決這個難題的學生，仍維持停留在積極—正向的階段，並對認識解決方法有著濃厚的興趣。

圖13.2a 和 13.2b 單張拼圖

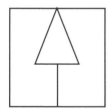

圖13.2c 雙張拼圖

工作坊以簡要的介紹想像力的價值作為開始，藉由呈現我們所融入想法的人的照片，使主題更為有教化作用（**浪漫理解**）。愛因斯坦（Albert Einstein）的名言「想像力比知識更重要」（Imagination is more important than knowledge）的討論，還有Donald Coxeter所聲明的：「所有的發現都需要想像力」（All discovery requires imagination）（H. S. M. Coxeter, personal communication, 7th September 2002）。在下午介紹並進行的活動中，學生被鼓勵運用他們的想像力，而不僅僅是自己原有的知識。然後，學生被邀請想像自己回到了過去古埃及的時間，一個他們藉由胡夫大金字塔（Great Pyramid of Khufu）的圖片識別出自己所在之處。活動焦點集中在「奇蹟」和「極端」的**浪漫理解**的特點以及**神話**

理解的「神秘感」，我們鼓勵學生對於這個規模龐大的物體發出讚嘆，而且去思考建設如此龐然大物的實際困難性，及所需的數學應用。在工作坊之後的教練領導（instructor-led）時間，學生們都能夠回想起這個物體的完整名稱為「正四面體」（right square pyramid），並解釋這個語彙中每一個詞素的意義，雖然他們的回答顯示出對形容詞「正」這方面的了解不足。在這個活動進行時，我們注意到都是相同的學生在舉手回答問題，而其他學生則陷入**被動—正向**的階段，所以在第二次工作坊時，我們決定要讓這個問題可以帶出更多的互動，因此我們鼓勵學生反思他們自己所用的語彙，而非一味機械式模仿在學校裡所學到的定義，如此的反思對發展紮實的基礎數學理解是至關重要的。

金字塔的照片給了學生思考語彙意義的背景，並且有助於促進討論時的正向參與。一旦每個人對什麼是「正」四面體都有了清楚的概念後，我們再給他們看四角錐體的展開圖（圖13.3），並要求他們解釋如何可以不同的方式創作出立體的物體。「正」四面體以及四角錐體的相對（**神話理解**）幫助他們理解後者專有語彙的意義。他們也要回答提問，我們確認他們理解了應該要測量哪條線才能找出金字塔的高。當在建構理解時，多數學生似乎可以視覺化物體的樣貌，使用他們「形成圖像」的**神話**工具，接著他們就能夠試著去確認代表高度的線是哪一條。

圖13.3 斜金字塔展開圖

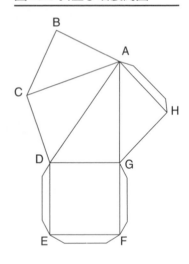

學生在組裝四角錐體時，操作性的活動便繼而取代了心智性的活動。學生一完成錐體的組裝，每三個人形成一個小組，在組內一同探討如何將三個斜棱錐組併成為一個立方體，透過這樣的方式讓學生得以驗證平常課程所學的錐體體積公式：1/3 底面積×高。這樣的學習方式是以**浪漫理解**的學習工具——「意義的人性化」（humanization of meaning）為依據。這個活動相當成功，也引發學生連連驚呼道，「哦，我現在明白為什麼公式會是那樣子的了」。許多學生表現出驚奇感，這是典型的**浪漫理解**能力的特徵，讓他們原本勉強硬背才學會的公式變得

有意義。該活動結束前，學生被要求再找出展開圖中另外兩條線所代表的意義：
AC，是立方體其一個面的對角線，因此，很容易看到，還有AD，是立方體本身
的對角線，因此需要學生想像這條線所在的位置，因為它要在立方體完成後才能
看得到這條線。在這個活動中，所有學生都處在積極─正向的階段，而且能在他
們的模型中指出每條線的位置。

　　再快速朝近代推進的旅程，我們帶著學生來到了十八世紀晚期的羅賽塔
（Rosetta），在這個埃及小鎮，拿破崙軍隊發現了翻譯埃及象形文字關鍵的三
種語言的石頭。在此，我們援引**浪漫理解**的英雄特徵，藉由談論拿破崙，他不僅
是個軍隊將領，也是個對學習有著濃厚興趣的業餘數學家。由於角色扮演是**浪漫
理解**的認知工具之一，學生們被要求想像自己是「考古數學家」（mathematical
archaeologists），以解決一個模仿羅賽塔石碑（Rosetta Stone）格式的難題（圖
13.4）。

　　這個概念經實證廣受其他學生歡迎（Percival, 1999, 2001），而圖像明顯對
兒童有很大的吸引力。學生們可以推斷出在埃及數字系統裡七個象形文字的數
值，這使他們能夠翻譯將近四千年以前，書寫在萊茵德紙草書（Rhind Papy-

圖 13.4 「羅賽塔石碑」謎題

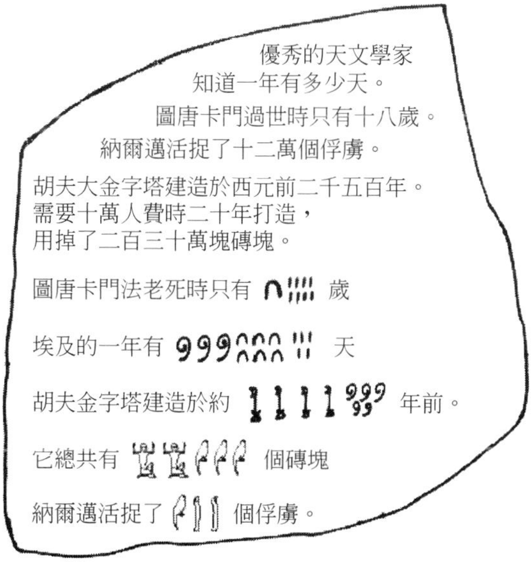

rus）上的數學問題。這個問題與熟悉的兒歌韻謎「當我去聖艾夫斯」（As I was going to St. Ives）有著驚人的相似之處，和Fibonacci在1202年的文本《算盤書》（*Liber Abaci*）的難題也如出一轍。我們鼓勵學生去想像這些關聯的可能性：是這個命題往西方流傳了，如同它被代代相傳一般，抑或是「七」的力量有什麼特別的意義，讓許多文明世界先後發明了與之相關的個別故事謎題。儘管一些學生對這個哲學議題似乎不感興趣（**被動─負向**階段），其他人則相當熱中於小組內分享意見（**積極─正向**）。

在「羅賽塔石碑」活動進行時，很多關乎花朵或鳥兒的象形文字的談論不絕於耳，學生明顯的位處於積極─正向階段。學生在要學習這些符號以作為數字運用之前，自己發明了這些比喻（**神話的**），他們對真實的象徵意義，表現出興味盎然的樣子。在了解數字符號的意義之後，學生們能夠猜出數字句子的涵義 ⦙⦙⦙ ⦙⦙ ⋀ ⦙⦙⦙ ⌒（3+2=5），並且能夠利用這些「一雙走路腿」（walking legs）的符號代表加、減法，組成自己的公式。

目前所提到的三個埃及活動都是以「意義的人性化」為基礎。除了學習埃及人如何把數學給人性化，學生更選擇從非數學領域中常用的符號作為他們數學符號的代表，並且給了這些符號合適的命名，藉此人性化符號的意義。我們則更進一步對學生展示本文其中一位作者在埃及所拍的照片。從照片可以清楚看到在卡納克（Karnak）寺廟牆上所刻的數字符號，而學生對於能夠看到這寺廟的貢品清單，還有能聽聞作者到埃及旅行的見解，都感到興奮不已。

最後的埃及活動是要破譯出埃及的乘法演算（圖13.5）。辨認重複模式的神話理解工具是破譯這個運算法的關鍵，將某個乘數加倍，再選擇一個數相乘加倍的乘數，以得出乘積（例：31(1+1)=62）。在第一次的工作坊中，許多學生對於要自己想出解決方法感到棘手，因而轉向手冊講義裡的其他活動（**積極─負向**）。在第二次工作坊中，我們預先考慮到這個問題，並且由再次強調小組合作的價值，提醒學生必要仔細考量上面所有的符號（例如／的斜線），嘗試發現方法。在理解了方法之後，雖然學生剛開始會聲稱這與他們所學過的傳統方法完全不同，但是每個幾何表徵都顯示出相同的數學結構，分配律（the distributive law）是這兩種不同方法的共同核心（如：31(1+8+16)=775）。

圖13.5 埃及乘法

／1	31
2	62
4	124
／8	248
／16	496
總計	775

我們說明的時候，學生靜靜地傾聽著（被動的），但對我們提問時的回答透露出，他們都領會了解釋，所以這顯然是被動—正向的類型。

大多數學生似乎很驚訝地發現，乘法的方法除了經常在學校學習到的之外，還有其他的方法，但是工作坊之後我們接收到的回饋顯示，多數學生著迷於學習替代性的方法。雖然接受其他程序的彈性是**哲學理解**的特點之一，我們認為所有年齡層的學生應該要明白在數學學習中「達到目的的方法形形色色」，因此我們已經成功地介紹這個算法給學生，其中年紀最小的只有九歲（Percival, 2004）。

一些學生獨力明瞭到這個方法是憑藉數字有趣的特性發展出來的，也就是所有數字都可以由2的次方表示出來。一些學生甚至連結至二進位符號。之後我們再對其他小組成員說明，作為提供轉移到下一個活動——魔術紙牌戲法的跳板，這個活動無疑迎合學生對奇妙事物的**浪漫理解**渴望。為了展示這戲法，我們讓一位學生想一個介於1到31之間的數字，然後他要向大家宣讀五張紙牌上的數字，其中包含了他所選的號碼。以前曾看過這個戲法的學生很快就能夠推算出被選中的號碼，即使是一些不知道這個竅門的學生，也能夠在瀏覽過所有的紙牌後，找出號碼。然後，學生用二進制表示法，寫下每一張卡片的數字，進行尋找共通模式的探討。一旦他們意識到，在第N張紙卡上的數字（N=1,2,3,4,5）是1的話，當一知道數字1出現在哪張牌時，他們就能夠預測出被選出的數字。在第一次的工作坊中，很多學生無法做出這個連結，而落入被動—負向階段，所以在第二次的工作坊，我們花更多的時間解釋這個訣竅，結果，所有的學生都在積極—正向的階段，渴望要向朋友們施展這個把戲。

之後，我們讓學生欣賞二十世紀中期打孔計算機磁帶的圖片，並且認識它所使用的編碼系統，所有的文數字元（alphanumeric character）都配有一個二進制格式表示的數字。我們以此活動總結工作坊活動主體的部分，不過對過去五十年計算機技術成長的簡短討論連結到了下午最後一個工作坊的項目——參觀西蒙菲莎大學的IRMACS劇場（Interdisciplinary Research in the Mathematical and Computational Sciences, 數學與計算科學的跨學科研究）。學生在劇院裡戴上特製的立體眼鏡，觀看屏幕上所顯示的3D圖像，並對製造這樣的技術驚嘆不已（**浪漫理解**）。我們看到了所有學生明顯表現出**積極—正向**投入的諸多實例，不絕於耳的興奮聲音，還有每當3D圖像出現時，每每伸手想觸摸的肢體動作。最後，我們邀請學生成為未來的數學家以及科學家：發揮想像力，採用他們剛剛才

體驗過的尖端技術，並將其擴展到新的、目前未知的知識和文化發展的領域（**哲學理解**的特點——尋找認知的替代辦法），並以此為下午的活動畫下句點。

結語

作者渴望抗衡在數學課堂中屢見不鮮之脫離學習的現象，而有了上述工作坊的產出，並藉之提供刺激想像力的活動。我們以Egan的想像力理論（1997,2005）作為工作坊的理論／哲學架構。二元對立的神話特點提供了支配工作坊課程背後一切的概念：我們從過去來看數學，表現出它與今日學生所學的科目是如何的不同，但是兩者間又是如何使用了同樣的基本結構。我們也認識了**神話的、浪漫的**以及**哲學**類型的理解特點，並且以此呈現我們的活動，強調出這些理解的特色。

我們使用本文其一作者發展出的「情感參與—學習投入」（PAE）架構模式（Hagen, 2007）來評量我們達成目標的程度。憑藉「情感參與—學習投入」所提供的理論基礎，我們得以對第一次工作坊中學生參與任務的程度進行實際分析。這樣的分析對工作坊在進行時以及完成後，還有對於我們在第二次工作坊的規劃上，深具價值，幫助我們激發學生有更高程度的學習參與。對許多學生而言，探索一個古老文明的數學是一個嶄新的想法，而且耐人尋味。另一個極端的課程，超現代化的IRMACS劇院向他們展示了現代科技驚人的可能性，但是如果數學在過去幾十年裡的發展停滯不前的話，這一切都不可能發生。在工作坊進行時與結束後，我們所得到的來自學生的回饋，都在在證實了想像力教育的架構，促進了學生對多元活動的積極參與，也確實達成了我們致力要激起學生對學習的驚喜和興奮感的終極目標。

參考書目

Egan, K. (1997). *The educated mind: How cognitive tools shape our understanding.* Chicago, IL: University of Chicago Press.

—. (2005). *An Imaginative Approach to Teaching.* San Francisco, CA: Jossey-Bass.

Finn, J. D., & Voelkl, K. E. (1993). School Characteristics Related to Student Engagement. *The Journal of Negro Education*, 62 (3), 249-268.

Fullan, M. (1991). *The new meaning of educational change.* Toronto: OISE Press.

—. (1993). *Change Forces; Probing the Depths of Educational Reform*, London: Falmer Press.

Goodlad, J. (1984). *Education Renewal: Better Teachers, Better Schools*, San Francisco, CA: Josey-Bass.

Hagen, P. (2007). The Nature of Student Engagement in Mathematics Programmes, Unpublished Paper.

Hannula M. S. (2002). Attitude Towards Mathematics: Emotions, Expectations and Values. *Educational Studies in Mathematics*, 49, 25-46.

—. (2006). Motivation in Mathematics: Goals Reflected in Emotions. *Educational Studies in Mathematics*. Retrieved 17.10.06 from 10.1007/s10649-005-9019-8.

McLeod D. B. (1988). Affective Issues in Mathematical Problem Solving: Some Theoretical Considerations. *Journal for Research in Mathematics Education*, 19 (2), 134-141.

—. (1992). Research on affect in mathematics education: A Reconceptualization. In D. A. Grouws (Ed.), *Handbook of research on mathematics teaching and learning* (pp. 575-596), New York: Simon & Schuster and Prentice Hall International.

—. (1994). Research on Affect and Mathematics Learning in the JRME: 1970 to the Present. *Journal for Research in Mathematics Education*, 25 (6), 637-647.

McLeod, D. B., & Adams, V. M. (1989). *Affect and Mathematical Problem Solving - A New Perspective.* New York, NY: Springer-Verlag New York Inc.

Malmivuori, M-L. (2001). *The dynamics of affect, cognition, and social environment in the regulation of personal learning processes: The case of mathematics.* Research report 172. http://ethesis.helsinki.fi/julkaisut/kas/kasva/vk/malmivuori/, University of Helsinki, Helsinki.

Malmivuori, M. (2006). *Affect and Self-Regulation, Educational Studies in Mathematics*, *Educational Studies in Mathematics*. Retrieved 17.10.06 from Springer Link 10.1007/s10649-006-9022-8.

Marks, H. M. (2000). Student Engagement in Instructional Activity: Pattern in the Elementary Middle and High School Years. *American Education Research Journal*, 37 (1), 153-184.

Mullis, I. V. S., Martin, M. O., Gonzalez, E. J., Gregory, K. D., Garden, R. A., O'Connor, K. M. et al. (2000). *TIMSS 1999 International Mathematics Report.* Chestnut Hill, MA: International Study Center, Boston College, Lynch School of Education.

Nardi, E., & Steward, S. (2003). *Attitude and Achievement of the disengaged pupil in the mathematics Classroom.* Downloaded 20.6.06 from: http://www.standards.dfes.gov.uk/research/themes/mathematics/TueJun241346352003/ wordfile.doc

Nardi, E., & Steward, S. (2002). I Could be the Best Mathematician in the World... If I Actually Enjoyed It - Part 1. *Mathematics Teaching*, 179, 41-45.

Nardi, E., & Steward, S. (2002). I Could be the Best Mathematician in the World... If I Actually Enjoyed It - Part 2. *Mathematics Teaching*, 180, 4-9.

Nardi, E., & Steward, S. (2003). Is Mathematics T.I.R.E.D? A profile of Quiet Disaffection in the Secondary Mathematics Classroom. *British Educational Research Journal*, 29 (3), 4-9.

Newmann, F. M., Wehlage, G. G., & Lamborn, S. D. (1992). *The Significance and Sources of Student Engagement in Student Engagement & Achievement in American Secondary Schools.* New York, NY: Teachers College Press.

Percival, I. (1999). *Mathematics in history: Integrating the mathematics of ancient civilizations with the Grade 7 social studies curriculum.* Unpublished master's thesis, Simon Fraser University, Burnaby, BC, Canada.

—. (2001). An artefactual approach to ancient arithmetic. *For the Learning of Mathematics*, 21 (3), 16-21.

—. (2003). Time-travel days: Cross-curricular adventures in mathematics. *Teaching Children Mathematics*, 9 (7), 374-380.

—. (2004). *The use of cultural perspectives in the elementary school classroom.* Unpublished doctoral thesis, Simon Fraser University, Burnaby, BC, Canada.

Robitaille, D., Beaton, A. E., & Plomp, T. (2000). *The Impact of TIMSS on the Teaching and Learning of Mathematics and Science.* Vancouver, BC: Pacific Education Press.

Robitaille, D., Orpwood, G., & Taylor, A. (1997). *The TIMSS –Canada report, Vol. 2: Grade 4.* Vancouver, BC: Dept. of CUST - UBC.

Robitaille, D. F., Taylor, A. R., & Orpwood, G. (1996). *The Third International Mathematics & Science Study TIMSS-Canada Report Vol. 1: Grade 8.* Dept. of Curriculum Studies, Faculty of Education, UBC Vancouver: BC.

Skeat, W. W. (1993). *The Concise Dictionary of English Etymology.* London, Wordsworth Editions Ltd.

Smith, W. J., Butler-Kisber, L., LaRoque, L., Portelli, J., Shields, C., Sturge Sparkes, C., et al. (1998). *Student Engagement in Learning and School Life: National Project Report.* Montreal. Quebec: Ed-Lex.

Wilms, J. D. (2003). *Student Engagement at School - A Sense of Belonging and Participation Results from PISA 2000.* Paris. Organisation for Economic Co-operation.

撰稿人簡介

Gadi Alexander 博士

　　1945年出生於耶路撒冷。於希伯來大學（Hebrew University）取得碩士學位，隨後獲得加州大學洛杉磯分校（UCLA）傅爾布萊特（Fulbright）獎學金攻讀電影製作，之後他繼續課程計畫（curriculum planning）的博士學位課程（於John I. Goodlad門下），並於1976年取得學位。獲得學位後，他便一直任職於以色列的本古里昂大學（Ben Gurion University）教育學院。在超過三十年的研究工作中，他參與了諸多在以色列以及美國進行的教育改革計畫，計畫核心為創意思考與電腦融入課程。他有三年的時間在某電腦公司負責課程發展，同時也擔任教育學院各項學術計畫（課程與教學、教學與學習以及教育培訓技術）的主持人。Alexander博士目前在本古里昂大學帶領一個獨特的，名為「教育家」（Educators）的碩士課程，該課程重點為教育革新的希望與挑戰。

Kerry Chappell 博士

　　是兼職研究員，他至今參與過的計畫有：創意舞蹈夥伴計畫（Dance Partners for Creativity）（研究創意夥伴關係如何由舞蹈藝術家與教師之間共同發展十一至十四歲孩子的創意中表現）以及艾賽司特大學（University of Exeter）的「渴望」（Aspire）研究計畫（透過學生的聲音與參與，採取教育變革行動）。Chappell博士在這兩個計畫的重點工作，便是與教育及藝術專家進行協作研究。他也是倫敦大學（University of London）金匠學院城市與社區研究中心的研究員（Centre for Urban and Community Research），同時進行的計畫還有創意影響計畫（Creative Impact project）（指導並發展參與性的社區藝術評鑑）。Chappell博士也是艾賽司特大學以及拉邦舞蹈學院授課與指導教師。他近來的著作收錄於惠康基金會（Wellcome Trust）所出版的《遇見創意》（*Creative Encoun-*

ters），以及另一本《三至十一歲的創意學習》（*Creative Learning 3-11*）書中。由於他本身的背景是自由舞蹈家與藝術教育夥伴的中介者，因此他目前仍然活躍於舞蹈界，同時也勤練合氣道（目前層級：二段）。

Herman Pi'ikea Clark

是紐西蘭北帕默斯頓（Palmerston North）馬塞大學（Massey University）教育學院的資深講師。他指導藝術、原住民與多元文化教育領域的課程。在完成視覺溝通設計的藝術碩士課程後，他開啟了夏威夷大學（University of Hawaii）系統的先例──第一門教授肯納卡毛利原住民（Kanaka Maoli）視覺藝術與設計研究的課程。1999年他進入紐西蘭旺嘉雷（Whangarei）北陸理工學院的應用藝術與設計系，繼續朝著繪圖設計課程發展。

在2005年，他完成了教育博士課程，研究的焦點在於透過藝術發展原住民的教與學途徑。作為一位實踐藝術家，Clark博士的藝術創作於夏威夷、北美以及太平洋地區等地展出，這些作品有的是私人收藏的，也有公共館藏的系列。他與妻子Norfolk以及島嶼藝術家Sue Pearson共同成立了「匹里」（Pili）工作室，專門表現太平洋文化與原住民本體的當代視覺表現的藝術與設計。

Anna Craft

是英國艾賽司特大學（University of Exeter）以及開放大學（Open University）的教育學教授，也是艾賽司特大學「創意研究團隊」（CREATE research group at Exeter http://www.education.ex.uk/create）的領導人。Craft博士同時也是英國政府創意與文化教育的顧問。她研究與發展的兩個領域相仿──創造力教育以及未來的教育對策。Craft博士指導數個以這兩條相似發展線為目標的研究與發展計畫，而她對可能性思考（possibility thinking）的研究是發展線的重要關鍵。她所創作及編輯的著作共有十六本，包含《學校中的創造力》（*Creativity in Schools*, Routledge, 2005）、與Teresa Cremin及Pamela Burnard共同著作的《三至十一歲的創意學習》（*Creative Learning 3-11*, Trentham, 2008），以及與Howard Gardner及Guy Claxton合著的《創造力、智慧與信賴》（*Creativity, Wisdom and Trusteeship*, Corwin Press, 2008）。Craft博士擔任專業審查的國際期刊《思考技巧與創造力》（*Thinking Skills and Creativity*）的協同編輯，以及英國教育研究

協會特殊興趣小組（British Educational Research Association Special Interest Group）「創造力教育」（Creativity in Education）的共同召集人。

Gladir Cabral

1991年畢業於巴西南卡塔林尼斯大學文學院（Universidade do Extremo Sul Catarinense），主修葡萄牙文及英文，1996年於巴西聖卡塔林娜聯邦大學（Universidade Federal de Santa Catarina）取得英國文學碩士學位，2000年亦於該校獲得英國文學博士學位。他是巴西南卡塔林尼斯大學終身職教授，他研究關注的焦點為文化認同、教育以及語言、文學與想像力。

Celdon Fritzen

1990年畢業於巴西聖卡塔林娜聯邦大學（Universidade Federal de Santa Catarina）文學院（葡萄牙語），1993年亦於該校取得文學碩士學位，2000年獲得巴西坎皮那斯州立大學（Universidade Estadual de Campinas）的理論與歷史博士學位。他目前是巴西南卡塔林尼斯大學（Universidade do Extremo Sul Catarinense）教育研究所課程的終身職教授。他的研究重點為文學、記憶、教育以及想像力。

Renata Grassiotto

1993年畢業於巴西巴拉那瓜大學（Faculdade Estadual de Filosofia Ciências e Letras de Paranaguá），1997年獲得巴西坎皮那斯州立大學（Universidade Estadual de Campinas）教育碩士與博士學位。她的研究所關注的焦點在於書寫的述說形式，專精於連續性結構以及想像力課程。

Pamela Hagen

是英屬哥倫比亞大學（University of British Columbia, UBC）大學課程研究與教學法系所的博士候選人。此外，她也是高貴林43學區（SD#43 Coquitlam）內的教師，她多年的教學都與資優教育課程密切相關，最近也展開了與Irene Percival的協同合作。Hagen結合了對學生早期學習（early learning）的強烈興趣與對基礎數學教育的熱情。她依據想像力教育的理論，以正式及非正式的方式投

入於課程的發展已經有七年的時間了。她研究關注的焦點在於學生對於基礎數學學習的參與和脫節、早期學習與學生的數學觀點、情感對於學習經驗以及另類課程的影響。

Pentti Hakkarainen

是芬蘭奧魯大學（University of Oulu）初等教育的教授。他自1997年起在卡亞尼聯合大學（Kajaani University Consortium）教授初等教育、發展性教學與研究法，也負責研究所的「敘事性環境中有意義的學習」（Meaningful learning in narrative environments）課程以及學校轉化的實驗性課程。他於捷瓦斯基拉大學（University of Jyväskylä）取得教育心理學的學士與碩士學位，1991年則在同一所學校取得博士學位。他在捷瓦斯基拉大學教育研究學會研究部擔任研究者與領導人的工作。2006至2008年間，Hakkarainen連任奧魯大學教育科學系的副所長。他是俄國與東歐心理學期刊（Journal of Russian and East European Psychology, M.E. Sharpe, New York）的編輯。他的研究興趣包含學齡前的創意教學與學習、學校與高等教育、戲劇性與真實環境的敘事學習與發展。

Chris Higgins

是伊利諾大學香檳分校（University of Illinois at Urbana-Champaign）教育政策研究所的助理教授。身為教育的哲學家，他的學術興趣包含專業倫理與教師認同、對話以及師生關係、德育以及專業成長教育。他著有〈美育的工具論與陳腔濫調：杜威派的辯正〉（Instrumentalism and the Clichés of Aesthetic Education: A Deweyan Corrective, *Education and Culture*），目前完成的著作名為《美好教學人生：教學法與自我興趣的矛盾》（*The Good Life of Teaching: Pedagogy and the Paradox of Self Interest*）。此篇創作源自於一個進行中更廣博的教育以及人類想像力的研究。

Leo Jonker

是皇后大學（Queen's University）數學與統計學所的數學教授，也是該系的前系主任，同時也是無數個教學獎的得主以及皇后大學教學與學習（Teaching and Learning）的主席。在長期數學研究的生涯以及對國小充實數學課程的投入

之後，他近來發展的關注焦點在於提供合適的數學課程給對小學、高中以及中級程度教學有興趣的大學生。這個興趣讓「領先一步」（StepAhead）充實課程由此誕生，這結合了大學數學以及提供給七、八年級學生的充實數學課程。有了加拿大自然與工程研究委員會（NSERC）的資金補助，近來這已擴展成包含科學計畫在內的計畫了。詳見www.mast.queensu. Ca/~leo

Victor Kobayashi

是夏威夷大學（University of Hawaii）的榮譽退休教授，他所出版的著作遍及的範圍包括日本教育、美育以及科學、數學以及藝術中的想像力重要性。在2006至2007年間，他擔任《比較教育學評論期刊》（*Comparative Education Review*）裡的「比較與國際教育研究學會」（Comparative and International Education Society）會長。他也是一位藝術家，所創作的陶藝作品在火奴魯魯（Honolulu）主要的博物館中被列為收藏。Kobayashi博士擔任暑期部的院長超過十五年，他也是合併暑期以及進修教育課程的「延伸學院」（Outreach College）的第一任院長，主持過無數創新教育以及公共的計畫，並且在行政工作上也為大學贏得無數國內以及地區性專業協會的獎項。

Maria Isabel Leite

1985年於里約熱內盧大學（Pontifícia Universidade Católica do Rio de Janeiro）獲得教學法學士學位，並於1995年完成教育碩士課程。2001年於巴西坎皮那斯州立大學（Universidade Estadual de Campinas）獲得教育博士學位，2007年於倫敦羅漢普敦大學（Roehampton University）進行博士後研究，研究焦點為博物館領域。她自2003年起，在巴西南卡塔林尼斯大學（Universidade do Extremo Sul Catarinense）教育研究所擔任終身職教授。她的研究焦點為教育、語言、童年期、藝術與博物館。

Maureen Kelly Michael

是英國蘇格蘭的藝術本位教育研究者。她的專業背景奠基於最初十二年於特殊教育領域中的藝術與設計教學。這個不僅止於主流教育的工作經歷，帶給她獨特的益處，持續增廣Michael對創意學習歷程以及當前研究實務的認知。她的研

究關注焦點為藝術本位的學習、教師培訓以及實作本位的研究（practice-based research）。她的研究工作包含與國家藝術機構、高等教育以及蘇格蘭及冰島地方政府合作的創意夥伴計畫。目前的研究計畫建基於歐洲專業知能（KNOW-HOW）計畫研究成果上，透過應用藝術本位方法，表現高等教育中研究與教學的連繫。Michael目前的實作成果結合獨立研究，並且於英國的格拉斯哥藝術學院（Glasgow School of Art）與斯特拉斯克萊德大學（Strathclyde University）的研究所教學。當她在探索創意與視覺方法來審視社區、教育與文化時，她持續的提出問題，也永遠在追尋解答。www.knowhow.is

Patricia Monzón

　　是一位電機工程師，她剛完成於馬德里自治大學拉美社會學院（Facultad Latinomericana de Ciencias Sociales and the Universidad Autónoma de Madrid）的認知與學習碩士課程的論文，題目為「虛構作品與物理學習」（Fictional Products and Learning Physics）。她是想像力教育研究團隊（Imaginative Education Research Group, IERG）的成員。她在2006年時於麻省理工學院主持了一場為科學教師辦理的工作坊（MIT, http://web.mit.edu/scienceprogram/nest/newsletter/NEST_nl_fall06.pdf）。她從1984年便在布宜諾斯艾利斯國家學院（Colegio Nacional de Buenos Aires）指導青少年物理學。她在布宜諾斯艾利斯大學（University of Buenos Aires）的電機學院以及阿根廷國家大學（Universidad Tecnológica Nacional）教授力學與電磁學。她目前的興趣焦點是以另類科學教學法研究的應用，也就是科學與藝術的關係以及認知工具的運用。（E-mail: pmonzon@cnba.uba.ar；網址：http://ar.geocities.com/patrimon 2000/）

Thomas William Nielsen

　　是澳洲坎培拉大學（University of Canberra）教育學院的教師，他教授行為管理以及教育心理學與領導。他目前的研究計畫包含與澳洲教育部的價值觀教育計畫，以及與想像力教育研究團隊（Imaginative Education Research Group, ierg. net）的想像力教育還有國際想像力與教育研究網絡（International Research Network on Imagination and Education, irnie.info）。

Irene Percival

在歐洲時有幾年的時間在教授高中數學，但到了加拿大之後她志願擔任她兒子小學裡的志工，教授資優生數學充實課程。這使得行動研究計畫開始浮現，她分析在這些班級中數學史主題的教學。他的博士研究更從而擴展這個計畫，檢視當地教師教授類似題材時的教學方式，其中一位老師就是Pamela Hagen。Percival現在是西蒙菲莎大學（Simon Fraser University）的學期講師，指導職前以及在職教師。她特別喜愛教授她自己設計的「人性化數學」（Humanizing Mathematics）課程，裡頭將她對數學史的興趣以及探索數學與藝術、音樂、文學與語文之間的連結整合在一起。

María Vinuela

是阿根廷布宜諾斯艾利斯貝爾格蘭諾大學（Universidad de Belgrano）人文學院的教授。她也擔任里爾基金會（Fundación Leer）的教育顧問，以及馬林教育團體（Grupo Educativo Marín）校群的教學法協調者。Vinuela教授具有小學、中學以及職前教師培訓與研究所教育課程等多方面的教學經歷，此外，她為學生以及老師演講，並且主持工作坊；她也提供教師在準備論文過程中的輔導與諮詢。她也是中學生的西班牙文教科書的作者，目標在讓閱讀以及寫作的學習更有意義與效益。她自阿根廷卡托利卡大學（Universidad Católica）取得語言學學士學位，並且自馬德里自治大學（Universidad Autónoma de Madrid）以「實務情境中教師知識建構」取得認知與學習博士。（E-mail: mariavinuela@gmail.com）

吳淑華（Shu-Hwa Wu）

目前是西蒙菲莎大學教育學院的博士生。她於臺灣師範大學獲得學士學位，隨後至德州州立聖馬可斯大學（Texas State University-San Marcos）攻讀教育碩士。她的研究關注焦點為心智歷程與英語讀寫習得。

名詞索引

人名索引

Watson, Thomas, 6
Wehlage, G. G., 218, 230
Weinsheimer, Joel, 22
Wen, Q., 206, 215
Wertsch, J., 189, 192, 199
White, Alan R., 23, 24, 28,
    36, 50, 61, 192
Wiles, J., 49, 61
Wilms, J. D., 217, 230

Winograd, P. N., 56, 61
Winston, J., 91, 93
Witmer, J. M., 56, 61
Wittgenstein, 27
Wolfe, J. M., 54, 55, 61
Wong, K., 206, 215
Woods, G. B., 149, 178
Wordsworth, William, 26,
    29, 36, 50, 54, 188, 199

Wraga, M., 214, 216
Wu, Shu-Hwa（吳淑華）,
    8, 13, 49, 237
Young, M. E., 56, 61
Young, S., 116, 124
Zajonc, 192
Zeller, N., 149, 178
Zusho, A., 188, 199
Zwaan, R. A., 215

國家圖書館出版品預行編目（CIP）資料

想像力教育：跟你想像的教育不一樣！/ Sean
Blenkinsop 主編；林心茹譯 . -- 初版 . -- 臺北市：
遠流 , 2013.07
    面；　公分 . -- （未來想像教育叢書；2）
    譯自：The imagination in education: extending
the boundaries of theory and practice
    ISBN 978-957-32-7220-5（平裝）

1. 創造思考教學　2. 想像

521.426　　　　　　　　　　　102010924

The Imagination in Education: Extending the Boundaries of Theory and Practice,
    Edited by Sean Blenkinsop
Copyright © 2009 by Sean Blenkinsop and contributors
First published 2009 by Cambridge Scholars Publishing
Traditional Chinese Edition Copyright © 2013 by Yuan-Liou Publishing Co., Ltd.
All rights reserved

未來想像教育叢書2
想像力教育——跟你想像的教育不一樣！

編者／Sean Blenkinsop
譯者／林心茹
策劃／教育部未來想像與創意人才培育中程計畫
執行主編／林淑慎
特約編輯／楊菁

發行人／王榮文
出版發行／遠流出版事業股份有限公司
100 臺北市南昌路二段 81 號 6 樓
郵撥／ 0189456-1
電話／ 2392-6899　傳真／ 2392-6658
著作權顧問／蕭雄淋律師

2013 年 7 月 1 日　初版一刷
2018 年 1 月 16 日　初版二刷
售價新台幣 360 元（缺頁或破損的書，請寄回更換）

有著作權 · 侵害必究　　　　　Printed in Taiwan
ISBN 978-957-32-7220-5

YL*ib*.com 遠流博識網
http://www.ylib.com
e-mail:ylib@ylib.com